Neue

Kleine Bibliothek 299

Georg Auernheimer

Wie gesellschaftliche Güter zu privatem Reichtum werden

Über Privatisierung und andere Formen der Enteignung

PapyRossa Verlag

Luxemburger Str. 202, 50937 Köln
Tel.: +49 (0) 221 – 44 85 45
Fax: +49 (0) 221 – 44 43 05
E-Mail: mail@papyrossa.de
Internet: www.papyrossa.de

Umschlag: Verlag, unter Verwendung einer
Abbildung © by IHX | Adobe Stock [#333310186]
Druck: CPI – Clausen & Bosse, Leck

Die Deutsche Nationalbibliothek verzeichnet diese Publikation in der Deutschen Nationalbibliografie; detaillierte bibliografische Daten sind im Internet über http://dnb.d-nb.de abrufbar

ISBN 978-3-89438-752-5

Inhalt

I.
Einleitung

Anfang 2021 suchte die Covid-19-Pandemie seit einem Jahr Deutschland, Europa und die Welt heim. Die Hoffnung von Regierungen und Bürger*innen war auf die neu entwickelten Impfstoffe gerichtet, um der Seuche Herr zu werden. Die EU-Kommission und die Administrationen der reichen Staaten reservierten Impfdosen für ihre jeweilige Bevölkerung. Aber die Menschen, gar nicht zu reden von denen in ärmeren Ländern, mussten sich gedulden und blieben weiter dem Risiko ausgesetzt. Denn die wenigen Hersteller aus der Pharmabranche konnten zunächst nicht genug Vakzine auf den Markt bringen. Ihre Produktionskapazität war voll ausgelastet. Weitere Firmen an der Produktion zu beteiligen, wie von einigen Organisationen, darunter kirchlichen Hilfswerken, gefordert, lehnten sie jedoch unter Berufung auf ihre Rechte am »geistigen Eigentum« ab; denn das hätte die Preisgabe von Produktionswissen vorausgesetzt. Die Kritik daran ließ die Konzerne kalt, zumal ihre Haltung von regierungsamtlicher Seite verteidigt wurde. Mit der Freigabe von Produktionswissen fehlten künftig die Anreize zur Forschung, so die Rechtfertigung. Kritische Stimmen verwiesen dagegen darauf, dass die Entwicklung der Impfstoffe über weite Strecken auf der öffentlich finanzierten Grundlagenforschung basierte. Diese Forschung war über Jahre, finanziert von den steuerzahlenden Bürger*innen, an Universitätsinstituten und anderen öffentlichen Forschungseinrichtungen betrieben worden. Ohne sie wären die Pharmakonzerne nicht in der Lage gewesen, innerhalb eines knappen Jahres die Impfstoffe gegen das neue Virus zu entwickeln. Auch dabei waren sie zusätzlich noch mit zig Millionen von staatlicher Seite unterstützt worden. Nun nutzten sie ihre Marktmacht zur Profitmacherei – eine Privatisierung öffentlicher Mittel.

Nicht dass die Vorleistungen der öffentlichen Hand bei der Preisgestaltung in Anschlag gebracht worden wären! Gar nicht daran zu denken, dass man ärmeren Ländern das rettende Vakzin zu günstigen Konditionen geliefert hätte. Das Global Health Centre in Genf plädierte dafür, das Wissen um die Impfstoffe als »globales öffentliches Gut« zu teilen (Baars/Lambrecht 2021). Aber den Antrag der Regierungen Indiens und Südafrikas, den Patentschutz für die Impfstoffe zeitweise auszusetzen, lehnten die USA und die EU gemeinsam mit Kanada, Großbritannien und der Schweiz bei der Welthandelsorganisation mit eben dem Argument ab, ohne Patentierung fehlten die Anreize zur Forschung. Bei einem positiven Votum hätten billigere Generika in den Ländern des globalen Südens auf den Markt gebracht werden können.

In vielen dieser Länder, in denen das bürgerliche Privatrecht noch nicht alle gesellschaftlichen Bereiche regelt, hatten die Pharmakonzerne in der Vergangenheit schon eine andere Möglichkeit für sich entdeckt, ohne allzu großen Aufwand Gewinne zu erwirtschaften. Sie verwerten für ihre Produktion die Wirkstoffe von Pflanzen, die aus der traditionellen Medizin indigener Gemeinschaften bekannt waren. Die Patentierung ihrer Produkte hat zur Folge, dass zum Beispiel traditionellen Heilern die Anwendung herkömmlicher Heilmethoden verboten werden kann – ein klarer Fall von Enteignung. Traditionelles Gemeinschaftswissen, im Grunde auch ein kulturelles Erbe, ist zum profitablen Privateigentum geworden.

Die beiden Beispiele aus der Pharmaindustrie beleuchten zwei Formen der Enteignung, die Gegenstand dieses Buches sind: zum einen die private Verwertung öffentlicher Mittel und damit Privatisierung öffentlichen Reichtums, zum anderen die Aneignung traditioneller Commons – letztere eine Enteignung im engeren Sinn, weil die enteigneten Gemeinschaften von der Nutzung ausgeschlossen werden, während bei der Vermarktung der Impfstoffe die Bürger*innen immerhin in den Genuss einer Impfung kommen können.

Privatisierungen setzen außerdem den modernen Staat mit einer öffentlichen Infrastruktur und öffentlichen Diensten oder jedenfalls öffentliche Ressourcen voraus, die zum Objekt der Privatisierung werden. Um dem Begriff die Mehrdeutigkeit zu nehmen, erscheint es sinnvoll, ihn in seiner historischen Spezifik zu gebrauchen.

Landraub, Wasserraub, Biopiraterie etc. sind dagegen eine Fortsetzung dessen, was Karl Marx in seinem Werk »Das Kapital« im Kapitel über die »ursprüngliche Akkumulation« beschrieben hat. Wenn Commons, die auf althergebrachten Gemeinschaftsrechten beruhen, für private Geschäfte angeeignet werden, sind die Beraubten von der Nutzung ausgeschlossen. Wenn traditionell lebende Gemeinwesen ihrer Anbauflächen, Weideflächen oder Jagdgründe beraubt werden, ist die Zerstörung ihres Lebensraums die Folge.

Die Folge von Privatisierung ist die Kommodifizierung bisher öffentlich verfügbarer Güter, verbunden mit einer Entmächtigung der Bürger*innen. Wenn aus öffentlichen Mitteln erstellte Straßen, Flughäfen, Stromtrassen, Kabelleitungen und Pipelines aus der staatlichen Verwaltung und Treuhänderschaft in private Verfügung übergehen, werden sie zur Ware, deren Gebrauch Kaufkraft voraussetzt. Straßen werden mautpflichtig, Energiekonzerne veranschlagen den Strompreis und Telekommunikationsunternehmen entscheiden über die Anbindung ans Netz.

Die Straßen, Pipelines, Staudämme und Kraftwerke, die im Amazonas-Regenwald oder auf den Territorien der Adivasi in Indien gebaut werden, dienen übrigens nicht der Versorgung der Enteigneten, sondern derer, die in den Genuss der Einrichtungen der modernen Zivilisation kommen. Sie dienen sowohl der Profitmacherei als auch unserer Versorgung und Bequemlichkeit.

Wenn Eigentümer hierzulande enteignet werden, dann im zumindest vorgeblichen Allgemeininteresse und damit auch im eigenen Interesse. Enteignung findet in Ausnahmefällen auch in Staaten mit Bürgerlichem Gesetzbuch statt. Sie wurde und wird gesellschaftlich toleriert und ist verfassungsrechtlich gedeckt, wo und solange ein öffentliches Interesse am Bau einer Straße oder einer anderen Infrastruktureinrichtung besteht oder angenommen wird. Widerstand regt sich dort, wo partikulare Interessen vermutet werden und der Bedarf fragwürdig geworden ist. So wehren sich inzwischen Dorfbewohner*innen und Umweltschützer*innen gegen den Abriss ganzer Dörfer zugunsten der Erweiterung des Braunkohletagebaus oder auch gegen die Abholzung eines Waldes für den Autobahnbau.

Bei Privatisierungen hierzulande geht alles seinen »geordneten Gang« nach bürgerlichem Recht, was kriminelle Machenschaften, die Nutzung von Gesetzeslücken, Finanzbetrug nicht ausschließt. Beim Land- oder Wasserraub in Ländern wie Brasilien ist das Vorgehen willkürlich, wenn die Unternehmen auch meist eine staatliche Lizenz haben oder auf die stillschweigende Duldung der Behörden bauen können. Agrarbetriebe weiten Farmland unter der Hand aus oder roden Wald für Pflanzungen auf Kosten der Menschen im Umland. Meist werden Kleinbauern, nomadische Viehzüchter oder indigene Gemeinschaften vertrieben. Bergbaubetriebe beanspruchen zum Auslaugen der Erze das Wasser, das für benachbarte Gemeinden lebenswichtig ist. Lebensmittelkonzerne pumpen das Grund- oder auch Tiefenwasser ab, um es zu vermarkten. Häufig wird bei all dem der Anschein erweckt, dass das Land oder das Wasser bisher niemandem gehört habe, weil man das bürgerliche Privatrecht als Maßstab anlegt. Das alles nenne ich wilde Praktiken der Enteignung.

Opfer solcher Praktiken sind nicht nur indigene Gemeinschaften in den letzten Refugien vorkapitalistischer Produktions- und Lebensweise, sondern auch die vom Land in die Megacities des Südens Geflohenen, die dort in Slums oder Squatterquartieren[1] zusammengedrängt leben. Vertreibungen werden mit der notwendigen Stadtsanierung gerechtfertigt, wie der Landraub für das Agrobusiness mit dem Fortschritt gerechtfertigt wird, der letztlich allen zugute-

1 Squatterquartiere sind wild besiedelt, haben aber eine bessere, von den Bewohner*innen geschaffene Infrastruktur als Slums (z. B. die Gecekondus in der Türkei).

komme. Seit einigen Jahren wird sogar der Umweltschutz ins Feld geführt; denn Agrarkonzerne, so das Argument, könnten besser die Ausbeutung der Böden, den Ressourcenverbrauch oder den Einsatz von Pestiziden kontrollieren (Wallace 2020, 132).

Die Formen oder Strategien der Enteignung können im Folgenden nur exemplarisch dargestellt werden. Die Kapitel über wilde Praktiken und über Privatisierung können unabhängig voneinander und damit auch in anderer Reihenfolge gelesen werden.

II.
Zum Begriff der Enteignung

Die Vorgeschichte und die Geschichte des Kapitalismus sind ohne Enteignungen nicht denkbar. Sie konnten völlig willkürlich durchgeführt werden, unter Ausnutzung gesetzesfreier Verhältnisse, oder aber formal rechtlich korrekt. Gewaltsame Enteignungen waren vor allem außerhalb Europas üblich. Dort war das die gängige Methode der Bereicherung, und ist es teilweise noch. Zu erinnern ist an die Conquista in den Ländern Lateinamerikas, an die Eroberung Nordamerikas, getrieben vom »Spirit of the Frontier« und begleitet von Vertragsbrüchen, Mord und Plünderung, dann an die Kolonialisierung Indiens, der südostasiatischen Inselwelt und der afrikanischen Länder. Vor diesem historischen Hintergrund erschließen sich postkoloniale Praktiken der Enteignung als Fortsetzung solcher Traditionen.

Die kolonialistischen Enteignungen wurden mit der Mär vom leeren Land gerechtfertigt. Man beruhigte sich, die Siedler und das europäische Publikum damit, dass die bisherigen Bewohner das Land nicht genutzt, nicht fruchtbar gemacht hätten und damit dem biblischen Auftrag nicht nachgekommen seien. Dazu eines der zahlreichen Beispiele: Ein Siedlungsprogramm der britischen Kolonialmacht kommentiert Arundhati Roy so: »Den Briten galten die Wälder und Ebenen Assams wenn schon nicht als Niemandsland, dann doch als Beinahe-Niemandsland« (2020, 64).

Gewaltsame Enteignungen innerhalb Europas sind vielen seit der Schilderung der »ursprünglichen Akkumulation« von Marx im ersten Band des »Kapital« bekannt. Er erklärt dort die Anfänge des landlosen Proletariats »durch gewaltsame Verjagung der Bauernschaft von Grund und Boden [...] und durch Usurpation ihres Gemeindelandes« im 16. Jahrhundert (MEW 23, 746). Ein Jahrhundert später bevorzugte man von Seiten der herrschenden Klassen dann schon den gesetzlichen Weg. Mit den Laws of Settlement wurde die Enteignung von Ländereien legalisiert (MEW 23, 751). An Recht und Gesetz hielt man sich auch Anfang des 19. Jahrhunderts in Preußen, wo königliche Edikte den einen Teil der Bauern von den Feudallasten befreiten und zu normalen Eigentümern machten, was dann viele Betriebe nicht überstanden, weil die neuen Eigentümer nicht nur Entschädigungen an ihren früheren Grundherrn zahlen mussten, sondern auch dem Markt ausgeliefert waren. Der andere Teil war nach wie vor schutzlos und wurde Opfer des »Bauernlegens« (Mottek 1973, 33f.). Die Aufteilung der Gemeinweiden (ebd.) diente zusätzlich der privaten Aneignung ähnlich den Einhegungen (enclosures) im England des 16. Jahrhunderts.

Für David Harvey ist »die Strategie der Enteignung noch immer ein zentrales Element der kapitalistischen Welt« (2015, 80; vgl. 2007, 90; Zeller 2004a, 12). Er schließt damit an Rosa Luxemburg an, die überzeugt war, dass die kapitalistische Akkumulation fortwährend auf Enteignungen angewiesen ist, sei es durch ökonomischen oder außerökonomischen Zwang. Harvey wählt zur Unterscheidung von dem historischen Begriff der »ursprünglichen Akkumulation« den Begriff *»Akkumulation durch Enteignung« (accumulation by dispossession)*. Diese kann mit militärischer Gewalt vollzogen werden wie in manchen Ländern des globalen Südens. Heute werden aber Strategien des Finanzmarkts oder institutionelle Vorgaben der supranationalen Institutionen genutzt, wenn nicht ganz einfach die Marktmacht entscheidet. In den Strukturanpassungsprogrammen des Internationalen Währungsfonds (IWF) sieht Harvey einen Schritt, »um Akkumulation durch Enteignung in verschiedenen Bereichen und Gesellschaften durchzusetzen« (2007, 92). Nach Pelizarri nimmt der kapitalistische Akkumulationsprozess heute sogar »mehr denn je zuvor« die Form einer »globalen Enteignungsökonomie« an (2003, 61).

Als typische Formen von Enteignung im 21. Jahrhundert nennt Dexter Whitfield, der sich auf Harvey bezieht, Land Grabbing, die

Privatisierung von Wasser und Dienstleistungen, aber auch nationaler Industrien (2020, 27). Mittel seien internationale Abkommen zum Schutz geistigen Eigentums zugunsten von Konzernen oder die Schutzklauseln in Freihandelsabkommen, die Profitinteressen den Vorrang vor gesellschaftlichen Interessen geben (ebd.).

Enteignung muss unterschieden werden von Ausbeutung (exploitation), der Aneignung des von den Arbeitenden im Produktionsprozess geschaffenen Mehrwerts (vgl. Harvey 2015, 75). Sie ist im Gegensatz zur Ausbeutung nicht unmittelbarer Teil des Kapitalverhältnisses, sie ergänzt den erweiterten Reproduktionsprozess des Kapitals. Whitfield (2020) übernimmt von Harvey den Begriff »dispossession«. Foster/Clark (2018), die den sozialökologischen Gehalt in Marx' Werk herausarbeiten, verwenden die Begriffe »expropriation« und »robbery« für die Ausbeutung der Natur, der äußeren und der menschlichen, die sie als Ursache für den Riss im Stoffwechsel zwischen Mensch und Natur ausmachen. Dabei war und ist, so ihre Feststellung, die Entwicklung der kapitalistischen Landwirtschaft immer mit Enteignungen verbunden. Nicht nur, dass die unmittelbaren bäuerlichen Produzenten weichen müssen. Die Blindheit für natürliche Kreisläufe kann zu Enteignung führen. Wenn Betriebe zum Beispiel mehr Grundwasser entnehmen, als sich regeneriert, enteignen sie andere Nutzer. Solche Fälle werden wir im Folgenden vorfinden.

Die kapitalistische Produktionsweise basiert generell nicht nur auf Ausbeutung, sondern auch auf Enteignung, wobei in der Regel nur enteignet wird, was nicht privatrechtlich geregelt und gesichert ist. Direkte oder auch politische Gewalt wird gerechtfertigt, wenn alte Ansprüche dem Fortschritt im Wege stehen. Das Privateigentum als konstitutiver Wert soll nicht in Frage gestellt werden. Die Enteignung privaten Eigentums wird in der Regel wirtschaftlichen Mechanismen überlassen. Kapitalistische Rationalität drängt auf Produktion im großen Maßstab, auf Konzentration und Zentralisation, was den kleinen Produzenten, Handwerkern und Bauern, die wirtschaftliche Existenz kostet, sofern sie nicht als Zulieferbetriebe überleben.

Durch Pandemien wie der von Covid-19 wird sich dieser Prozess beschleunigen. Einige Wirtschaftsdaten sprechen schon jetzt dafür.

Zweitens führen Rohstoffhunger und Energiebedarf mit dem Bau von Bergwerken, Staudämmen etc. unvermeidlich zur Zerstörung der Lebensräume von Gemeinschaften, meist zu deren Vertreibung.[2] Dasselbe geschieht mit der Externalisierung ökologischer Kosten. Wenn beispielsweise die industrialisierte Intensivlandwirtschaft Gewässer verseucht, dann raubt sie der Allgemeinheit das Wasser, jedenfalls trinkbares Wasser. Sogar das öffentliche Gut Luft wird beeinträchtigt, wenn Unternehmen mit Emissionszertifikaten einen Rechtstitel auf Luftverschmutzung erwerben können (Altvater 2003, 194).

Kommt es zu Schwierigkeiten bei der Realisierung des Mehrwerts, weil der Markt gesättigt ist oder aufgrund von »Lohnzurückhaltung« die Kaufkraft fehlt, dann weicht das Kapital auf den Export aus und preist den Freihandel, der oft die Produzenten in anderen Weltgegenden in den Ruin treibt. Oder das Kredit(un)wesen soll die Konjunktur beleben, was viele wegen Überschuldung Eigentum oder Besitz kosten kann – der dritte Aspekt. Und mit staatlichen Rettungsmaßnahmen für Unternehmen, die als »systemrelevant« gelten, findet eine Enteignung der Allgemeinheit statt. 2020 hat die Bundesregierung einen Fonds zur Stabilisierung der durch die »Corona-Krise« geschwächten Wirtschaft im Wert von 600 Mrd. Euro aufgelegt. Der Zweck: Kredite oder staatliche Beteiligung zur Kapitalaufstockung. Was »der Wirtschaft« gut tue, tue allen gut, so die Rechtfertigung. Die Bankenrettungsschirme waren für Karl Georg Zinn »faktisch eine Privatisierung öffentlicher Finanzen« (2015, 64).[3]

---

2 Zu Recht werden manche einwenden, dass das mit jeder Industrialisierung einhergehe. Und in der Tat wird man, anders als im Realsozialismus des 20. Jahrhunderts, für dieses Problem demokratische Verfahren entwickeln müssen. In Vietnam sollen bei einem Staudammprojekt ab 2005 lokale Komitees in den Umsiedlungsplan einbezogen worden sein (Black/King 2009, 59).

3 In der Finanzkrise von 2008/09 wurden EU-weit mehr als 1,6 Billionen Euro zur Rettung »systemrelevanter« Banken ausgegeben.

Das perfekte Instrument zur Umleitung von Steuergeldern in das Portefeuille von Unternehmen ist das Investitionsschiedsverfahren (engl. Investor to State Dispute Settlement, ISDS), das heute Bestandteil fast eines jeden Handelsvertrags ist. Danach kann ein Unternehmen, das Gewinneinbußen durch neue Gesetze zum Arbeitsrecht, zum Umweltschutz etc. befürchtet, den jeweiligen Staat auf Entschädigung verklagen. Der von über 50 Staaten unterzeichnete Energiecharta-Vertrag verpflichtet alle Mitglieder zu diesem Verfahren. Unter Berufung darauf haben Energiekonzerne 2012 die Bundesrepublik Deutschland verklagt.

Neue Prozesse der Enteignung vollziehen sich seit Jahrzehnten in der Zirkulationssphäre, wo Online-Versandkonzerne wie Amazon mit Hilfe der Informationstechnologie eine Unmenge an Waren in kurzer Zeit umschlagen und weltweit den Warenhandel beinahe monopolisieren, so dass unzählige Einzelhandelsgeschäfte ihren lokalen Markt verlieren. Schon lange haben Einzelhandelsketten durch generalstabsmäßige Planung den Markt im Lebensmittel- und Textilhandel für sich erobert und damit Kleinhändler ausgeschaltet. In der Corona-Krise meinte ein Autor, dass Amazon außerdem dabei sei, Staatsaufgaben wie die Grundversorgung der Bevölkerung zu übernehmen (Egger 2020). Enteignung und Entmachtung gehen Hand in Hand. Dazu noch ein Beispiel: In einigen Staaten im globalen Süden, so in Uganda, bestimmt die von der Gates-Foundation initiierte und der Weltbank unterstützte Initiative Scaling up Nutrition (SUN), an der Staaten, Stiftungen und Agrarkonzerne beteiligt sind, die Ernährungspolitik (FoodFirst 02/20, 14f.).[4] – Eine Privatisierung der Politik.

Zeller (2004a) unterscheidet neben »Formen der klassischen ursprünglichen Akkumulation« vier Arten der Enteignung durch

---

4 SUN setzt auf technische Lösungen unter Vernachlässigung der sozialen Rahmenbedingungen. Die Maßnahmen zielen darauf, Ernährungspraktiken zu verbessern, Nahrungsmittel mit Nährstoffen anzureichern (Fortifizierung), Spurenelemente / Mikronährstoffe direkt bereitzustellen und so akute Mangelernährung zu behandeln.

das Kapital: a. »moderne Formen der Erweiterung der kapitalistischen Eigentums- und Produktionsverhältnisse« durch die räumliche Ausweitung der Warenbeziehungen in Ländern der Peripherie und durch deren interne Ausweitung, b. »Prozesse wie Fälschung oder Raub«. Dazu zählt er unter anderem Firmenübernahmen, »oftmals vom Raub an Vermögenswerten begleitet«. c. »Akkumulation durch Aneignung, Abschöpfung und Zentralisierung von Teilen des in anderen sozialen Organisationsformen erzeugten Werts und Mehrwerts«, zum Beispiel bei Subcontracting-Verhältnissen oder so genannten Netzwerkfirmen, d. Patentierungen oder Ausweitungen intellektueller Eigentumsrechte (11ff.). Zeller ergänzt an anderer Stelle: »Die Akkumulation durch Enteignung und Ausplünderung anderer Märkte und Ressourcen stützt sich ganz besonders auf die Militärmaschinerie […] Der brutalste und direkteste Ausdruck der Enteignungsökonomie ist der Krieg« (Zeller 2004b, 109f.).

Privatisierung als Form der Enteignung?

Privatisierung als Enteignung der Allgemeinheit? Manche nicken vielleicht zustimmend. Aber im nächsten Moment stellen sich doch Fragen. Sind Infrastruktureinrichtungen Eigentum der Allgemeinheit? Und was verbirgt sich hinter dem Begriff »Allgemeinheit«? Hält er einer marxistisch aufgeklärten Analyse stand? Dass die Privatisierung von vorher staatlichen Dienstleistungen in der Regel Nachteile für die Nutzer*innen mit sich bringt, wurde in der Literatur über Dienstleistungen schon zigmal belegt. In dem Band »Grenzen der Privatisierung« von Weizsäcker u.a. (2006) findet man Fallstudien zu Privatisierungsprojekten in der ganzen Welt. Von allen Autor*innen werden negative Folgen für die jeweilige Gesellschaft belegt: verschlechterte Arbeitsbedingungen für das Personal und Arbeitsplatzverluste, verschlechterter Service, teilweise Ausschluss von Gruppen ohne genug Kaufkraft, vernachlässigte Infrastruktur, Kostenexplosion, Intransparenz und Demokratieverlust. Die Gewichtungen sind von Fall zu Fall unterschiedlich. Aber die Bilanz, dass Privatisierungen für die Allgemeinheit nicht von Vorteil sind, ist recht eindeutig. Wo eine Steigerung der Effizienz verzeichnet wird, kommt sie lediglich der Kapitalverwertung zugute. Die Herausgeber des Bandes meinen: »Die Privatisierungen verschieben das Gleichgewicht mächtig vom öffentlichen zum privaten Sektor. Die Auswirkungen dieser dramatischen Verschiebung bekommen nicht nur die heute Lebenden, sondern auch künftige Generationen zu spüren« (Weizsäcker u.a. 2006, 11). Mit Klaus Dörre lässt sich Privatisierung als kapitalistische »Landnahme« begreifen (Dörre 2012; Dörre/Matuschek 2013). Aber Enteignung?

Unstrittig scheint die Sache, wenn in das Gemeineigentum einfacher Gesellschaften eingegriffen wird, so dass ihre Lebensgrundlagen gefährdet sind, wenn nicht sogar vernichtet werden. Man denke an die Zerstörung des Lebensraums von Indigenen im tropischen Regenwald oder die Beschneidung der Weidegründe nomadischer Viehzüchter. Es handelt sich um Gemeinwesen, die kein Privateigentum kennen und nicht staatlich organisiert sind, obwohl ihr Lebensraum heute Teil eines staatlichen Territoriums ist. Das macht sie verwundbar, weil ihre Eigentumsrechte nicht vom bürgerlichen Recht gedeckt sind.

Wir müssen uns also über Eigentumsformen, Staat und »Allgemeinheit« wenigstens knapp Klarheit verschaffen. Daniela Dahn hat als Kritikerin von Privatisierungen auf ernüchternde Weise festgestellt, staatliches Eigentum sei nicht Gemeineigentum. Denn: »Eigentum juristischer Personen ist Privateigentum, auch wenn es kollektiven Verfügungsrechten unterliegt – in dem Fall wahrgenommen durch Organe von Regierung und Parlament. Staatseigentum ist also das Privateigentum des Staates« (2018, 9). Das deckt sich insoweit mit der Bestimmung des Staates bei Marx, für den der Staat in verkehrter Form die Besonderung des Allgemeinen darstellt. In den »Grundrissen der Kritik der politischen Ökonomie« analysiert er den Grundcharakter der bürgerlichen Gesellschaft als einer Gesellschaft von Privatpersonen, von denen jede gemäß dem

Marktprinzip nur ihr Privatinteresse verfolgt. Nach Joachim Hirsch stellt zwar »der Tauschwert, verkörpert im Geld, [...] unabhängig vom Willen der Individuen die gesellschaftliche Einheit der Produktion her«, aber »zugleich bedarf es einer von den Produzenten abgehobenen, ihnen fremd gegenüberstehenden Instanz, um die außerhalb ihres bornierten Privatinteresses liegenden gesellschaftlichen Bedingungen von Produktion und Reproduktion zu gewährleisten, eben des Staates« (1974, CXLII).

Die Gesellschaft ist aber nicht nur eine Gesellschaft von Warenbesitzern und -besitzerinnen, sondern von zwei Klassen von Warenbesitzer*innen, getrennt in Eigentümer*innen von Produktionsmitteln und die Masse derer, die nichts als ihre Arbeitskraft anzubieten haben, was gegensätzliche Interessen bedingt. *Der Klassengegensatz macht den Begriff »Allgemeinheit« fragwürdig* und rückt die Funktion des Staates in ein neues Licht. Um den Bestand der Gesellschaft zu sichern, was in »normalen« Zeiten im Interesse beider Klassen ist, muss der Staat eine vermittelnde Position einnehmen, was seine relative Autonomie voraussetzt. Er ist zwar keine neutrale Instanz, kann aber auch nicht als bloßes Instrument der herrschenden Klassen fungieren, solange er seine Legitimation nicht gefährden will. Für Nicos Poulantzas (2002) ist der bürgerliche Staat Kristallisationspunkt gesellschaftlicher Konflikte. Aber er wirkt selbst kraft seines institutionellen Gewichts auf das Kräfteverhältnis ein, meist, aber nicht ausschließlich zugunsten der herrschenden Kräfte. Der Staat steht also weder für das gesellschaftliche Allgemeininteresse, noch vertritt er ausschließlich die Interessen des Kapitals, selbst wenn heute die Kapitalseite mächtiger denn je zu sein scheint, weil der internationale Finanzmarkt, die globalen Wertschöpfungsketten und die transnationale Mobilität des Kapitals eine private Subpolitik fördern (Auernheimer 2019). Zwar lässt der finanzgetriebene globale Kapitalismus nur wenig Spielraum für soziale Kompromisse (Zeller 2004b, 116). Aber: »Die Bourgeoisien stützen ihre Macht weiterhin auf ihre Beziehungen zur Klasse der Lohnabhängigen im eigenen Land« (107).

In Ländern der Peripherie, in denen der moderne Staat noch Bevölkerungsteile umfasst, die in teilweise vorkapitalistischen, subsistenzwirtschaftlichen Gemeinwesen leben, bearbeitet der Staat nicht nur Klassengegensätze mit starker Parteinahme für die Bourgeoisie. Er vertritt zugleich die »Moderne« gegenüber veralteten, den »Fortschritt« behindernden Wirtschafts- und Lebensformen, weshalb er häufig Enteignungen zugunsten moderner Unternehmen lizensiert.

Der »bürgerliche« Staat erfüllt auf historisch und kulturell je spezifische Weise, von Land zu Land unterschiedlich, viele Funktionen, die sowohl für das Kapital als auch für die Masse der Bürger*innen von Nutzen sind. Das klassische Bild des bürgerlichen Staates, das im Folgenden gezeichnet wird, berücksichtigt nicht den Faschismus. Und auch im Zeichen globaler Finanzmärkte, Wertschöpfungsketten und supranationaler Institutionen werden manche Staatsfunktionen zumindest modifiziert. Einige sind grundlegend, darunter die Garantie bürgerlicher Grundfreiheiten und Rechte, vor allem die Gleichheit vor dem Gesetz. Rechtssicherheit ist besonders für das wirtschaftliche Handeln, und damit für das Kapital von Relevanz.

Die öffentlichen Dienste haben eine Doppelnatur als Dienst an der Gesellschaft und als Sicherung der allgemeinen Produktionsbedingungen (Pelizarri/Zeller 2005, 27). Die Schulen sollen Produktionsqualifikationen vermitteln, aber auch zur eigenen Lebensbewältigung befähigen. Bürger*innen, die daran scheitern, sollen von sozialen Einrichtungen aufgefangen und »resozialisiert« werden. Der Staat bietet in besonderen Lebenslagen soziale Hilfen und schafft damit einen gewissen Grad an sozialer Sicherheit. Ebenso subventioniert er Unternehmen. Der allgemeinen Daseinsvorsorge dienen primär kommunale Einrichtungen. Die staatliche Infrastruktur versorgt Betriebe, Haushalte und Verkehr mit Energie, ermöglicht Mobilität und Gütertransporte sowie mediale Kommunikation.

So sehr das Kapital an der Sicherung der allgemeinen Produktionsbedingungen interessiert ist, so sehr ist es an niedrigen Kosten interessiert, ausgenommen die Militärausgaben. Oder man drängt auf Verwertbarkeit durch Übertragung an Private. Marx ist davon ausgegangen, dass die allgemeinen Produktionsbedingungen auch dem Kapital unterworfen werden, sobald sie Profit abwerfen können (1974, 431f.). Eine der Voraussetzungen dafür ist die Knappheit eines Guts. Diese Voraussetzung schafft das Kapital teilweise selbst durch die für seine Wirtschaftsweise typische Externalisierung ökologischer Kosten. Wenn die Böden und Wasserspeicher verseucht sind, entsteht Rivalität um die noch fruchtbaren und sauberen Reste.

Die Leistungen des Staates werden mit Abgaben und Steuern finanziert, ergänzt um Einnahmen aus staatlichen Rohstoffvorkommen oder von Stromerzeugern, sofern noch in staatlicher Hand. Die Art der Besteuerung ist von den gesellschaftlichen Kräfteverhältnissen abhängig. Massensteuern sind im Interesse des Kapitals, nicht dagegen Vermögenssteuer, Kapitalgewinnsteuer oder Finanztransaktionssteuer. Ebenso ist die staatliche Ausgabenpolitik Gegenstand gesellschaftlicher Auseinandersetzungen. Von Seiten des Kapitals wird stets auf Beschränkung der Sozialausgaben gedrängt. Seit dem Sieg neoliberaler Konzepte steht generell *die Verschlankung des Staates* auf der Agenda. So ist staatliches Handeln umkämpft, was die Einnahmen- wie die Ausgabenseite angeht, aber auch was Gewichtungen und Zielsetzungen im Bildungs- und Gesundheitswesen, beim Ausbau der Infrastruktur usw. betrifft. Den Raum der Auseinandersetzungen bildet *die Öffentlichkeit*. Manche sprechen von Öffentlichkeiten in der Mehrzahl, was die Vielfalt der Medien mit ihrem jeweiligen Publikum, aber auch der Blick auf soziale Bewegungen rechtfertigt. Think-Tanks, Stiftungen und Verbände liefern Ideologien und Argumentationsmuster.

Was geschieht nun im Zuge der Privatisierung staatlicher Infrastruktureinrichtungen und Dienstleistungen? Mit der Überführung in privatrechtliche Form wird das Privatinteresse dominant, betriebswirtschaftliche Gesichtspunkte werden ausschlaggebend. Es gilt, sich am Markt zu behaupten oder aber, wenn das Unternehmen – wie meist bei Infrastruktureinrichtungen – eine Monopolstellung hat, neue Märkte zu erobern. Allgemeine Interessen sind lediglich als Kundeninteressen Gegenstand der Geschäftspolitik, und die Vereinbarkeit von Kundeninteressen und Anlegerinteressen wird bestenfalls bei Umsatzeinbußen zum Thema. Die Gesellschaft mit ihren vielfältigen, teils gegensätzlichen Interessen kann nicht mehr oder nur beschränkt Einfluss nehmen auf Ausbauziele, Angebote, Arbeitsverhältnisse oder die Umweltverträglichkeit des Betriebs. Der Klassenkampf ist stillgestellt zum Nachteil der Mehrheit. *Wo vorher einklagbare soziale Rechte waren, sind nun Angebote auf einem Markt.*

Das ist der entscheidende Gesichtspunkt, der es erlaubt, Privatisierung als Enteignung zu qualifizieren. Dazu kommt in manchen Bereichen die Vermögensübertragung mit den Verwertungsmöglichkeiten für das Kapital, denen keine adäquaten Leistungen für die Allgemeinheit gegenüberstehen. Bei der Privatisierung von staatlichen Rohstofflagerstätten oder Energieunternehmen ist die Enteignung der Mehrheit zugunsten von Privatinteressen offensichtlich. Dabei eignen sich Private den Naturreichtum an. Aber auch dort, wo der materielle Verlust bescheiden ist – wie bei manchen sozialen Diensten –, geschieht eine Enteignung, sobald die Verfügungsgewalt in privater Hand liegt. Staatliche Einrichtungen gehören oder gehorchen zwar nicht dem »Volk«,[5] sondern werden vom Staat treuhänderisch verwaltet und von der jeweils zuständigen Behörde geleitet. Aber die Exekutive muss sich an den Vorgaben der Legislative orientieren, so dass die Wählerschaft über das Parlament und die Regierung Verfügungsrechte wahrnehmen kann. Solange Unternehmen in staatlicher Hand sind, sind sie, vermittelt über staatliche Organe, der Bürgerschaft rechenschaftspflichtig. Dass der Staat das Recht hat, Einrichtungen zu verkaufen, zu verpachten oder Aufgaben an Private zu übertragen, steht auf einem anderen Blatt.

---

5 Nach dem Herkunftswörterbuch der deutschen Sprache (Großer Duden 7) haben *gehören* und *gehorchen* dieselbe Wurzel.

»Was sind öffentliche Güter?
In aller Regel werden dazu so heterogene Erscheinungen gezählt wie die Sicherung der natürlichen Lebensbedingungen (saubere Luft, Wasser, Biodiversität, öffentliche, soziale, menschliche Sicherheit), das kulturelle Erbe [...] die Daseinsvorsorge (Bildung, Gesundheit, Wissen etc.) sowie die Bereitstellung und Erhaltung einer materiellen Infrastruktur (Verkehrswege, Telekommunikation etc.) und eines immateriellen Systems von Regeln und Institutionen (für den Welthandel, das Finanzsystem, die öffentliche Sicherheit in der lokalen Gemeinde ebenso wie in den internationalen und globalen Beziehungen). [...] Von ›Gut‹ wird also nicht im dinglichen Sinne gesprochen, sondern im übertragenen Sinne von dem, was ›gut‹ ist.« (Altvater 2003, 171).

Nicht nur im historischen Rückblick müssen wir *zwei Modi der Enteignung* unterscheiden: a. die Beraubung vorkapitalistischer Gemeinwesen, die man in Resten auch noch im heutigen Weltsystem findet (Wallerstein 2004), bestehend in der Enteignung von Boden, Wasser, Wäldern, kurz der natürlichen Reichtümer und b. die Privatisierung öffentlicher Einrichtungen und Dienste in entwickelten kapitalistischen Gesellschaften. Im ersten Fall geht es um den Zugriff auf die Elemente des kapitalistischen Verwertungsprozesses, die »ursprüngliche Akkumulation« also, im zweiten Fall um die Annullierung dessen, was Ergebnis gesellschaftlicher Verteilungskämpfe um das Mehrprodukt ist.

Einen Sonderfall stellt *die Biopiraterie*[6] dar, das heißt die private Aneignung von Organismen durch Patentierung zum Zweck der Vermarktung. Es handelt sich dabei um die Aneignung eines Ge-

6 Der Begriff Biopiraterie wurde Anfang der 1990er Jahre von einer kanadischen NGO geprägt.

meinguts, nämlich tradierten Wissens von indigenen Gemeinschaften, durch die Subsumtion unter Regeln des Privatrechts und damit Kommerzialisierung mit dem Ziel der Kapitalverwertung. Insofern lässt sich von Privatisierung sprechen.[7] Aber diese Art der Privatisierung unterscheidet sich doch vom üblichen Verständnis. In der Regel werden neue Verwendungsweisen verwertet oder Organismen genetisch verändert. Biopiraterie kann so als besonderer Modus der Enteignung oder der Verwandlung gesellschaftlicher Güter in privaten Reichtum gelten.

7 Weizsäcker u. a. (2006) behandeln in dem Band über »Grenzen der Privatisierung« auch einen Fall von Biopiraterie als Privatisierung. Es geht dort um die Patentierung einer Heil- und Nutzpflanze bzw. der daraus gewonnenen Wirkstoffe, die traditionell in Indien Anwendung finden (siehe unten).

III.
Wilde Praktiken der Enteignung

Während in modernen kapitalistischen Staaten das Gemeingut ein öffentliches, vom Staat treuhänderisch verwaltetes Gut ist, gibt es in Staaten mit Resten vorkapitalistischer Produktionsweisen noch Gemeingut, das direkt von Bauern oder nomadischen Viehzüchtern genutzt wird. Wenn wir hier die Aneignung durch private Investoren als Privatisierung bezeichnen wollten, so haben wir hier jedenfalls eine Privatisierung anderer Art vor uns. Dabei wird häufig auch der auf Gewohnheitsrecht basierende Besitz von Einzelnen bzw. Familien enteignet, also ein nach unserem Rechtsverständnis »privates« Gut.

Häufig findet eine wilde Enteignung statt, der nicht einmal der Anschein von Legitimität durch einen formalen Rechtsakt verliehen wird. Dagegen werden die meisten im Aufkauf von kleinbäuerlichem Besitz nichts Unrechtmäßiges sehen; denn der Verkäufer wird seiner Sache nicht beraubt. Er ist scheinbar frei in seiner Entscheidung gewesen. Man stelle sich aber eine stark verarmte Region mit kaum überlebensfähigen landwirtschaftlichen Kleinbetrieben vor. Welcher Bauer kann in einer solchen Lage das Kaufangebot eines Farmbetriebs oder Agrarfonds ablehnen? Und das selbst dann, wenn er weiß oder ahnt, dass er sein Land unterbewertet zum Schleuderpreis verschachert. Die Schilderung eines kritischen Ökonomen aus Paraguay bestätigt diese Sicht: »Man bietet dem Bauern so viel Geld, wie er noch nie im Leben gesehen hat. Er glaubt, es sei ein Vermögen, zieht in die Stadt, gibt dort alles in drei, vier Monaten aus und landet dann in den wachsenden Elendsvierteln, weil er keine Arbeit mehr hat« (zit. bei Lemoine 2014).

Die Bezeichnung *»Land Grabbing« oder Landraub* für den großflächigen Aufkauf von Ländereien hat, so gesehen, seine Berechtigung. Roman Herre sieht in der Schaffung eines Marktes für handelbare Landtitel schon den Ansatz zum Landraub. Denn: »Bei der hohen Nachfrage nach Land ist es fahrlässig anzunehmen, dass ein Kleinbauer sich auf diesem Markt behaupten kann« (Herre 2013). Auch die heute üblichen Freihandelsabkommen mit Staaten im globalen Süden führen zur Enteignung von Bauern und Gewerbetreibenden durch Marktmacht.

Zum Objekt von Enteignungen können unter anderem werden: a) das von verschiedenen, nomadischen Gemeinschaften genutzte Land ohne formale Eigentumstitel, darunter auch Wald, b) agrarische Ländereien von Dorfgemeinschaften und Haushalten ohne formal-rechtliche Eigentumstitel (Kataster), c) maritime nationale Fischgründe mit schwacher staatlicher Kontrolle, d) landwirtschaftliche Kenntnisse und Kulturen (Saatgut) und traditionell von Indigenen genutzte Naturschätze (tradierte Heilmittel). Tradiertes Wissen über Heilpflanzen durch Patentierung zum privaten Eigentum zu erklären, um es der Kapitalverwertung zuzuführen, ist ein besonderer Fall von Enteignung. Diese Biopiraterie macht aus einem Wissen, das unentgeltlich von allgemeinem Nutzen gewesen war, eine Ware mit exklusivem Charakter. Ein solcher Missbrauch des Patentwesens betrifft auch tradiertes Saatgut.

Vor allem in den Ländern des globalen Südens, in Ausnahmefällen auch im Norden, finden Methoden gewaltsamer Expropriation Anwendung, wie sie in der Periode der ursprünglichen Akkumulation üblich waren. Dem neokolonialen System kommt dabei zugute, dass in vielen Regionen ebenso wie damals Eigentums- und Besitzverhältnisse noch nicht nach den Regeln des bürgerlichen Rechts geordnet sind. In Schwellenländern wie Indien bedingt die Konfrontation zwischen traditionalen Ordnungen und dem kapitalistischen Regime, dass indigene Gemeinschaften innerhalb des Staates der Willkür ausgeliefert sind.

Landraub, der Entzug von Wasser durch Staudammbauten oder

den Verbrauch gigantischer Wasserressourcen für die Extraktion von Bodenschätzen stellen wie die Privatisierung tradierten Kollektivwissens eine Fortsetzung der Akkumulation durch Enteignung dar. Wir, die immer mehr Fleisch essen und Obst zu jeder Jahreszeit verlangen, sind indirekte Nutznießer solcher Enteignungen.

Globale Lieferketten implizieren ein eklatantes Machtgefälle zwischen Einkäufern und Produzenten, die nicht nur dem Preisdiktat ersterer ausgeliefert sind, sondern in der Krise auch allein das Risiko eines Markteinbruchs tragen müssen. So haben Modeketten in der Corona-Krise nicht nur Aufträge storniert, sondern teilweise die Annahme fertiger Kontingente verweigert. In Bangladesch waren davon 1.100 Betriebe mit vier Millionen Textilarbeiter*innen betroffen (Paasch/Saager-Maaß 2020, 18). Enteignung im Fall des Ruins ist hier mit Entwertung der Arbeit verknüpft.

50.000 Hektar für ein Kraftwerk: Landnahme für den immensen Energiebedarf

Um den wachsenden Energiebedarf der kapitalistischen Industriegesellschaft zu decken, wird den indigenen Gemeinschaften im globalen Süden zumindest ihr Lebensraum eingeschränkt und beeinträchtigt. Gelegentlich schont man auch in der nördlichen Hemisphäre die Reservate nicht, die man den dortigen Indigenen oder Natives noch überlassen hatte. Oft wird das Land für die Bewohner*innen entwertet, weil die Ökosysteme zerstört werden. Die Öl- und Gasförderung sowie der Bau von Pipelines und Wasserkraftwerken beeinträchtigen die Lebensweise, wenn sie nicht sogar die Lebensgrundlagen entziehen.

Ende 2016, Anfang 2017 alarmierten Nachrichten über gewaltsame Auseinandersetzungen um den Bau einer Pipeline im Norden der USA die kritische Öffentlichkeit. Die Sioux, durch deren Reservat *die Dakota Access Pipeline* gelegt werden sollte, sahen nicht nur das heilige Land ihrer Vorfahren, sondern auch ihre Wasserversorgung bedroht. Ihre Empörung wurde dadurch geschürt, dass schon in den 1950er und 60er Jahren die fruchtbarsten Teile ihres Reservats nach dem Bau eines Staudamms überschwemmt worden waren. Außerdem war die Nordgrenze des Reservats umstritten. Die Sioux beriefen sich dabei auf einen Vertrag von 1851. Sie bekämpften daher den Pipelinebau, massenhaft unterstützt von anderen Native Americans und von Umweltorganisationen. Ein Protestcamp, in dem zeitweise mehr als 1000 Pipeline-Gegner lebten, verdeutlicht die Hartnäckigkeit des Widerstands. Baumaschinen wurden besetzt. Private Wachdienste gingen mit Gewalt gegen die Protestierenden vor. Die Polizei nahm von August bis Anfang Dezember 2016 fast 600 Menschen rund um das Protestcamp und in der Hauptstadt von North Dakota fest. Der Gouverneur hatte schon Anfang September die Nationalgarde aktiviert. Nachdem die Organisation Food and Water Watch eine Liste mit Banken, die den Bau der Pipeline finanzierten, veröffentlicht und damit Vorhaben weltweit diskreditiert hatte, wurde der Bau der Pipeline im Dezember 2016 nördlich der Standing Rock Sioux Reservation vorläufig gestoppt. Unter Präsident Trump genehmigte die Bauingenieursabteilung der US-Armee im Februar 2017 den umstrittenen Bauabschnitt. Ende Februar wurde das Protestcamp geräumt und zerstört. Im Juli 2020 verfügte jedoch ein Bundesbezirksgericht die Stilllegung der Pipeline, was zumindest vorläufig den Sieg der Sioux und Umweltschützer bedeutet.

Anfang 2020 kämpften wieder Natives, diesmal in Kanada, gegen den Bau einer Pipeline, die Erdgas vom Nordosten der Provinz British Columbia zur Pazifikküste transportieren soll, wobei sie nach der Planung teilweise durch das Reservat der Wet'suwet'en verlaufen soll, deren traditionelle Autoritäten die Zustimmung verweigerten. Aufmerksamkeit über Kanada hinaus fand ihr Widerstand dank der Solidarität von Mohawks, die innerhalb ihres Reservats in der Provinz Ontario wochenlang eine Eisenbahnlinie blockierten (jW, 26.2.2020). Das alles sind die letzten vergeblichen Scharmützel in einer jahrhundertelangen Geschichte der Enteignung.

Im Amazonasgebiet hat die Erdölförderung neben dem Holzeinschlag und dem Goldabbau schwerwiegende Folgen für die dort ansässigen Völker. Im westlichen Amazonasgebiet wurden von den Anrainerstaaten bis 2015 mehr als 180 *Konzessionen für Öl- und Gasbohrungen* vergeben. Wenn man von frühen Anfängen in den 1920er Jahren absieht, so wurde mit der Förderung vor allem in den 1960er Jahren begonnen. Seit den 1980er Jahren wurde sie in allen Anrainerstaaten des Amazonasbeckens stark ausgeweitet. In jener Zeit wurde zum Beispiel im peruanischen Teil eine rund tausend Kilometer lange Pipeline bis zur Küste gebaut, die inzwischen an vielen Stellen marode und leck ist. Die Menschen sind gesundheitlich belastet, weshalb die Indigenen-Verbände energisch protestieren (weltkirche. katholisch.de, 6.12.2018). 2013 vergab die peruanische Regierung an die nationale chinesische Ölgesellschaft CNPC Nutzungsrechte für rund eine Million Hektar Regenwaldfläche zur Erkundung und Förderung von Öl und Gas zum Preis von 2,6 Mrd. US-Dollar, und zwar unter Umgehung der gesetzlichen Pflicht, die »informierte Zustimmung« der indigenen Gemeinschaften einzuholen. Das Territorium von vier Ethnien ist betroffen (Bolda 2015).

In der Provinz Sucumbios im Nordosten von Ecuador hat der US-Konzern Chevron über Jahre Milliarden Liter Ölabfälle im Amazonas-Regenwald entsorgt. Flüsse und Böden sind verschmutzt und verseucht. Eine Vereinigung der Bewohner klagte ab 1993 gegen die Firma und erreichte zumindest, dass der Oberste Gerichtshof Ecuadors den Konzern wegen schwerer Umweltverschmutzung zu einer Geldstrafe in Milliardenhöhe verurteilte (ebd.). Aber was für ein Erfolg? Bilder aus der Region zeigen, dass die Verschmutzung nur etwas reduziert werden konnte. Da die Ölförderung im Regenwald seither umstritten ist, hat die frühere Regierung von Ecuador angeboten, auf weitere Bohrungen im Regenwald zu verzichten, wenn der wirtschaftliche Verlust von der Staatengemeinschaft finanziell kompensiert würde. Das Geld sollte in einen UN-Treuhand-Fonds fließen. Nach dem Scheitern dieses Deals begann der Staatskonzern Petroamazonas 2016 mit der Förderung im Yasuní-Nationalpark. In diesem Gebiet liegt das Ölfeld ITT, das außerhalb der geschützten Areale bereits ausgebeutet wird (Die Zeit, 8.9.2016). Die Kichwa, eine andere ethnische Gruppe, die ebenfalls im ecuadorianischen Teil des Amazonasbeckens lebt, konnte sich bisher erfolgreich gegen die Erschließung ihres Gebiets für die Erdölförderung durch einen argentinischen Konzern wehren.

Im Amazonasgebiet schränkt auch *der Bau von Wasserkraftwerken mit Megastaudämmen* den Lebensraum der Indigenen zunehmend ein.[8] Bis Mitte der 1990er Jahre waren in Amazonien bereits 75.000 Menschen durch den Bau von Megastaudämmen vertrieben worden (Seager 1995, 44). 2002 waren es schon über 100.000 (Black/King 2009). Dennoch wurden bis 2020 drei weitere Megakraftwerke gebaut bzw. Staudammbauten in Angriff genommen (jW Spezial, 5.8.2020), darunter die am Xingú, einem Nebenfluss des Amazonas. Drei Talsperren stauen den Fluss zu zwei Stauseen mit einer Fläche von der Größe des Bodensees auf. Dafür mussten nach offiziellen Angaben etwa 20.000 Menschen umgesiedelt werden, nach Schätzung von Staudammgegnern sogar bis zu 40.000. Das Projekt, gegen das autochthone Gemeinschaften mehrmals mit Besetzungen und Blockaden protestierten, wurde seit Erteilung der ersten Baugenehmigung Anfang 2011 drei Mal durch gerichtliche Entscheidungen vorübergehend gestoppt, dann aber wieder fortgeführt. 2016 wurden die ersten Turbinen des Kraftwerks, des drittgrößten Kraftwerks der Welt, in Betrieb genommen (wikipedia: Wasserkraftwerk Belo Monte). Seitdem wird ein Stadtteil der Stadt Altamira, der früher schon wiederholt überflutet wurde, öfter von Hochwasser heimgesucht. 2015 wurde über die Planung von zwei weiteren Megastaudämmen in Amazonien berichtet, die ebenfalls hunderte Quadratkilometer Regenwald unter Wasser setzen sollten (jW, 20.8.2015).[9] Massive

---

8 Brasilien deckt seinen Strombedarf überdurchschnittlich stark mit Wasserkraft (Black/King 2009, 66). An allen Staudammprojekten war und ist die Siemens AG beteiligt.

9 Die Aufstauung des Xingú mit allen Anlagen nimmt über 500 km² Regenwald in Anspruch.

Proteste der Indigenen und von Umweltorganisationen weltweit haben inzwischen zum Stopp der Vorhaben geführt. Dazu die Einschätzung einer NGO von Januar 2018: »Die entscheidende Frage ist ja, wie ernst diese Ankündigung zu nehmen ist? Denn nahezu gleichzeitig hat die nationale Energieagentur ANEEL die Machbarkeitsstudie für den Bau des geplanten Jatoba-Staudammes am Fluss Tapajós angenommen« (pro-regenwald.de). Es wird auch darauf verwiesen, dass der Bau des zweiten Megastaudamms laut nationalem Energieplan nur auf später verschoben wurde.

Auch mehrere Gemeinden in Guatemala an der Grenze zu Mexiko klagen, dass Staudämme durch das Aufstauen der Flüsse schwere Umweltschäden verursacht hätten und Wasserknappheit verursachten, was die Landwirtschaft gefährde. Sie waren 2019 bemüht, mit Unterstützung der Nichtregierungsorganisation FIAN[10] drei geplante Wasserkraftwerke zu verhindern (FoodFirst 4/19, 10/11).

In der ganzen südlichen Hemisphäre, in Afrika, Indien, Südostasien und Südchina wurden autochthone Gemeinschaften durch Staudammprojekte ihres Lebensraums beraubt. In Indien wurden nach Seager (1995) 21 Millionen Menschen durch den Bau von Staudämmen zur Umsiedlung gezwungen.[11] Zu den unmittelbar Vertriebenen kommen viele Gruppen, deren Lebensgrundlagen durch Kollateralschäden beeinträchtigt werden, weil zum Beispiel der Fischbestand am Unterlauf eines Flusses schwindet oder weil die Moskitoplage zunimmt (Black/King 2009, 58f.). Selbst da, wo Staudämme wegen Geldmangel oder politischer Querelen nicht fertiggestellt werden, wie zum Beispiel der Manantali-Damm im Senegal, werden oft dennoch Abertausende geschädigt (ebd.).

Internationale Proteste weckte der Bau des Megastaudamms im Tal von Hasankeyf in der Türkei, mit dem der Tigris zu einem riesigen See gestaut wird. 10.000 Bewohner*innen verloren ihre Heimat.

10 FIAN steht für FoodFirst Informations- und Aktions-Netzwerk. Die NGO unterstützt bäuerliche Gemeinden in vielen Ländern des globalen Südens.

11 Eine Auflistung bei Black/King (2009, 59) ergibt jedoch eine weit geringere Zahl von Betroffenen.

Die meisten zogen nach jahrelangen Protesten resigniert weg. Für 2.000 baute die Administration eine Siedlung in der Nähe.

Indigene Gemeinschaften sehen sich neuerdings auch durch *Windkraftparks* bedroht. In Mexiko beklagen sich einige von ihnen, dass private Energieunternehmen ohne ihre Zustimmung Windkraftanlagen errichten (amerika 21, 5.7.2020).

Auch *die Förderung der Kohle* ist in Ländern des globalen Südens mit massenhaften Vertreibungen verbunden. Zwar ging der Abbau der ältesten fossilen Energie des Industriezeitalters in den europäischen Kohlerevieren auch im 19. Jahrhundert mit einer gewaltigen Umwandlung von Agrar- zu Industrielandschaften einher. Aber die Vernichtung bäuerlicher Existenzen wurde damals immerhin durch die Schaffung neuer Einkommensmöglichkeiten kompensiert. Der besonders zerstörerische Tagebau erzwang die Umsiedlung ganzer Dörfer, was für die Bewohner einen schmerzlichen Verlust bedeutete. Soziale Verwerfungen waren fast unvermeidlich. Aber kaum irgendwo ging man in den Monopolregionen, mit Ausnahme der USA,[12] so schonungslos mit der Umwelt und den Menschen um wie heutzutage in Kolumbien.

Allein *in der Minenregion El Cesar im Nordosten Kolumbiens* sind 59.000 Menschen teils mit nackter Gewalt oder Drohungen, teils mit falschen Versprechungen vertrieben worden, um dem großräumigen Tagebau Platz zu machen. Das besorgen paramilitärische Einheiten, die, wie in Kolumbien üblich, von Unternehmen und Großgrundbesitzern unterhalten werden. Die in der Region praktizierte Art des wenig regulierten Bergbaus ist mit starker Umweltverschmutzung und -zerstörung verbunden, was wiederum Folgen für die Bevölkerung im weiteren Umkreis hat, die meist von bäuerlicher Subsistenzwirtschaft lebt bzw. gelebt hat. 2010 hat die Umweltbehörde des Departements wegen hoher Erkrankungsraten durch Umweltverschmutzung die Umsiedlung

12 In den Appalachen sprengen die Unternehmen einfach ganze Bergkämme weg. Der Abraum wird in die Täler gekippt, wodurch es zur Verseuchung der Gewässer kommt (www.energiezukunft.eu).

von drei Gemeinschaften angeordnet (Alejandro Pacheco Zapata, www.flink-m.de).

Zunehmend nachgefragt wird ein heute viel verwendeter Rohstoff, *das Alkalimetall Lithium*, das für die Informationstechnologie, den E-Antrieb und die Erneuerbaren Energien gebraucht wird, die längst ihre soziale Unschuld verloren haben. Windkraftanlagen und Lithium-Ionen-Akkus brauchen Lithium, das vor allem *in den Salzseen der Anden im Dreiländereck Bolivien-Chile-Argentinien* vorkommt. Die Gewinnung des Stoffs ist mit extremem Wasserverbrauch verbunden; denn das Lithium wird durch Verdunstung aus dem Salzwasser gewonnen. Was schon in weniger trockenen Gebieten die Umwelt belasten würde, hat in der Atacama-Wüste, wo die Lithiumvorkommen konzentriert sind, verheerende Folgen. In Chile werden für die Förderung in der Region Antofagasta ca. 200 Mio. Liter Wasser pro Tag benötigt (Leifker u.a. 2018, 19). Dabei ist schon die Kupferproduktion in dieser Region mit einem ungeheuren Wasserverbrauch verbunden. Das empfindliche Ökosystem der Hochanden wird damit zerstört, weil der Grundwasserspiegel abgesenkt wird mit der Folge, dass die Böden versalzen und die Vegetation vertrocknet, was die heimische Landwirtschaft beeinträchtigt und auf lange Sicht unmöglich macht. Neben Wasserknappheit kann es zur Verschmutzung des Wassers durch Chemikalien kommen, so dass die Brunnen verseucht werden (Susanne Götz am 30.4.2019 im Deutschlandfunk). Die Bewohner der Dörfer im Umland werden gezwungen, ihre traditionelle Lebensweise aufzugeben und irgendwann das Land zu verlassen. Mit etwas Glück können sie Arbeit bei einem Lithiumunternehmen finden.

Die Lage ist für die Menschen in den Fördergebieten des sog. Lithiumdreiecks überall ähnlich bedrohlich, am schlimmsten für die noch eher traditionell lebenden indigenen Gemeinden in der argentinischen Grenzregion, am wenigsten dramatisch in der Uyuni-Region in Bolivien, die schon lange vom Silberabbau geprägt ist (Leifker u.a. 2018). Die von der ILO-Konvention 169 vorgesehene Konsultation der Gemeinden unterbleibt meist. Stattdessen bedient man sich der Bestechung von lokalen Autoritäten nach kolonialistischer Manier. Statt der Glasperlen sind es heute Baumaterialien oder Computer (Leifker u. a. 2018, 22).

Die Enteignung der Bürger*innen ist einen doppelte. Denn die Wertschöpfung im Land ist beschränkt – bestenfalls umfasst sie die Herstellung von Lithiumkarbonat – und die Gewinne der Bergbauunternehmen gehen ins Ausland. In Chile ist die Förderung fast ausschließlich in der Hand eines chilenisch-kanadischen und eines US-amerikanischen Unternehmens.[13] In Argentinien haben sich transnationale Konzerne die Förderrechte gesichert (ebd.). Nur in Bolivien hatte die Regierung Morales den Plan, eine inländische Wertschöpfungskette bis zur Produktion von Batterien aufzubauen. Der Putsch vom November 2019 hat das bis auf weiteres verhindert, was im Interesse ausländischer Unternehmen und Staaten im Kampf um den Zukunftsrohstoff ist.

Kaffee statt Hirse: Landraub für die industrielle Landwirtschaft

Für den europäischen Kolonialismus war Landraub ein konstitutives Element gewesen. Wenn man die Ländereien nicht gleich in Besitz nahm, so spätestens dann, wenn Sklaven- oder Warenhandel die Gier nicht mehr befriedigten, und die Herren zu dem Schluss kamen, dass es noch günstiger sei, die Güter selbst zu produzieren statt sie im Tausch zu erstehen. So okkupierte zum Beispiel 1621 die Vereenigde Oostindische Compagnie in einem blutigen Überfall Gewürzinseln im heutigen Indonesien, um dort auf eigenen Plantagen die kostbare Muskatnuss zu gewinnen. Die Bewohner wurden ermordet oder vertrieben (Paetsch 2014). Der Völkermord an den Nama und Herero im heutigen Namibia darf in diesem Zusammen-

13 An dem chilenisch-kanadischen Konsortium ist die Familie des Putsch-Generals Pinochet beteiligt.

hang in einer deutschsprachigen Publikation nicht unerwähnt bleiben.

Noch heute bestimmen die einstigen kolonialen Eroberungen die Verteilung von Landbesitz auf fast allen außereuropäischen Kontinenten. In Südafrika beispielsweise befinden sich heute noch rund 73 Prozent der landwirtschaftlichen Flächen im Besitz von Weißen. Der »Natives Land Act« von 1913 hatte der schwarzen Bevölkerung nur sieben Prozent der Landfläche zugestanden (Al-Zubaidi/Luckscheiter 2018). In Südamerika bestimmt der Großgrundbesitz seit der Conquista die Landwirtschaft. Im Zug der Globalisierung, zum Teil schon Ende des 19. Jahrhunderts, gewann der Latifundismo wirtschaftliches Interesse und wurde von den wechselnden Regimen verteidigt. Aus den Latifundien sind zum Teil moderne Agrarkonzerne hervorgegangen.

In der Demokratischen Republik Kongo stellen mehrere Gemeinden seit Jahren vergeblich Pachtverträge mit dem kanadischen Palmölproduzenten Feronia in Frage, die noch auf die Kolonialzeit zurückgehen. Das Unternehmen kontrolliert über 100.000 Hektar Land, wovon ein Viertel zur Produktion von Palmöl genutzt wird. Die Pachtverträge schloss 1911 ein englischer Unternehmer, Mitbegründer von Unilever, mit der belgischen Kolonialverwaltung (FoodFirst 1/2020, 14/15).

Wie in Kolonialzeiten wird die Fiktion aufrechterhalten, das angeeignete Land sei herrenlos gewesen. »Die Millionen Hektar Land in den Ebenen Afrikas, in den Reisfeldern Südostasiens, in den Wäldern Südamerikas und in den Steppen Russlands werden beim Abschluss der Kauf- oder Pachtverträge meist als unerschlossen und ohne Besitzer ausgewiesen. Doch in Wirklichkeit gibt es heute auf der Welt kaum noch ungenutztes Land ohne Besitzansprüche« (Pearce 2013, 50).

Das Land Grabbing, das seit einigen Jahren kritische Beobachter der neokolonialen Entwicklung alarmiert, erscheint wie eine Neuauflage der von Marx im Kapitel über die ursprüngliche Akkumulation angeführten Enclosures, d.h. der Einhegungen von Gemeindeland (MEW 23, 752f.). Aber das Land Grabbing ist selbstverständlich durch historisch spezifische Motive, Akteure und Methoden gekennzeichnet. Auslöser waren die Stagnation im industriellen Sektor und die Finanzkrise in den Nullerjahren.

Auf der Suche nach Anlagemöglichkeiten nahmen die Investoren den Immobiliensektor (einschließlich Bauland) und die Landwirtschaft ins Visier, weil beide die größte Sicherheit bieten und die größte Wertsteigerung versprechen. »Die Bodenrente oder richtiger: die ›Erdrente‹ schlägt den Kapitalprofit im engeren Sinn« (Zinn 2015, 72). *Die Wertsteigerung von Boden* wird verursacht durch veränderte Ernährungsgewohnheiten, die mehr Weide- und Anbauflächen erfordern, und steigenden Rohstoffhunger. Wenn alle mehr und besser essen wollen und mehr Rohstoffe gebraucht werden, ist Knappheit garantiert – der beste Werttreiber. Die Zunahme des Fleischkonsums erfordert mehr Futtermittelproduktion. Dazu kommt die Nachfrage nach Biotreibstoffen, was vielseitige Verwertungsmöglichkeiten verspricht, notfalls eben den Vertrieb als Biomasse. Einige Agrarprodukte wie Mais und Soja sind an sich schon multifunktional und mindern daher als »Flexcrops« das Investitionsrisiko. Das alles hat die Preise für Agrarprodukte und damit für Boden in die Höhe getrieben. In Rumänien stiegen die Preise für Ackerland von 2002 bis 2012 jährlich um fast 40 Prozent, in Ungarn um fast 30 Prozent, was allerdings die stärksten Preissteigerungen weltweit waren (Bodenatlas 2015, 26f.).

Die Vermittlung auf dem globalen Landmarkt übernehmen institutionelle Anleger, die in einem Fonds das Anlage suchende Kapital sammeln und nach Investitionsmöglichkeiten Ausschau halten. Die Gelder kommen von gut betuchten bis reichen Privatleuten, vor allem aber von Versicherungen und Pensionsfonds (Pearce 2013).

Zu der Suche nach Anlagemöglichkeiten kommt die Befürchtung in den Schwellenländern China, Indien und Saudi-Arabien, bei weiterem Bevölkerungswachstum und steigendem Lebensstandard die Ernährung der Bevölkerung nicht mehr sichern zu können. Saudi-Arabien musste wegen Wassermangel landwirtschaftliche

Projekte in der arabischen Wüste aufgeben. Saudische Agrarinvestoren spielen inzwischen eine wichtige Rolle auf dem Markt für Agrarflächen. Sie haben Reisfelder auf den Philippinen, Weizenfelder in der Ukraine, betreiben Rinderzucht in Argentinien und Krabbenfarmen in Mauretanien (jW, 9.11.2016).

In Äthiopien hat das saudi-arabische Unternehmen Saudi Star Agricultural Development PLC[14] zu bereits vorhandenen Farmen 2009 weitere 250.000 Hektar Agrarland gepachtet, wobei für die weiteren Jahre eine doppelt so große Fläche ins Auge gefasst war (schattenblick.de, 12/2009). Äthiopien steht überhaupt exemplarisch für Land Grabbing. 2009 wurde berichtet, das Landwirtschaftsministerium habe allein für die Produktion von Biosprit 23 Millionen Hektar Land ausgewiesen (ebd.). In einer Reportage vom August 2019 werden außer Saudi Star noch sechs große Agrarinvestoren genannt, darunter die indische Gesellschaft Karuturi Agro Products PLC, die 100.000 Hektar bewirtschaftet (The Reporter, 10.10.2019). Nach einem Bericht von 2011 hat Karaturi sogar 300.000 Hektar für 99 Jahre gepachtet (der Freitag, 22.9.2011). Angebaut werden Reis, Getreide und Mais, alles wie bei Saudi Star für den Export bestimmt. Die Gemüsefarm Jittu Horticultures beliefert Kunden im ganzen Nahen Osten (Der Tagesspiegel, 3.4.2011). In dem Bundesstaat Gambella, wo das Pachtland von Saudi Star liegt, wurde das Volk der Anuak von fruchtbarem Land vertrieben, wobei man vor Massakern nicht zurückschreckte (Bodenatlas 2015, 26f.). Auf den Großfarmen werden überwiegend nur Tagelöhner*innen beschäftigt (Der Tagesspiegel, 3.4.2011).

Es wird geschätzt, dass heute bis zu 30 Prozent des Ackerlandes weltweit von Land Grabbing betroffen sind. Die absoluten Zahlenangaben fallen sehr unterschiedlich aus. Oxfam[15] zufolge sollen von

---

14 PLC steht für Public Limited Company, nach britischem Recht eine Aktiengesellschaft mit einer Mindestausstattung an Grundkapital.

15 Das »Oxford Committee for Famine Relief« (dt. Oxforder Komitee zur Linderung von Hungersnot) wurde 1942 gegründet und wirkt seit Mitte der 1990er Jahre als internationaler Verbund von Hilfs- und Entwicklungsorganisationen.

2001 bis 2010 rund 230 Millionen Hektar Ackerland, eine Fläche so groß wie Westeuropa, in den Ländern des globalen Südens den Besitzer gewechselt haben (Bodenatlas 2015, 26f.). 2017 hatte Papua-Neuguinea Flächen von geschätzten 3,8 Millionen Hektar »umgewandelt«, in Mosambik waren es circa 2,2 Millionen Hektar, was fast immer mit Enteignung der ursprünglichen Nutzer verbunden war (E+Z e-paper, Juli 2017). 2020 waren in der Online-Datenbank des Land Matrix Global Observatory weltweit über 1.700 abgeschlossene Investitionsabkommen registriert, die meisten davon in Afrika (landmatrix.org). Die Investitionen konzentrieren sich dabei sehr stark auf ostafrikanische Länder. Die Land Matrix verzeichnet allerdings nicht nur den Kauf oder die Beschlagnahme von Land für Agrarinvestments, sondern auch für Öl- und Gasförderung.

Laut der NGO Grain, die sich für die kleinbäuerliche Landwirtschaft einsetzt, erstreckte sich das Land Grabbing in Lateinamerika zwischen 2006 und 2015 auf fast vier Millionen Hektar. Bei den Aufkäufen, bei denen Brasilien die Liste anführt, gefolgt von Argentinien, Paraguay, Kolumbien, Uruguay, Peru, Venezuela, Bolivien, handelt es sich ausschließlich um ausländische Investitionen (amerika21, 17.10.2017).

In der Regel kommt es zur Verdrängung, wenn nicht gewaltsamen Vertreibung der vorherigen Landnutzer. Aktivisten vom Aktionsnetzwerk FIAN schilderten 2017 ihre Eindrücke nach dem Besuch einer brasilianischen Landgemeinde so: »Die Gemeinde ist stark betroffen von Einschüchterungen und Drohungen durch die anliegenden Farmen. Große Agrarkonzerne wie Damha Agropecuária haben ihnen verboten, ihre Felder zu bewirtschaften. Wer sich widersetzt, lebt gefährlich.« Eine Bäuerin erzählt, dass ihr Haus zerstört wurde, als sie auf dem Feld arbeitete (Mitteilungsblatt von FIAN, ohne Nr.). In einem benachbarten Ort berichten die Dorfbewohner*innen ebenfalls von massiven Einschüchterungen, sogar Morddrohungen durch räuberische Grileros (ebd.).[16]

16 Grileros (port. Grileiros) eignen sich Land mit gefälschten Dokumenten an.

Seit Jair Bolsonaro im Januar 2019 das Präsidentenamt in *Brasilien* übernommen hat, werden die Agrarflächen durch Brandrodung im Regenwald und im Cerrado massiv und schonungslos ausgeweitet, ohne jede Rücksicht auf die Ökologie und auf indigene Gemeinschaften. Der Präsident bekennt sich offen zu diesem Vernichtungsfeldzug. Ein Opfer wurde zum Beispiel die Gemeinschaft der Kraho-Kanela im Bundesstaat Tocantins, deren Reservat fast völlig durch Feuer vernichtet wurde. Auf das Land spekulieren Sojafarmer (jW Spezial, 5.8.2020).

Im Nordosten Argentiniens, in der Provinz Salta, angrenzend an Chile und Bolivien, wurde der Siedlungsraum des indigenen Volks der Wichí über die Jahre zunehmend von der Agrarindustrie in Beschlag genommen, ohne Aufsehen zu erregen. Riesige Waldflächen wurden für den Anbau von Soja und Mais gerodet. Der Ertrag aus dem Maisanbau wurde in der Provinz seit 2001 um 700 Prozent gesteigert (Franke 2020). Die einheimischen Dörfer sind von industrieller Landwirtschaft eingekreist und von Lebensmittelspenden und Wasserlieferungen abhängig, da der Landraub mit Wasserraub verbunden ist. Die Gewässer sind verseucht und das in Tanks gespeicherte Wasser ist meist voller Keime, was nicht nur bei Kindern Krankheiten verursacht (ebd.).[17]

2019 berichtete FIAN von der Vertreibung der Gemeinde Lupala *in Sambia*, auch am Rand einer Großfarm gelegen. Unter der Aufsicht von hochrangigen Mitarbeitern des Agrarkonzerns Zambeef zerstörten Strafgefangene Wohnhäuser, Hühnerställe und Kochhütten. Die Betroffenen wurden über Nacht obdachlos (Mitteilungsblatt von FIAN, ohne Nr.). Dörfer am Rande von Großfarmen werden anscheinend häufig zum Objekt der Begierde, weil sie den Expansionsbestrebungen der Investoren im Wege stehen. So werden in den Mitteilungen von FIAN noch aus zwei anderen Gemeinden

17 Das Volk der Wichí lebt in den Grenzregionen von Argentinien, Bolivien und Paraguay und zählt in Argentinien 50.000 Menschen, die zum Teil noch von Jagd und Fischfang leben, soweit noch Jagd- und Fischgründe übrig sind. Viele sind erwerbslos und von staatlichen Sozialtransfers abhängig (Franke 2020).

in Sambia Vertreibungsaktionen geschildert. In einem Fall wurden 2010 Äcker und Häuser zerstört (ebd.), im anderen Fall (2012) Häuser und eine Maismühle (FIAN Fokus 03/19). Die Einwohner fühlen sich der Willkür des Agrarinvestors ausgeliefert. Alle Großfarmen werden von Agrivision betrieben, einem Unternehmen, das in Sambia über 19.000 Hektar Land besitzt und Soja, Weizen und Mais für den Export anbaut (ebd.).

Solche Vertreibungsaktionen geschehen in der Regel mit Billigung, wenn nicht Unterstützung der jeweiligen Regierung. Deutlich wird das bei folgendem Fall von Landraub *in Uganda*: Im August 2001 zerstörte die ugandische Armee im Bezirk Mubende vier Dörfer und vertrieb die Bewohner, weil die Regierung das Land an die Kaweri Coffee Plantation Ltd. für den Aufbau einer Plantage verpachtet hatte. Die Kaweri Coffee Plantation Ltd. ist ein Tochterunternehmen der Hamburger Neumann Kaffee Gruppe. Die Vertriebenen wurden zehn Jahre lang nicht entschädigt; sie prozessierten bis 2019 vergebens gegen den ugandischen Staat und das Tochterunternehmen. Nach dem Scheitern einer vom Hohen Gericht in Kampala angeordneten Mediation zwischen Klägern und Beklagten bot die Regierung im Dezember 2019 als Entschädigung eine Million Euro plus 40.000 Euro für Verfahrenskosten. Das Unternehmen selbst bot keinerlei Entschädigung. Die Vertriebenen fordern aber den finanziellen Gegenwert von zehn Morgen Land für jede Familie. Im Gegenzug sind sie bereit, ihre früheren Landrechte abzutreten. Anfang 2020 war der Rechtsstreit noch nicht beigelegt (FirstFood 01/20, 12).

Eine staatliche Entwicklungsagentur in *Kenia* hat im Tana River Delta das Land von 30 Dörfern mit 25.000 Einwohnern an Investoren abgetreten, die dort Jatropha und Zuckerrohr zur Treibstoffgewinnung anbauen. 2010 wurden 2.000 Menschen vertrieben. Das Delta ist im Übrigen auch für nomadische Viehzüchter wichtig, die in Dürrezeiten dorthin ausweichen.

In dem kleinen *Sierra Leone*, mit etwas mehr als 72.000 qkm nur wenig größer als Bayern, waren 2017 zwanzig Prozent des nutzbaren Bodens an Privatunternehmen, meist ausländische Investoren verpachtet, die Zuckerrohr-, Palmöl- und andere Plantagen angelegt haben. Kleinbauern mussten ihr Land für einen Hungerlohn abtreten (E+Z e-paper, Juli 2017, 23). Im Süden des Landes hat das Agrarunternehmen SOCFIN mehr als 18.000 Hektar gepachtet. Davon sind 35.000 Menschen in 60 Dörfern betroffen. Proteste wurden 2019 gewaltsam niedergeschlagen, wobei nicht nur Häuser zerstört, sondern auch zwei Personen erschossen wurden (FIAN-Mitteilungen v. April 2019). Die Regierung gewährt den Unternehmen Steuererleichterungen und unterdrückt generell Protest und Widerstand mit Gewalt. Gleichzeitig beruft sie sich auf die »Freiwilligen Leitlinien zur verantwortungsvollen Regulierung der Land-, Fischbestands- und Waldnutzung (VGGT)«, die vom Komitee für Ernährungssicherheit der FAO 2012 beschlossen wurden (ebd.).

Im benachbarten *Liberia* haben sich internationale Palmölunternehmen (mit Sitz in Malaysia, Indonesien und Großbritannien) Landflächen angeeignet, die ein Drittel des nationalen Territoriums ausmachen. Die geplanten Konzessionen werden den Anteil voraussichtlich noch erhöhen (Wallace 2020, 93).

Die staatliche Palmöl- und Kautschukgesellschaft von *Guinea* hat große Plantagen mit Hybridpalmen für den Export angelegt.[18] Dazu wurden die Einheimischen enteignet und als Vertragsbauern zur Pflege und Ernte verpflichtet. 2011 wurden Dorfbewohner von ihren Reis- und Kaffeefeldern vertrieben (Wallace 2020, 88f.). Der Fall zeigt, dass Landraub oft nicht nur vom Staat gefördert, sondern selbst betrieben wird, um Exportgüter zu produzieren.

In Kambodscha hat der thailändische Zuckerkonzern Mitr Phol, einer der wichtigsten Zulieferbetriebe von Coca-Cola, in zehn Jahren ganze Landstriche für den Anbau von Zuckerrohr erworben, darunter den Boden von 31 Dörfern. Im September 2017 berichtete

---

18 Bei Hybridzüchtungen werden Erbanlagen durch Kreuzung so gemischt, dass die Pflanzen vitaler und ertragreicher sind. Die gewünschten Eigenschaften gehen jedoch in der nächsten Generation verloren. Deshalb eignen sich Hybridzüchtungen für die Monopolisierung durch Unternehmen.

die NGO FIAN: »Im Dorf Bos lebten über 200 Familien. Im April 2008 wurden 154 Häuser unter Aufsicht der lokalen Behörden zerstört. Später riegelten Militärpolizisten das restliche Dorf ab [...] Als Polizisten und Soldaten im Jahr darauf die restlichen Häuser anzündeten, versteckten sie (die Bewohner, G. A.) sich aus Angst vor Verhaftungen im Wald« (Mitteilungsblatt o. Nr.). 2010 folgte die gewaltsame Vertreibung aus 15 Dörfern für eine Zuckerrohrplantage in einer anderen Gegend. Die Bewohner*innen fristen bis heute ihr Dasein in einem Umsiedlungsgebiet ohne Wasserversorgung am Rand der Plantage (FoodFirst 02/20, 11). Schon 2006 hatte der thailändische Khon Kaen Sugar zusammen mit einer taiwanesischen Firma eine Konzession für 19.100 Hektar bekommen. 459 Familien verloren ihr Ackerland (FIAN Deutschland 2012, 11).

Regierungen unterstützen den Raub von Land häufig wegen der Deviseneinnahmen, und weil sie sich von den Investitionen eine Verbesserung volkswirtschaftlicher Indizes versprechen, wie sie von den supranationalen Institutionen, *Weltbank und IWF*, positiv gewürdigt werden. Ziel der Weltbank ist es, Agrarland für die »produktivsten« Betriebe verfügbar zu machen. Zur Allokation fruchtbarer Ländereien sollten nationale oder gar globale Landmärkte dienen, so die Idealvorstellung. Jahrzehntelang hat die Weltbank marktbasierte Ansätze von Landmanagement vorangetrieben (Herre 2013). Dabei verschärft der Verkauf von Bauernland an Investoren die Arbeitslosigkeit. Für 100 Hektar traditionell bewirtschaftetes Land werden 35 Arbeitsplätze veranschlagt, für 100 Hektar Soja-Plantagen nur eine halbe Arbeitskraft (E+Z 7/17). Die Leitlinien für den verantwortlichen Umgang mit Landrechten, die das UN-Komitee für Welternährungssicherheit 2012 ausgehandelt und einstimmig verabschiedet hatte, hat die Weltbank nach Roman Herre bei der Revision von Umwelt- und Sozialstandards nicht berücksichtigt (ebd.). Die von Savanne bedeckte Zone südlich der Sahara ist für die Weltbank »eine der größten ungenutzten landwirtschaftlichen Flächenreserven der Welt« (zit. nach Wallace 2020, 93).

Es liegt nahe, zur Verhinderung des Landraubs *die Einführung von Bodenkatastern* nach dem Vorbild moderner Staaten zu fordern. Und genau dies ist die Empfehlung vieler Experten*innen für Entwicklungszusammenarbeit wie auch der supranationalen Institutionen. So argumentiert zum Beispiel Gunther Beger vom Bundesministerium für wirtschaftliche Zusammenarbeit und Entwicklung: »Bei der weltweit zunehmenden Konkurrenz um die besten und fruchtbarsten Flächen haben meistens traditionelle Nutzer wie indigene Gruppen und kleinbäuerliche Familien das Nachsehen. Wachsende Konkurrenz, schwache institutionelle Strukturen und unklare (parallele) Rechtssysteme führen zu Intransparenz und Korruption im Landsektor« (E+Z e-paper, Juli 2017, 21).

Andere, wie etwa Uwe Hoering (2007), haben jedoch Zweifel, ob die Konflikte damit beigelegt werden können. Wir haben zwei Rechtssysteme vor uns: das kodifizierte, jedenfalls schriftlich fixierte, vom Anspruch auf Privateigentum getragene und das auf Überlieferung und gemeinsamem Gebrauch basierende Recht.[19] Djeralar Miankeol, Agraringenieur aus dem Tschad, verdeutlicht das: »Ein ganzes Bündel von – oft ungeschriebenen – Regeln und Gesetzen bestimmt seit jeher Besitz und Nutzung von Land und anderen Ressourcen. Sie legen zum Beispiel Fragen des Zugangs, der Verwaltung und der Weitergabe fest, sowohl für Individuen als auch für Gruppen. Die Regeln sind in den Gemeinschaften, in denen sie gelten, bekannt und akzeptiert« (2017, 24). Formal-rechtliche Landtitel, die in staatlich anerkannten Landregistrierungssystemen dokumentiert sind, haben lediglich 70 Prozent der Weltbevölkerung. In Afrika sind nur circa zehn Prozent der ländlichen Flächen formal dokumentiert (E+Z e-paper, Juli 2017, 21).

Weltbank und IWF plädieren zusammen mit manchen Entwicklungsexperten vor allem deshalb für die Überwindung des Gewohnheitsrechts oder Customary Systems zugunsten dokumentierter

19 Auch das britische *Common Law* mit seiner starken Fallbezogenheit und der richterlichen Auslegung als Basis wird dem Anspruch bürgerlichen Rechts gerecht.

Landtitel, weil Boden damit handelbar wird, was Kleinbauern den Verkauf und kapitalkräftigen Investoren den Kauf ermöglicht, so dass die »fortschrittlichere« Intensivlandwirtschaft Raum gewinnt (vgl. Wallace 2020, 129). Auch die Verpachtung von Land würde zu einer Option. *Ziel ist eine »marktgestützte Landreform«* und die Förderung profitablerer Nutzer (Herre 2013, Hoering 2007). Auch Regierungen zeigten sich interessiert, weil ein modernes Landrecht auch eine entsprechende Besteuerung bedeutet.

Miankeol, der Aktivist aus dem Tschad, aber meint: »Die Kommerzialisierung des Bodens zerstört die traditionellen Gemeinschaftsregeln zur kollektiven Verwaltung und Regulierung zugunsten individuellen Besitzes« (2017, 24). Sein Einwand speist sich nicht bloß aus Nostalgie. Uwe Hoering zeigt sich unter Hinweis auf praktische Erfahrungen und Forschung überzeugt, dass die Einführung des Privatrechts »Konflikte und Landverlust eher beschleunigt als verhindert hat« (2007, 90). Bei der Registrierung gingen die jeweils sozioökonomisch Schwächeren, vor allem Frauen, leer aus (91). Die patriarchalisch geprägten Strukturen würden also nur verfestigt und perpetuiert. Hoering über die traditionelle Ordnung in Afrika: »Frauen können oft nur mit der Erlaubnis männlicher Verwandter oder des Ehemanns Zugang zu Land erhalten, etwa für den Gemüseanbau, und sind vielfach auch nicht erbberechtigt« (2007, 83).

Nach einer dänischen Studie komme es, so Hoering, mit der Modernisierung des Rechts nur »zur Stärkung der formalen Rechte machtvoller Gruppen und Individuen« (92). »In zahlreichen Ländern, darunter Botswana, Swaziland und Sambia, hat die Landpolitik die Entstehung einer Land besitzenden Elite und eines privaten Agrobusiness gefördert, auf Kosten der kleinen Produzenten« (90). Dazu kommt, dass die Gemeinschaften nomadischer Viehzüchter bei der Registrierung von Landtiteln nur verlieren. Hoering plädiert daher mit Oxfam und anderen Entwicklungsorganisationen für »eine bessere Anerkennung und Stärkung des traditionellen Gewohnheitsrechts« (93), zumal sich der erwartete Vorteil für die Bauern, mit einem dokumentierten Eigentumstitel leichter Kredite zu bekommen, nicht eingestellt habe. Die Landreform-Expertin Liz Alten Wily befürwortet »eine Renaissance der überlieferten Besitzansprüche, eingebettet in die Landesgesetze« (zit. nach Pearce 2013, 57).

Niilaas Somby, ein politischer Aktivist der Samen in Nordeuropa[20] bringt einen Widerspruch und damit Konflikt indigener Völker im Prozess der Modernisierung zum Ausdruck: »Schließlich waren wir gezwungen, Rechte auf ›unser‹ Land einzufordern. Aber in Wirklichkeit gehört uns kein Land, wie niemandem Land gehört. Wir gehören dem Land, und es ist unsere Aufgabe, uns um das Land zu kümmern« (jW, 2.5.2020, Beilage).

Eine »marktgestützte Agrarreform« mit privaten Landtiteln vernachlässigt viele traditionelle Nutzungsrechte. Diese »sind aber oft vielschichtig; sie geben nicht einem Besitzer alle Rechte, sondern beinhalten Sammelrechte von Frauen oder saisonale Weiderechte« (Herre 2013). Gefährdet sind also die Commons. Der FAO zufolge »deckt die arme Landbevölkerung in Hungerzeiten ihren Nahrungsmittelbedarf zu 80 Prozent durch das Sammeln von Wildpflanzen, ohne dazu ein formelles Recht zu besitzen. Und die Weltbank beschreibt in einem Bericht über Tansania von 2009, dass der überwiegende Teil aller Baumaterialien, Energieträger und der traditionellen Medizin der bäuerlichen Bevölkerung aus gemeinhin als ›ungenutzt‹ bezeichneten Wäldern stammt« (Bodenatlas 2015, 27).

Nicht nur zur Durchsetzung einer marktgestützten Agrarreform mit Intensivlandwirtschaft finden Vertreibungen statt. Häufig werden Kleinbauern und Fischer enteignet, um Platz zu schaffen für Infrastruktureinrichtungen wie Kraftwerke, Staudämme, Hafenanlagen oder aber für Tourismusressorts. Auch die Ausweisung von Naturschutzparks erscheint unter diesem Aspekt in einem anderen Licht.

Eine gute Gelegenheit, Land umzuwidmen, bieten offenbar Naturkatastrophen. Nach dem Tsunami vom Dezember 2004, der die Küsten in Südostasien verwüstete, haben Regierung und inter-

---

20 Die Samen, vielen als »Lappen« bekannt, sind ein Volk traditioneller Rentierzüchter. Ihr Siedlungsgebiet ist von nationalstaatlichen Grenzen zerschnitten (Norwegen, Schweden, Finnland, Russland).

essierte Wirtschaftskreise in Indonesien, Thailand und Indien viele Küstenstreifen für die Wiederbesiedlung seitens der bisherigen Bewohner gesperrt, angeblich zu ihrem Schutz. Hilfsorganisationen registrierten Zwangsumsiedlungen, und im Bericht eines UN-Menschenrechtsberichterstatters wurden Richtlinien kritisiert, »die drohen, die Menschen um das Recht auf ihr Land zu bringen« (Weber 2015, 14). An indischen Küstenabschnitten »wurden nach dem Tsunami die Zugangsrechte zum Meer neu geregelt – meist zum Nachteil der dort siedelnden Fischergemeinden« (15). Teilweise wurde die Gelegenheit genutzt, um Entwicklungspläne zu realisieren, die schon lange vor dem Tsunami ausgearbeitet worden waren. »Mehr und mehr Sonderwirtschaftszonen, Kanalprojekte und große Hafenanlagen werden errichtet« (ebd.).

Geld aus dem Urwald: Die Inwertsetzung tropischer Wälder

In allen Ländern, für die Tourismus ein wichtiger Wirtschaftsfaktor ist, kommt es seit Jahrzehnten zu Vertreibungen zugunsten von Tourismusresorts. Neben attraktiven Stränden finden tropische Waldgebiete das Interesse von Investoren.

Peter Clausing hat auf die Vertreibung von Indigenen durch *die Ausweisung und Abgrenzung von Bioreservaten* aufmerksam gemacht. Nomaden sowie Jäger- und Sammlergemeinschaften wird damit die bisherige Lebensgrundlage entzogen. Dem Land Grabbing für landwirtschaftliche Zwecke stehen viermal so viele ausgewiesene Naturschutzflächen gegenüber, davon 1,5 Millionen Quadratkilometer in Afrika (Clausing 2014, 21), wobei private Schutzgebiete einen rasanten Zuwachs verzeichnen (24). Obwohl es sich bei den Schutzgebieten um dünn besiedelte Wälder und Steppen handelt, wurden nach einer Studie Millionen Afrikaner*innen dadurch Opfer von Vertreibungen. »Von den Flächen ›unberührter Natur‹, die in den Rang von Naturschutzgebieten […] erhoben werden, muss fast immer die zuvor dort ansässige Bevölkerung weichen« (21). In den Wäldern

Subsahara-Afrikas leben nicht nur Jäger und Sammler. Dort gibt es Siedlungen, die vom Schatten-Anbau leben. Das heißt, im Schatten großer Bäume, meist Ölpalmen, werden im Wechsel Reis, Mais, Maniok, Erdnüsse und Taro-Knollen angebaut. Durchschnittlich werden nach Clausing pro Nationalpark 4.500 Menschen vertrieben oder zwangsumgesiedelt, meistens ohne Entschädigung (2014, 31).

Zusätzlich zur Inwertsetzung der Natur machen »leistungsbasierte Kompensationszahlungen für mess- und überprüfbare CO_2-Emissionsreduzierungen« gemäß den internationalen Abkommen zum Klimaschutz die Ausweisung von Bioreservaten für Länder wirtschaftlich attraktiv. Grotesk ist, dass auch Pflanzungen von Paranussbäumen oder Kautschukpflanzungen als Beitrag zu einer nachhaltigen Waldbewirtschaftung gewertet werden, so dass das Land Zahlungen aus den für *das Programm REDD+* zuständigen Fonds erhält.[21] Dabei handelt es sich vermutlich meist nicht um den traditionellen Schatten-Anbau im kleinen Maßstab, sondern um moderne Agrarforstwirtschaft.

Wie berechtigt die Kritik von Clausen ist, das verdeutlicht eine Reportage über *die Organisation »African Parks« (AP)*, der Gemeinnützigkeit zuerkannt wurde, obwohl das Geschäftsmodell von den Investoren oder Sponsoren gar nicht verheimlicht wird. Zu ihnen gehören Paul Fentener van Vlissingen, Geschäftsführer des Mischkonzerns SHV Holdings mit Sitz in den Niederlanden, und Samuel Robson Walton, Chef von Walmart. Die 1999 gegründete Organisation hat sechzehn Nationalparks, verteilt über ganz Afrika, nach dem Public-Private-Partnership-Muster in private Regie übernommen. Drei weitere Konzessionen sollten ihr 2020 zugesprochen werden (Servant 2020). Die Parks, die sich teilweise über Staatsgrenzen hinweg ausdehnen, werden verwaltet wie ein Staat im Staat mit einer ganzen Armee von bewaffneten Rangern. Der Verfasser des Berichts spricht von einer »Militarisierung der afrikanischen Nationalparks«.

---

21 *REDD+* steht für **R**educing **E**missions from **D**eforestation and Forest **D**egradation.

Diese sind für eine zahlungskräftige Kundschaft reserviert, der Jagd- und Fotosafaris angeboten werden. Für sie wurden teilweise eigene Flughäfen und teure Lodges errichtet. Einheimischen wird höchstens noch selektiv Zutritt gewährt. Traditionellen Jägern ist die Jagd in der Regel verboten. Nomaden dürfen ihre Herden nicht mehr in den Reservaten weiden. Verstöße gegen die Verbote werden sanktioniert. In Äthiopien soll ein Nomadenvolk umgesiedelt worden sein, damit die Weidewirtschaft das Reservat nicht beeinträchtigt. Anderswo werden die Einheimischen ihrer Lebensgrundlagen und Lebensweise enteignet. Sie dürfen nicht mehr Material zum Dachdecken sammeln, oder Pflanzen und Wurzeln, wie sie unter anderem in der traditionellen Medizin verwendet werden. Sie sollen auch keine Kleintiere mehr fangen (sog. »Bushmeat«) und nicht in den Gewässern fischen. An der Südgrenze des Pendjari-Parks in Benin ist ein gut 90 Kilometer langer Elektrozaun geplant. Oppositionelle Politiker in Benin zeigen sich im Übrigen entrüstet über die geheim gehaltenen Partnerschaftsverträge mit der Organisation.

Lauge oder Handelsware – der Wasserraub

Vom Landraub betroffen sind nicht nur die vom jeweiligen Landstrich Verdrängten oder Vertriebenen, sondern meist auch die Bewohner im Umland der Großfarmen, Plantagen, Bergwerke oder Industrieanlagen. Denn diese, häufig auch Tourismusresorts, haben einen hohen Wasserverbrauch und graben der einheimischen Bevölkerung buchstäblich das Wasser ab. Oder Grundwasser und Gewässer werden so stark verunreinigt, dass das Wasser, wenn überhaupt, nur noch eingeschränkt nutzbar ist. Der Wasserverbrauch für die Lithiumgewinnung wurde schon geschildert. Damit wird die ansässige Bevölkerung der wichtigsten Lebensgrundlage beraubt.

Aber auch *die kommerzielle Rosenzucht*, wie sie von ausländischen Investoren in Äthiopien, Kenia und Kolumbien betrieben wird, verschlingt Unmengen an Wasser, und das in Regionen, die immer wieder unter Dürreperioden leiden. Pro Knospe rechnet man je nach Anbausystem mit sieben bis dreizehn Liter. »Die Millionen von Pflanzen belasten also die lokalen Wasserreserven [...] In der Savanne um Bogotá im Zentrum Kolumbiens wie in der Region um die kenianischen und äthiopischen Seen spricht man schon von einer doppelten Wasserkrise: Die ansässige Bevölkerung leidet nicht nur unter Wassermangel, die Quellen werden zusätzlich auch noch verunreinigt, was unkalkulierbare Folgen für die Gesundheit der Menschen und die Ökosysteme hat« (Ramirez/Valadon 2020, 8). Wie viele Chemikalien in der Blumenindustrie zum Einsatz kommen, wird daran deutlich, dass an den Händen von Florist*innen über einhundert toxische Substanzen nachgewiesen wurden (ebd.). Immerhin ist man auf Druck der Bevölkerung und im eigenen Interesse inzwischen stellenweise zur Wiederaufbereitung des Wassers übergegangen (ebd.).

In einem Flugblatt der Christlichen Initiative Romero (CIR) von Ende Oktober 2019 werden *die Folgen des Palmöl-Anbaus* in Guatemala angeprangert: »Im Munizip Chisec beispielsweise werden die Flüsse durch den Einsatz von Insektiziden und Pestiziden kontaminiert. Der Fluss El Jute wurde im Jahr 2013 vergiftet, der Fluss La Pasión 2015, der Fluss San Román 2017.« (31.10.2019) Wer ein Unternehmen anklage, riskiere sein Leben. Aktivist*innen von FIAN meldeten im September 2017 aus einem Ort im Bundesstaat Piauí: »Der Sojaanbau verschlingt riesige Mengen Wasser. Zudem führt die großflächige Abholzung zu Erosion und Austrocknung der Böden in der gesamten Region. Ein Farmer zeigt bekümmert auf seine Ernte« (Mitteilungsblatt von FIAN, 7.9.2017, o. Nr.).

Bergbauunternehmen, speziell Erzminen, vergiften Gewässer, weil zur Gewinnung der Erze giftige Chemikalien eingesetzt werden. So beklagen zum Beispiel in Ecuador die Nachbargemeinden einer Goldmine, betrieben von einem chinesischen Unternehmen, die Verschmutzung der Flüsse, verursacht durch die Extraktion des Goldes mittels Zyanid. Auf den hohen Wasserverbrauch der Mine führen sie das Verschwinden von Quellen und sogar eines Sees in den Quellgebieten zurück (FoodFirst 4/19, 8). Die Kupfermine Teghut in Armenien hat Böden und Flüsse der Umgebung so verschmutzt, dass Bauern ihre Existenzgrundlage verloren. Der Ausbau der Mine wird vom staatlichen dänischen Pensionsfonds finanziert (der Freitag, 20.8.2020).

Der zur Extraktion verwendete Cocktail wird in der Regel in riesigen Absetzbecken gelagert. Gerade das hat aber in jüngster Zeit zu großen Katastrophen geführt, bei denen nicht nur einzelne Gewässer, sondern ganze Gewässersysteme tödlich vergiftet wurden, weil die Absetzbecken für den giftigen Klärschlamm nicht ausreichend kontrolliert und in Schuss gehalten worden waren. Am Abend des 30. Januar 2000 brach der Damm eines solchen Abwasserbeckens bei einer Goldmine in Baia Mare *im Nordwesten Rumäniens*. Austretende Zyanidlauge und Schlamm voller Schwermetalle verseuchten über Zuflüsse die Theiss, den größten Nebenfluss der Donau. Die Vergiftung, welche bis in die Donau feststellbar war, rottete das Leben in den Gewässern größtenteils aus, und die Trinkwasserversorgung in der Region war mehrere Wochen unterbrochen (NZZ, 28.1.2015).

Weitaus verheerender sind die Folgen eines Dammbruchs *im brasilianischen Bundesstaat Minas Gerais*. Dort brach am 5. November 2015 der Damm, der das Absetzbecken der Eisenerzmine Samarco sichern sollte, und eine giftige Klärschlammlawine voll Arsen, Aluminium, Blei, Kupfer und Quecksilber wälzte sich den Rio Doce hinab, nachdem sie ein Bergdorf unter sich begraben hatte. Auf einer Länge von mehr als 650 Kilometern wurde der Fluss samt Zuflüssen verseucht, so dass die Wasserversorgung der anliegenden Dörfer und mindestens einer mittelgroßen Stadt zusammengebrochen ist (SZ, 26.11.2015). In demselben Bundesstaat barst im Januar 2019 der Damm einer anderen Eisenerzmine von derselben Betreiberfirma.[22] Die Schlammlawine rollte diesmal über Teile der industriellen An-

22 Mitarbeiter des TÜV Süd wurden beschuldigt, ein Gefälligkeitsgutachten erstellt zu haben.

lage und über benachbarte Siedlungen hinweg und bahnte sich eine Schneise der Verwüstung durch die Landschaft. Mehrere hundert Tote waren zu beklagen. Da die mediale Aufmerksamkeit den Todesopfern und der Umweltzerstörung galt, erfuhr man nichts über die zu vermutende Verschmutzung der Wasserreserven (SZ, 29.1.2019).

Es müssen nicht solche Katastrophen sein, die zu Wassermangel für die einheimische Bevölkerung führen. Denn der Bergbau verbraucht teilweise Unmengen an Wasser, und die Unternehmen nehmen in vielen Regionen wenig Rücksicht. So wurde ein Aquifer in Arizona, die einzige Trinkwasserreserve der Hopi und Navajo im Black-Mesa-Gebiet, jahrzehntelang für den Kohlebergbau genutzt und weitgehend erschöpft (Black/King 2009, 26). In Guinea haben dreizehn Dörfer bei der Weltbank Beschwerde gegen die Umweltschädigung durch den Abbau von Bauxit, speziell auch gegen den Wasserraub durch die Sangaredi-Mine eingelegt. Aus dem Dorf Hamdallaye wird berichtet: »Die drei Flüsse, die das Dorf mit Wasser versorgten, sind versiegt. Von den drei Wasserlöchern, die der Minenbetreiber bohrte, funktioniert nur noch eines« (FoodFirst H. 1/20, 10). Alle Vorstellungen sprengt die Wasserverschwendung des Bergbauunternehmens, das die Kohlemine »El Cerrejón« im Norden Kolumbiens ausbeutet. Dort hat man 2012 nur für die Bewässerung der Zufahrtsstraßen zur Mine 16.500 Kubikmeter Wasser pro Tag verbraucht. Die indigenen Gemeinden der Region haben lediglich 70 Liter pro Tag für Mensch und Vieh (flink-m.de[2]).

Wird den einen das Lebensmittel Wasser durch die industrielle Landwirtschaft und eine rücksichtslose Industrialisierung genommen, so werden andere enteignet, indem *das Gemeingut Wasser in eine Handelsware verwandelt* wird. »Von den rund sechs Milliarden Menschen, die auf der Welt leben, haben nach Angaben der Vereinten Nationen mehr als 1,1 Milliarden keinen Zugang zu sauberem Trinkwasser und 2,4 Milliarden verfügen über keinen Zugang zu verbesserter Abwasserentsorgung. Täglich sterben fast 30.000 Menschen an Krankheiten, die mit dem Mangel an trinkbarem Wasser oder sanitären Anlagen zusammenhängen [...] Bei dieser Ausgangslage erwartet eine Handvoll privater, transnational tätiger Unternehmen große Gewinnchancen im Wassersektor und drängt weltweit auf freien Zugang zu den Wassermärkten« (Sander 2005, 980).

Nestlé, Coca-Cola, Pepsi und Danone, die vier Weltmarktführer auf dem Wassermarkt, haben weltweit Förderlizenzen erworben und liefern sich einen Wettbewerb um die besten Quellen des Planeten. Der ehemalige CEO von Nestlé, Peter Brabeck-Letmathe, hat sich eine Rechtfertigung für den Wasserraub zurechtgelegt. In einer TV-Doku meinte er 2005: »Es gibt zwei unterschiedliche Meinungen [zu diesem Thema, G. A.]. Die eine Meinung, die ich für extrem halte, wird von den NGOs vertreten, die sich dafür einsetzen, Wasser zu einem öffentlichen Recht zu erklären. Das bedeutet, dass man als Mensch ein Recht auf Wasser haben sollte. Das ist eine extreme Lösung.«[23]

Nestlé hat weltweit Förderlizenzen erworben, was in vielen Staaten nicht schwer gewesen sein dürfte. Nicht nur im globalen Süden, sondern auch in den USA wird das durch die dortige Rechtstradition erleichtert. Der Konzern betreibt 95 Produktionsstandorte in 34 Ländern, darunter Pakistan, Südafrika, Nigeria, Indonesien und Brasilien. Allein in Südafrika hat Nestlé elf Standorte. Ein Joint Venture mit einer einheimischen Firma in Äthiopien hat Nestlé 2019 gekündigt. Der Konzern zahlt zum Teil winzige Beträge und macht allein mit der Sparte »Nestlé Waters« Milliardengewinne.[24]

---

23 Der vollständige Gesprächsausschnitt lautet: »… da gibt es zwei verschiedene Anschauungen. Die eine Anschauung, extrem, würde ich sagen, wird von einigen NGOs vertreten, die darauf pochen, dass Wasser zu einem öffentlichen Recht erklärt wird. Das heißt, als Menschen sollten sie einfach ein Recht haben, Wasser zu haben. Das ist die eine Extremlösung. Und die andere sagt, Wasser ist ein Lebensmittel und so wie jedes andere Lebensmittel sollte es einen Marktwert haben. Ich persönlich glaube, es ist besser, man gibt einem Lebensmittel einen Wert, so dass uns allen bewusst ist, dass das etwas kostet. Und dann anschließend versucht man, dass man mehr spezifisch, für den Teil der Bevölkerung, der keinen Zugang zu diesem Wasser hat, dass man dort etwas spezifischer eingreift. Da gibt es ja viele verschiedene Möglichkeiten.«

24 Im Jahr 2019 erwirtschaftete diese Sparte des Konsumgüterkonzerns weltweit einen Umsatz von netto rund 7,82 Milliarden Schweizer Franken.

Das Wasser wird unter verschiedenen Markennamen vertrieben. Weit verbreitet ist die Marke »Nestlé Pure Life«.

Die Benennung der Marke ist zynisch. Denn an vielen Produktionsstandorten ist Wasser ein knappes Gut, wie sich jede*r etwas in Geographie bewanderte denken kann. Aber genau das ist der Werttreiber, der die Geschäftsidee »innovativ« gemacht hat. Indem Wasser zur Ware gemacht wurde, ist es, jedenfalls als einwandfreies Trinkwasser, nur noch einer zahlungskräftigen Kundschaft vergönnt. Die Bevölkerungsmehrheit leidet in Ländern wie Pakistan oder Nigeria unter Wassermangel. Die Menschen sind darauf angewiesen, das meist verseuchte Wasser aus unkontrollierten Brunnen und schadhaften städtischen Wasserleitungsnetzen zu verwenden. Denn die, vor allem von Landwirtschaft und Industrie verschuldete, Verunreinigung der Grundwasservorräte verschärft zusammen mit der unzureichenden Infrastruktur die Wasserknappheit. In vielen Ländern wurde die Bewirtschaftung des Wassers vernachlässigt. Die Gründe sind vielfältig: teils Machtlosigkeit oder Ineffizienz der staatlichen Verwaltung, teils fehlende Mittel bzw. Austerität, teils Desinteresse der Eliten und fehlendes staatliches Verantwortungsbewusstsein.

Genau diese Situation nutzt Nestlé zur Rechtfertigung seiner Geschäftsidee. Man argumentiert, dass »nur ein marktgerechter Preis die natürlichen Ressourcen schütze. Die Wasserrechte also bei einem Multi wie Nestlé besser aufgehoben seien, als bei den Kommunen und den Bewohnern des Landes« (Der Stern, 2.6.2017). Das Flaschenwasser wird angepriesen als »Water you can trust«.[25]

Nach der TV-Doku des Journalisten Res Gehriger mit dem ironischen Titel »Bottled Life« im September 2013, die viel Empörung weckte – in der *Frankfurter Rundschau* (25.3.2018) war von einem »PR-GAU« die Rede – sah sich der Konzern zur publizistischen Offensive veranlasst. Die Strategien dabei sind von Interesse, weil sie nicht nur für Nestlé typisch sind.

25 Zu Deutsch: Ein Wasser, dem du trauen kannst.

Den Bewohner*innen einer Nachbargemeinde zum Produktionsstandort, ein pakistanisches Dorf, die Gehriger zu Zeugen seiner Anklage gemacht hatte, gegenüber beteuerte man, dass ihre Klagen über sinkende Grundwasserspiegel auf einem »Missverständnis« beruhten. Der zunehmende Wasserverbrauch in der Landwirtschaft sei schuld daran, woran etwas Wahres sein mag. Die Tiefenbohrung im Nestlé-Werk (150 m Tiefe, Fördermenge eine Million Liter pro Tag) beeinträchtige das Grundwasservorkommen nicht. Zusätzlich leistete man sich zur Beruhigung der kritischen Öffentlichkeit ein gutes Werk und beglückte auch die Dorfbewohner mit einer Tiefenbohrung. Zur Imagepflege diente ein ähnliches humanitäres Vorhaben in Äthiopien, wo Nestlé nach dem Ausstieg aus dem Joint Venture mit einem einheimischen Abfüllunternehmen den dortigen Anrainern gemeinsam mit dem Roten Kreuz unter anderem Gemeinschaftsbrunnen gebaut hat (Anzeige von Nestlé: nestle.de).

Die Wasserkonzerne fördern ihre Ware in der Regel aus wasserführenden Tiefenschichten, Wasseradern, die unterhalb der normal genutzten Grundwasserreservoirs liegen. Das gebrauchen sie gegenüber protestierenden Anwohnern gern als Entlastungsargument, so zum Beispiel *Coca-Cola im indischen Bundesstaat Bihar* gegenüber der örtlichen Bevölkerung. Das Grundwasservorkommen sei unabhängig von dem Tiefenbrunnen der Firma und die Dorfbewohner seien nicht dadurch von Wassermangel bedroht. Wenn sie den Eindruck hätten, dann habe das andere Ursachen.[26]

Meist verspürt die örtliche Bevölkerung aktuell keine Beeinträchtigung, und den Firmen bleiben Auseinandersetzungen erspart, solange nicht Umweltaktivist*innen oder Lokalpolitiker*innen mit Weitblick Einwände erheben, und das zu Recht; denn die gegenwärtige Versorgungslage kann sich eines Tages bedrohlich verschlechtern, zumal angesichts der Klimakrise, wenn die Wasser-

26 *Die Welt* übernahm diese Argumentation in einem Artikel von 2016, in dem sie Coca-Cola gegen Umweltaktivisten verteidigte (Die Welt, 18.10.2016)

speicher in den Alpen, den Anden oder im Himalaya schwinden. So gesehen, ist das Abpumpen des Tiefenwassers der Aquifere zu kommerziellen Zwecken ungeachtet der derzeitig noch gewährleisteten Bedarfsdeckung ein Diebstahl am Gemeingut Wasser und ein Eingriff in die Daseinsvorsorge.

Der ehemalige CEO von Nestlé Waters, Peter Brabeck-Letmathe, hat sich aber schon argumentativ gewappnet. In einem Interview rechnete er dem Journalisten auf den Hinweis hin »Wasser ist ein Menschenrecht« Folgendes vor: »Ja, die 5 Liter zum Trinken und 25 Liter für ein Minimum an Hygiene sind sicher ein Menschenrecht. Nur: Dieses Wasser macht 1,5 Prozent des weltweiten Verbrauchs aus. Das nenne ich soziales Gut. Daneben gibt es das ökologische Gut, den Bedarf von Fauna und Flora, den wir heute absolut missachten. Und dann das ökonomische Gut, das restliche Wasser. Im Prinzip stehen wir da gar nicht im Widerspruch zu den Aktivisten« (tagesanzeiger.ch, 1.9.2010).

Nicht nur im globalen Süden, auch in Deutschland wird der Diebstahl am Gemeingut Wasser häufiger. Gelegentlich kommt es zu einem Wasserstreit zwischen einer Gemeinde und einem der Wasservermarkter, so zum Beispiel 2019 zwischen der Stadt Treuchtlingen und der Firma Altmühltaler sowie ab August 2020 zwischen Bürger*innen der Stadt Lüneburg und Coca-Cola. In der fränkischen Stadt Treuchtlingen wehrten sich Bürger*innen erfolgreich gegen die Pläne der Firma Altmühltaler, die Fördermenge von Tiefengrundwasser zu erhöhen. Ein Bürgerbegehren veranlasste das zuständige Landratsamt, den Antrag der Firma im Juli 2019 abzulehnen (Bayerischer Rundfunk, 22.8.2019). In Lüneburg bildete sich 2020 eine Bürgerinitiative unter dem Namen »Unser Wasser«, die mit Demonstrationen und Online-Appellen verhindern will, dass ein Tochterunternehmen von Coca-Cola einen zweiten Brunnen bohrt, um die Fördermenge zu verdoppeln (jW, 17.8.2020). An einer Demo nahmen Ende August 2020 weit über1.000 Bürger*innen teil (Karina Timmann, change.org, 29.8.2020). Dagegen sah die oberbayerische Gemeinde Bergen 2019 keinen Anlass, der Firma

Adelholzener Alpenquellen, die ihr Mineralwasser in über 30 Länder exportiert, eine weitere Tiefenbohrung im Gemeindegebiet zu verweigern.[27]

Die Vermarktung von Wasser durch einzelne Unternehmen bedeutet die Enteignung lokaler Wasserressourcen. Eine ganz andere Dimension hat der globale Handel mit Wasserrechten, zwar noch eine in den Anfängen steckende Branche, aber eine Horrorvision, die Wirklichkeit werden könnte, wenn der Widerstand dagegen nicht stark genug ist. Mit der Klimakrise wird Wasser zunehmend knapp. Zugleich steigt allein schon aufgrund des Bevölkerungswachstums der Bedarf. Bei der herrschenden wirtschaftlichen Denkweise liegt die Inwertsetzung eines solch knappen Guts nahe. Dem entsprechen die Verheißungen von Wertpapierhändlern: »... die Knappheit der Ressource Wasser wird dafür sorgen, dass Wasseraktien auch im Jahr 2020 und darüber hinaus weiter im Fokus der Anleger stehen werden und die Gewinne ›sprudeln‹ [...] Dabei können Sie beispielsweise zwischen Wasser-ETFs und Wasser-Fonds sowie Einzelaktien wählen« (lynxbroker.de).[28] Anzeigen dieser Art findet man im Internet mehrere. Bisher beziehen sich die von den Fonds angebotenen Aktien aber nur zum Teil auf Wasserrechte. Überwiegend gelten sie für Anteile an Wasserversorgungsunternehmen wie Veolia oder Suez oder auch an Wasseraufbereitungsanlagen, Pumpenherstellern etc. Eine radikale Neuerung stellt die Gründung der Wasserbörse namens Waterfind in Australien dar, mit der der Finanzmarkt Zugriff auf Wasserrechte erlangt hat. Schon in Chile waren im Rahmen des neoliberalen

27 Die Genehmigung von so umfangreichen Fördermengen erstaunt, wenn man auf der Website des Landesamts für Umwelt Bayern liest: »Die Brunnen (der Gemeinden, G. A.) erschließen regelmäßig die oberen Grundwasserstockwerke. Das Tiefengrundwasser soll für nachfolgende Generationen vorgehalten werden. Daher ist nur in begründeten Ausnahmefällen eine vorübergehende Nutzung von Tiefengrundwasser akzeptabel« (lfu.bayern.de).

28 ETF steht für Exchange Traded Fund und ist ein börsengehandeltes Wertpapier, dessen Wertentwicklung automatisch dem Auf und Ab des jeweiligen Index, zum Beispiel des DAX, folgt.

Umbaus unter Pinochet Wasserrechte versteigert worden, die den Handel mit Wasser ermöglichten, aber eher eine Monopolisierung des Wassers und noch keinen Wassermarkt zur Folge hatten wie in Australien.

Dort drängte die extreme Wasserknappheit aufgrund jahrelanger Dürre zur Regulierung der Wasserressourcen. Die systemspezifische Lösung: Wasser mit einem Preis versehen, der sich am jeweiligen Vorrat ausrichtet, so dass sich Wasser bei geringer Niederschlagsmenge verteuert, was die Verbraucher zum Sparen veranlasst. Soweit die leitende Idee. Mit der Übernahme des Handels durch die Wasserbörse wurden die Lizenzen aber zum Spekulationsobjekt. Neben Landwirten und Kommunen erwarben auch Banken, Versicherer und Investmentbanker Lizenzen. Auch Futures, also Wetten auf den künftigen Wasserpreis, wurden ermöglicht. Dieser hat sich inzwischen verdoppelt (Fritel / des Mazery 2019: arte France). Die Folge: Manche Landwirte müssen aufgeben, weil sie sich das Wasser nicht mehr leisten können (ebd.). Das rührt den Erfinder des Wassermarkts wenig. In der Wettbewerbsgesellschaft gelte es, »diejenigen herauszufiltern, die in der Landwirtschaft nichts mehr zu suchen haben« (ebd.). Ein David Williams hat zwanzig Millionen Dollar investiert und verpachtet sein Wasser an Landwirte. »Natürlich sind Wasserknappheit und Klimawandel absolute Glücksfälle für unser Unternehmen. Ist das denn schlecht?« So Tom Rooney, der Geschäftsführer von Waterfind (ebd.).

Die Anlageberater sind selbstverständlich bemüht, ethische Bedenken von Interessenten zu zerstreuen. Die Investments seien das beste Mittel, allen das Lebensmittel Wasser zu garantieren, versichern sie. Das Verrückte ist tatsächlich, dass außer Regionalbehörden in Australien auch Umweltschutzverbände auf diese Art der Regulierung der Wasserressourcen setzen. Planwirtschaftliche Konzepte als Alternative liegen außerhalb des Denkhorizonts. Gemeinnützige Organisationen erwerben Wasserrechte, um regionale Ökosysteme zu schützen, und zwar angeblich zu einem hohen Anteil am bisherigen Handel (ebd.).

Welche Konsequenzen die Inwertsetzung von Wasserrechten generell hat, das lässt sich in Kalifornien verfolgen, einer Region, die ebenfalls von Wasserarmut bedroht ist. Dort hat ein Investor riesige Agrarflächen erworben, nicht der landwirtschaftlichen Erträge wegen, sondern wegen der Grundwasservorräte. Und das Unternehmen Semitropic speichert Wasser für künftige Geschäfte in großen Reservoirs (ebd.).

Fischmehl für Aquakulturen: Der Nahrungsraub

Fischer in den Küstenorten, die wie ihre Vorfahren mit kleinen Booten für den Eigenbedarf und den regionalen Markt fischen, werden heute von großen Hochseeflotten ihres Fangs beraubt. *Stark betroffen sind Fischer in westafrikanischen Staaten*, mit denen die EU Fischereiabkommen abgeschlossen hat. Weltweit sind Millionen betroffen, wenn auch die Zahlenangaben dazu äußerst unterschiedlich sind. Nach dem Meeresatlas sind es 12 Millionen (2017, 10). Von Francisco Mari, Referent bei »Brot für die Welt«, werden sogar 54 Millionen genannt (2015, 29). Vermutlich werden verschiedene Kriterien dafür zugrunde gelegt, was »kleine« oder »handwerkliche Fischer« sind. Auf jeden Fall werden diese Fischer durch die riesigen Trawler, die mit großen Schleppnetzen ihre Fanggründe plündern, enteignet. Und die unzähligen Menschen, die den Fang verarbeiten und auf den Markt bringen, verlieren ihre Arbeit. Mari (2015) zählt 400 Millionen, der WWF 800 Millionen (wwf.de). Nur ein Bruchteil davon ist im Fischerei-Sektor der Industrieländer tätig. Bei den Ländern Westafrikas dagegen macht dieser Bereich bis zu 17 Prozent des BIP aus, und dort sind noch sieben Millionen Menschen in diesem Sektor beschäftigt.

Vor allem aber ist Seafood, d.h. *Fische und andere Meerestiere, gerade in den sog. Entwicklungsländern eine elementare Nahrungsbasis*, weil Seafood für die dortige Bevölkerung die wichtigste Eiweißquelle ist, ohne die für Milliarden Mangelernährung droht

(Mari 2015). Doch selbst die Arten mit kleinen, aber fett- und eiweißreichen Exemplaren, die in den Ländern des Südens primär die Versorgung sichern, aber für die Konsumenten im reichen Norden unattraktiv sind, werden häufig zu Fischmehl und -öl für die Fischfütterung in Aquakulturen verarbeitet (ebd.) und damit dem dortigen Markt entzogen.

Ab den 1980er Jahren haben europäische Trawler Afrikas Küstengewässer ausgeplündert, nachdem die eigenen Gewässer überfischt oder an der Belastungsgrenze waren. Erst damals begannen westafrikanische Staaten gemäß dem internationalen Seerecht »Ausschließliche Wirtschaftszonen« (AWZ) für sich auszuweisen.[29] Die Europäische Union bemühte sich daraufhin um Abkommen über Fischereirechte für die eigenen Fangflotten zum Beispiel mit Senegal. In der senegalesischen Küstenstadt Yoff nahe Dakar konnte nachgewiesen werden, so Janna Schönfeld, dass der dramatische Rückgang der Fischbestände und die damit verbundene Krise der lokalen Wirtschaft auf diese Abkommen zurückgehen (2008, 21). 2015 unterhielt die EU zwölf aktive Fischereiabkommen mit Ländern des globalen Südens. Außerdem »kam es zum Einsatz illegaler Fangmethoden und Fangtechniken, wie Schleppnetzen am Meeresgrund und riesigen Mengen an Beifang, der tot über Bord geworfen wurde, zum Nichteinhalten von Schonzeiten und Fangquoten« etc. (Mari 2016, 31). »Bis zu 90 Prozent des Fangs wird inzwischen von ausländischen Flotten getätigt. Zwischen 1960 und 2005 haben sich die Fangmengen versiebenfacht« (Schönfeld 2008, 22). Ein moderner Megatrawler, im Grunde eine schwimmende Fabrik, kann pro Tag 200 Tonnen Fisch verarbeiten. Das entspricht dem Jahresfang von 50 lokalen Fischern (Die Zeit, 2.4.2012). Der Super-Trawler einer niederländischen Reederei, der 2012 vom Stapel lief, soll sogar 600 Tonnen Fisch pro Tag fangen und verarbeiten können. Die Trawler erkunden Fischbestände mit Echolot und Drohnen. 35.000

29 AWZ haben auf dem Festlandsockel eine Ausdehnung von bis zu 200 Seemeilen. Sie sichern dem jeweiligen Küstenstaat exklusive Fischereirechte und die Rechte an den Bodenschätzen.

solcher »Industrieboote« sichern sich die Hälfte dessen, was auf den Meeren der Welt pro Jahr gefangen wird (Mari 2015, 29). Gegenüber dieser Offensive sind die kleinen Fischer in Afrika und anderswo machtlos.

Auch die wachsende Nachfrage nach Garnelen und Muscheln in den »Wohlstandsgesellschaften« gefährdet die Lebensgrundlagen der lokalen Küstenbewohner in vielen Ländern des Südens. Denn was an Krustentieren und Mollusken (Weichtieren) auf den Markt kommt, stammt in der Regel aus *Aquakulturen*. Und diese zerstören die Ökosysteme an den Küsten und gefährden damit die Nahrungssicherheit der ansässigen Bevölkerung. »Denn die Fänge der traditionellen Küstenfischerei gehen durch Aquakulturen massiv zurück. Menschen werden vertrieben« (Meeresatlas 2017, 12). Die Anlage von Aquakulturen ist zu fünfzig Prozent für die Zerstörung der Mangrovenwälder verantwortlich (ebd.), die nicht nur die Küsten vor Überflutung schützen, sondern mit ihrem Artenreichtum ein breites Nahrungsangebot für die lokalen Gemeinschaften sichern oder sicherten. Stattdessen werden heute in Aquakulturen Muscheln und Krustentiere gewinnbringend für den Export gezüchtet.[30]

Von Zwangsräumung bis Abriss: Raub des Obdachs

Als sich 2019 in Reaktion auf die extreme Wohnungsnot die Berliner Initiative »Deutsche Wohnen & Co enteignen!« bildete, war die Empörung in den zahlungs- und kapitalkräftigen Kreisen groß. Monatelang wurde in den Medien über die Legitimität und auch Legalität von Enteignungen, nämlich die Konformität mit dem Grundgesetz, debattiert. Keiner von den aufgeregten Herrschaften hat sich vermutlich darüber Gedanken gemacht, wie viele Mieter*innen mit seiner Beteiligung ihre Wohnung und ihr Wohnumfeld verloren

30 Die Produktionsquoten von marinen Aquakulturen nach dem Meeresatlas 2017: 15,3 Mio. t Mollusken, 4,2 Mio. t Krustentiere und 6,3 Mio. t Fisch (13).

haben, weil sie der ökonomischen Übermacht weichen mussten. Es mag strittig sein, von Enteignung zu sprechen, wenn zum Beispiel Immobilienfonds große Wohnungsbestände mit abgelaufener Sozialbindung aufkaufen und durch Erhöhung der Mietpreise die Mieter verdrängen. Diese verlieren zwar nicht ihr Eigentum, aber den Besitz ihrer Wohnung und damit ihr Wohnumfeld. Bei großer Wohnungsknappheit droht ihnen Obdachlosigkeit.

Setzen hier wirtschaftlich mächtige Akteure ihr Geschäftsinteresse mit ökonomischer Gewalt, unterstützt vom bürgerlichen Recht und unter Umständen ergänzt um administrative Gewalt, durch, so werden Bewohner*innen in anderen Weltregionen oft Opfer unmittelbarer, physischer Gewalt, wenn zum Beispiel in einem Slum die Bagger anrollen und alles niederwalzen. Bei uns verhindert der rechtsstaatliche Rahmen immerhin, dass die Betroffenen völlig der Willkür ausgeliefert sind; denn sie haben zumindest die Möglichkeit Rechtsmittel einzulegen.

Selbst in den USA, wo schätzungsweise Millionen Bürger*innen jedes Jahr ihre Wohnung durch Zwangsräumung verlieren, sind Arme schutzlos, weil ihnen ihre materielle Lage einen Rechtsbeistand verwehrt (Desmond 2018). Zu einer Eskalation der Zwangsräumungen kam es *im Gefolge der Subprime-Krise ab 2007*. Die Banken hatten Leuten mit geringem Einkommen sog. Subprime-Kredite, also zweitklassige Hypotheken, für den Kauf eines Eigenheims angeboten, wobei die Prüfung der Bonität der Kreditnehmer großzügig gehandhabt wurde. Denn den Banken ging es um die Erschließung eines neuen, scheinbar gewinnträchtigen Kreditmarkts. Als Zinsanstieg mit wirtschaftlicher Stagnation, unter anderem der Rezession in der Autoindustrie, zusammenfiel, mussten viele Menschen Zinsen und Tilgung schuldig bleiben. Allein zwischen 2007 und Ende 2009 wurden zum Beispiel in Detroit 67.000 Häuser zwangsversteigert. In Stockton, einem Ort in Kalifornien, wurde 2008 nach Mayer (2011) jedes zehnte Haus zwangsversteigert. »Insgesamt sind laut Moody's (economy.com) zwischen 2006 und 2008 mehr als 3 Millionen Eigenheime gepfändet oder zwangsenteignet worden« (Mayer 2011, 256). Die Autorin spricht zu Recht von Enteignung.

Noch brutaler wird diese in den Städten, vor allem *in den Megacities des globalen Südens* gehandhabt. Die von Großfarmen Vertriebenen, von Infrastrukturanlagen oder Tourismusresorts Verdrängten, die vor der Dürre Geflüchteten und von ihrer kleinen Landwirtschaft nicht mehr Ernährten, die sich am Rand der großen Städte ansiedeln, werden dort häufig wieder Opfer von Vertreibungen. Denn die Bewohner*innen von Slums oder Squattersiedlungen rund um den Globus haben einen »insecure residential status«, so der Terminus bei UN-Habitat, obwohl sie oft schon zwei, drei Generationen dort siedeln, gleich ob diese Quartiere nun Favela, Gecekondu (türkisch), duni (Suaheli) genannt werden oder zapadpatti und chawls wie in Mumbai. Rund eine Milliarde Menschen leben nach Habitat, dem UN-Programm für menschliche Siedlungen, in Slums (UN-Habitat).[31]

Fast täglich werden irgendwo Slumviertel geräumt, um Platz zu machen für Straßen, Autobahnen, Brücken, Flughäfen und andere Infrastrukturprojekte oder für moderne Siedlungen. In *Rio de Janeiro* wurden im Rahmen des Programms Rio 2016 zur Vorbereitung der Olympischen Spiele einige Favelas geräumt. »Die Berichte über Zwangsräumungen häufen sich, denn die Zeit drängt«, schrieb *Die Zeit* am 6. Mai 2011. Mediale Aufmerksamkeit fand die Zerstörung einer Siedlung, die mehreren Sportstadien und einem Medienzentrum samt Zufahrtsstraßen weichen musste, weil sich einige Bewohner*innen gegen die brutale Gewalt zur Wehr setzten. Von 500 Familien konnten sich 20 dank medialer und kirchlicher Unterstützung neue Häuser an anderer Stelle erkämpfen (Die Welt, 6.5.2016). Es sollen zumindest teilweise Entschädigungen gezahlt worden sein, aber allen wurde ihr gewohntes soziales Umfeld genommen. Angebotene Ersatzwohnungen lagen weit außerhalb – ohne Kranken-

31 Der Unterschied zwischen Slum und Squatterquartier lässt sich vernachlässigen. In beiden Fällen handelt es sich um wilde Ansiedlungen im urbanen Raum mit völlig unzureichender Infrastruktur.

häuser, Schulen etc. Drei der größten Favelas in Rio sollten damals modernisiert werden, aber unter völliger Missachtung der Bedürfnisse der Bewohner (fluter.de, 13.6.2016).

In einer Reportage über die Expansion der kambodschanischen Hauptstadt *Phnom Penh* wurde 2014 von einem unvorstellbaren Bauboom berichtet, wobei »Olympia City« als größte Baustelle benannt wurde. »Vertreibung und Bauboom sind inzwischen zusammengehörige Begriffe in der Stadt« (jW, 4.7.2014). Die Angst vor weiteren Vertreibungswellen beherrsche mehrere Vororte und Dörfer im Umland.

Die Sanierung von Slums wird häufig von Planungsstäben am grünen Tisch entschieden. Die Pläne werden entweder in völliger Unkenntnis der sozialen Situation vor Ort gemacht, oder es stecken Spekulationsinteressen dahinter, wie im Folgenden zwei Beispiele zeigen sollen. Dass die Sanierungen der neoliberalen Gedankenwelt entspringen, wird an dem Programm der Weltbank »Cities Without Slums« deutlich. Das »International Consortium of Investigative Journalists« bilanzierte 2015: »Mehr als drei Millionen Menschen wurden zwischen 2004 und 2013 physisch oder wirtschaftlich durch fast 1.000 von der Weltbank finanzierte Projekte vertrieben« (zit. nach Torres 2020, 5).

Über Sanierungsprogramme in *Mumbai* berichtet Schubert (2009): »Etwa 57.000 Familien sollen umgesiedelt werden. Bei Haushaltsgrößen mit durchschnittlich fünf Personen bekommen demnach nur 285.000 Menschen nach der Umsetzung eine neue Wohnung, der Rest wird wieder obdachlos« (111). Aber die Verbesserung der Wohnsituation der Slumbewohner ist eher selten beabsichtigt. »Überraschende Räumungen gehören weiterhin zum ›Repertoire‹ der Verwaltung, um die Unsicherheit unter den Slumbewohnern zu befördern und um ihren niedrigen sozialen Status zu dokumentieren. Allein 2004 wurden 60.000 Familien durch Räumungen unter Polizeischutz obdachlos und aus ihren Unterkünften verdrängt«, so Schubert über die Stadtverwaltung von Mumbai (108).

Das Menschenrecht auf angemessenes Wohnen
Das Menschenrecht auf angemessenes Wohnen (kurz: Recht auf Wohnen) ist sowohl in Artikel 25 (1) der Allgemeinen Erklärung der Menschenrechte als auch in Artikel 11 (1) des UN-Sozialpakts verankert. Dieser Pakt ist keine unverbindliche Absichtserklärung: Er garantiert allen Menschen Rechte, die kein Staat gefährden darf bzw. für deren Einhaltung ein Staat zuständig ist. Laut UN gehört zum Recht auf Wohnen: Sicherheit des Besitzes, z. B. durch Urkunden. Aber auch wenn Menschen keine Papiere über ihre Wohnung besitzen, dürfen sie nicht einfach vertrieben werden und müssen immer Rechtssicherheit/Zugang zu Gerichten haben. [...]

Was muss der Staat tun? | Der Staat ist daher verpflichtet, das Recht seiner Bevölkerung auf eine angemessene Unterkunft zu respektieren und sie vor Eingriffen Dritter (wie z. B. Zwangsräumungen durch Privatunternehmen) zu schützen. Außerdem muss er laut Sozialpakt unter Ausschöpfung seiner Möglichkeiten die Umsetzung des Rechts auf Wohnen betreiben, d. h. die Grundversorgung von bestimmten öffentlichen Gütern für alle Bewohner bereitstellen, unabhängig davon, ob sie arm oder reich sind. [...]

Rechtswidrige Zwangsräumungen | Internationale Normen beschreiben eine rechtswidrige Zwangsräumung als eine gegen den Willen der Betroffenen stattfindende Vertreibung aus ihren Wohnungen oder von ihrem Land, ohne dass ein geeigneter rechtlicher oder anderer Schutz vorhanden ist. (amnesty.de)

In der indonesischen Provinzhauptstadt *Bandung* wurde ein eher kleines Armenviertel Opfer von Spekulationsinteressen, weil es sich um ein zentrumsnahes Filetstück handelt. Die gewaltsame Vertreibung der 197 Familien in 90 Häusern wurde 2017 ohne Rechtsgrundlage durchgezogen. Sie wurde von der Stadtverwaltung unter Berufung auf Regierungsprogramme mit Namen wie »National Slum Upgrading Project« gerechtfertigt (Torres 2020, 4). Polizei und Militär rückten eines Tages ohne Vorankündigung an, trieben zusammen mit Paramilitärs und Schlägertrupps die Familien aus ihren Häusern und zerstörten alles außer der Moschee. Viele Menschen, die sich wehrten, wurden verletzt. Für die Kinder war es eine traumatische Erfahrung (ebd.).

Die Situation der Menschen in den Slums und Squatterquartieren im globalen Süden oder auch an der Peripherie Europas unterscheidet sich von der Lage derer, die hierzulande um ihr Menschenrecht auf eine Wohnung gebracht werden. Die Slumbewohner*innen sind Entrechtete, die sich weder auf ein traditionelles Gewohnheitsrecht stützen können noch einen Eigentumstitel nach modernem Recht erwerben konnten. Menschen in Europa, die ihre Wohnung und ihr Wohnumfeld verlieren, sind Opfer eines deregulierten Marktes.

Biopiraterie

Eine historisch neue Form der Enteignung ist die Patentierung von Organismen, meist von im Labor modifizierten Organismen. Zum Teil genügen aber schon Verfahren der Haltbarmachung von Substanzen für die Patentanmeldung. Biopiraterie in Ländern des globalen Südens mit ihrer noch vorhandenen Artenvielfalt, auf die sich westliche Konzerne bei der Jagd nach genetischem Material stark konzentrieren, betrifft häufig traditionelle Heilpflanzen oder Saatgutzüchtungen, womit diese und das damit verbundene Wissen zum exklusiven Eigentum von privaten Unternehmen werden, die es profitabel vermarkten. – Ein paradigmatischer Fall von Kommodifizierung eines Gemeinguts. Dabei kommt den Unternehmen des Zentrums ihre technologische Überlegenheit zugute; denn nicht selten werden genetische Varianten von Pflanzen entwickelt oder

Verfahren zur Haltbarmachung von Extrakten, oder es werden neue Verwendungsweisen entdeckt. All das begründet dann nach »modernem« Rechtsverständnis ein Recht zur Patentierung, sofern dieses Recht nicht wie in den USA allein schon dann zuerkannt wird, wenn bisher kein Patent vorliegt, selbst wenn keine Innovation nachweisbar ist. Neue wirtschaftliche Bedeutung haben Biopatente durch die Gentechnik erlangt. Seit sich die Gentechnologie Anfang der 1980er Jahre einen breiten Anwendungshorizont erschloss, hat sich der Run von Unternehmen, Forschungsinstituten und Hochschulen auf *das* »Grüne Gold der Gene« (Wullweber 2004) immer weiter verstärkt. Für Biopatente ist bedeutsam, dass die Trennschärfe zwischen Genmanipulation und Züchtung mit neuen Verfahren (smart breeding) geringer geworden ist.

Gerade US-amerikanische Firmen zeigten sich angesichts der Globalisierung stark an der Sicherung geistiger Urheber- und Eigentumsrechte interessiert. Dreizehn Hightech-Konzerne taten sich in den 1980er Jahren zusammen und bildeten während der Neuverhandlungen des Allgemeinen Zoll- und Handelsabkommens (GATT) in der sog. Uruguay-Runde das Intellectual Property Committee, auf dessen Betreiben hin 1994 dem GATT *das »Übereinkommen über handelsbezogene Aspekte der Rechte des geistigen Eigentums«* hinzugefügt wurde (engl. Agreement on Trade-Related Aspects of Intellectual Property Rights, TRIPS). Als Grundprinzipien des Abkommens gelten die Gleichbehandlung aller Angehörigen der Mitgliedsstaaten sowie ausgeglichener Schutz zur Förderung der technischen Innovation und des Technologietransfers. Sowohl Hersteller als auch Nutzer sollen profitieren, und wirtschaftlicher und sozialer Wohlstand sollen gesteigert werden (wikipedia: Übereinkommen). Das klingt schön, aber auf Grund der oben angedeuteten Konstellation sind die angegebenen Zielsetzungen kontrafaktisch und werden oft ins Gegenteil verkehrt. Unter anderem werden die Verbreitung von Wissen und der intellektuelle Austausch eher behindert, wie viele Wissenschaftler*innen kritisieren. Schon der Begriff »geistiges Eigentum« ist nicht ohne Perversität.

Die EU hat 1998 mit der Biopatentrichtlinie gemeinsame Vorgaben für die Patentierung biologischen Materials oder von Verfahren, welche sich auf Herstellung, Verarbeitung oder Verwendung biologischen Materials beziehen, beschlossen. Diese Richtlinie lässt Fragen offen, lässt Interpretationsspielraum und ist nach dem Urteil kritischer Fachleute, speziell von Agrarexpert*innen, Mediziner*innen und Ethikräten, nach wie vor korrekturbedürftig.[32] Obwohl Patente auf Pflanzensorten und Tierrassen sowie auf »im Wesentlichen biologische Verfahren« zur Züchtung von Pflanzen oder Tieren, die also auf Kreuzung und Selektion beruhen, ausgeschlossen sein sollen, wurden in der Vergangenheit wiederholt konventionelle Gemüsesorten etc. patentiert, zum Beispiel eine Tomatenart und eine Sorte Brokkoli. In der Konsequenz ist nicht nur die Aussaat einer solchen Sorte kostenpflichtig, sondern jede Art der Weiterverarbeitung. Das bedeutet die private Aneignung und Verwertung genetischer Ressourcen auf Kosten von Bauern, mittelständischen Züchtern, Verbrauchern und Patienten.

Diese Entwicklung ist für die Menschen auf der ganzen Welt verhängnisvoll. Die Bezeichnung Biopiraterie bezieht sich aber meist auf die private Aneignung überlieferten Wissens, das sich der Erprobung und der Überlieferung innerhalb einer traditionalen Gemeinschaft verdankt. Denn das wird als Raub dessen betrachtet, was man das gemeinsame Erbe der Menschheit nennen könnte. Von ökonomischem Interesse ist das Wissen um die Wirkkraft von Pflanzen oder tierischen Sekreten (z. B. Schlangengiften). »In der Hoffnung, neue Einnahmequellen zu erschließen und diese durch geistige Eigentumsrechte abzusichern, erforschen zahlreiche Biologen und Ethnologen beispielsweise im Amazonasgebiet oder in Indien neue Pflanzen und suchen nach Inhaltsstoffen, die ökonomisch verwertbar sein könnten – sei es in der Nahrungsmittelindustrie, zur Herstellung von Kosmetika oder zur Entwicklung neuer Medikamente.

32 Dazu z. B. Martin Häusling, MdEP (martin-haeusling.eu, 15.5.2020); außerdem Kirsten Tackmann, MdB (kirstentackmann.de, 2009).

Dabei greifen die Forscher und Forscherinnen oft auf das Wissen der lokalen Bevölkerung zurück« (Kaiser 2006, 1174). In der Vergangenheit hat es mehrere, meist gescheiterte Versuche gegeben, tropische Pflanzen oder Wirkstoffe daraus patentieren zu lassen. Kaiser nennt neben dem Niembaum die Droge Ayuhasca, dann Enola, eine mexikanische Bohnensorte, Cupuaçu aus Brasilien, auch Großblütiger Kakao genannt, und Hoodia, eine kakteenähnliche Pflanze aus Südafrika und Namibia, aus deren Saft Nahrungsergänzungsmittel gewonnen werden. Zu nennen wäre als Beispiel noch Kothala Himbutu, eine Pflanze aus Sri Lanka, die ein japanischer Konzern wegen ihrer hilfreichen Eigenschaften für Diabetiker patentieren ließ.

Eines eklatanten Falls von Biopiraterie hat sich die Wissenschaftlerin Vandana Shiva aus Indien angenommen, die 1993 den Alternativen Nobelpreis erhielt.[33] Es handelt sich um die Patentierung und Vermarktung der Wirkstoffe, die im *Niembaum (neem tree)* enthalten sind und seit je von indischen Bauern und Bäuerinnen für kosmetische Zwecke und zum Pflanzenschutz genutzt werden, außerdem in der Volksmedizin, aber auch in der traditionellen indischen Medizin als Heilmittel gelten. Ab den 1970er Jahren wurde der Baum als landwirtschaftliche Nutzpflanze kultiviert, und man suchte nach einer Methode zur Haltbarmachung des Öls, das von den Bauern nur jeweils für den unmittelbaren Gebrauch gepresst worden war, weil es schnell seine Wirkung verliert. Die Vermarktung des aus den Samen gewonnenen Öls setzt jedoch Haltbarkeit voraus. Forscher*innen erhielten 1992 beim US-Patentamt das Patent auf eine erfolgreiche Methode zur Haltbarmachung, welches dann einige Zeit später an die US-Firma W. R. Grace verkauft wurde, die dann außerdem beim Europäischen Patentamt ein Patent für ein Fungizid aus Niemextrakt erlangen konnte (Shiva/Brand 2006, 60). Es folgten mindestens 65 weitere Patentierungen auf Produkte, die auf Wirkstoffen des Niembaums basieren (ebd.).

---

33 Vandana Shiva ist Gründerin und Direktorin des Instituts »The Research Foundation for Science Technology and Ecology« in Neu Delhi.

Die durch »Privatisierung der genetischen Information des Niembaums« ermöglichte Vermarktung trieb den Preis für Niemsamen um das Zehnfache in die Höhe (ebd.). Und »die meist armen lokalen Nutzer müssen heute mit einer Industrie konkurrieren, die für die finanzkräftigen Käufer des Nordens riesige Mengen Niemsamen aufkauft« (ebd.).

Eines der Niempatente verlor 2005 nach einem zehnjährigen Prozess seine Geltung beim Europäischen Patentamt. 1995 hatte Vandana Shiva zusammen mit grünen Europa-Abgeordneten eine Klage eingereicht, die 2000 zunächst zum Entzug des Patents führte. Aber aufgrund des Einspruchs des US-Konzerns kam es erst 2005 zur endgültigen Aberkennung. 2006 waren aber noch 20 einschlägige europäische Patente gültig, nachdem bei zweien dem Widerspruch stattgegeben worden war (61). 15 Patentanmeldungen waren noch in der Prüfung. Seit 1985 wurden weltweit mehr als 90 Patente auf Wirkeigenschaften und Extraktionsverfahren von Niemprodukten angemeldet (wikipedia: Niembaum). Der Einspruch von über 200 Aktivisten aus 35 Ländern gegen das Niemölpatent der Firma W.R.Grace im Jahr 1995 ist erfolglos geblieben, jedenfalls für den Bereich der USA.

US-Konzerne sind Weltmeister im Patentieren von genetischen Ressourcen. Vor zwanzig Jahren zählte Sharma 4.000 Patente auf Pflanzen beim US-Patentamt, die traditionelles Wissen aus Entwicklungsländern oder auch aus Indien betrafen (Brand 2006, 67).

Seit 1997 baut die Firma RiceTec *Basmati-Reis* in den USA an, ursprünglich eine Züchtung der Reisbauern im Punjab, der Grenzregion zwischen Indien und Pakistan. Ermöglicht wurde es der Firma dadurch, dass das US-Landwirtschaftsministerium sich aus einer Gendatenbank beim Internationalen Reisforschungsinstitut die Information über das Erbgut jener hochgeschätzten Reissorte beschafft hatte (Brand 2006, 65). Die an andere klimatische Bedingungen angepasste, in Aussehen und Geschmack unveränderte Neuzüchtung ließ man sich patentieren. Die indische Regierung legte Protest ein und strengte 2000 eine Klage gegen das US-Patentamt an, weil sie die Existenz tausender Reisbauern bedroht sah. Außerdem sah man »das Patent als Diebstahl am kollektiven geistigen und agrobiologischen Erbe indischer Bauern an« (ebd.). Die gerichtliche Auseinandersetzung wurde dadurch erschwert, dass zwanzig Sorteneigenschaften mit Einzelpatenten abgesichert waren, von denen das Patentamt schrittweise fünfzehn widerrief (66). RiceTec darf heute nicht mehr behaupten, ihr Reis sei mit dem Original-Basmati identisch, hat aber dessen ungeachtet einen Reis auf den Markt gebracht, der als mindestens gleichwertig beworben wird (ebd.). Auch damit wird für Kritiker die Biodiversitätskonvention (CBD) verletzt. Die aber ist von den USA nicht ratifiziert worden.[34]

Die Enteignung von Saatgut kommt auch ohne Patentierung aus. Eine Form der Enteignung durch Kommodifizierung wird von *der Alliance for a Green Revolution in Africa* (AGRA; deutsch: »Allianz für eine Grüne Revolution in Afrika«) praktiziert, die 2006 von der philanthropischen Bill & Melinda Gates Foundation gegründet worden ist und die Modernisierung der Landwirtschaft in Afrika vorantreiben soll, um den dortigen Bauern und Bäuerinnen zu helfen, so die erklärte Absicht. Vor allem soll deren Saatgut verbessert werden, um mehr Ertrag zu liefern, robuster gegenüber Dürreperioden zu werden etc. Dazu bedient man sich der Hybridzüchtung, deren positive Effekte nur für eine Pflanzengeneration erhalten bleiben, was für die Bauern einen entscheidenden Nachteil hat. Denn nachdem sie ihr traditionelles Saatgut einem von der Gates-Stiftung finanzierten Institut zur »Verbesserung« überlassen haben, müssen sie das neue Saatgut in Zukunft kaufen, und zwar immer von neuem erwerben, wenn sie die Vorzüge des Hybridsaatguts schätzen gelernt haben. Aus Sicht der Stiftung eine Win-Win-Situation, aber für Sarah Lempp »ein klassischer Fall von Biopiraterie« (2014, 77), zumal das Saatgut mit der Hilfe lokaler Bauern optimiert worden ist. »Diese stellen kostenlos Pflanzensorten zur Verfügung, die über Generationen lokal angepasst und gezüchtet wurden« (ebd). Hybridsorten

34 Die CBD wurde 1992 auf der UN-Konferenz über Umwelt und Entwicklung in Rio verabschiedet.

verlangen in der Regel auch mehr Dünger und eine Behandlung mit Pestiziden, womit die Produktionskosten insgesamt steigen. Das ist gewollt; denn man will die Marktabhängigkeit der Kleinbauern fördern.

»Von dieser Ausbeutung profitieren vor allem multinationale Saatgutkonzerne wie Monsanto und Syngenta – die weltgrößten Produzenten von gentechnisch verändertem und hybridem Saatgut sowie von Pestiziden. Die AGRA-Leitungsebene ist personell eng mit diesen verflochten und zudem Teil der 2012 gegründeten ›Neuen Allianz für Ernährungssicherung‹ der G8. Diese will unter anderem die Eigentumsrechte an Saatgut stärken, um Privatinvestitionen in die Saatgutproduktion zu fördern« (ebd.). Das Ziel sei es, in afrikanischen Ländern wie Mosambik, Äthiopien, Tansania, Burkina Faso die Verteilung von frei verfügbarem Saatgut zu beenden« (ebd.). *Der freie Nachbau und Tausch von Saatgut, wie seit Jahrtausenden üblich, ist im Kapitalismus dysfunktional.* Verhindert wird das nicht nur durch Patentschutz, sondern auch durch Sortenschutz, der sich immerhin damit rechtfertigen lässt, dass die Vorleistung des jeweiligen Züchters honoriert werden soll.[35] Die ebenfalls im TRIPS vereinbarten Sortenschutzgesetze erschweren es Bauern ebenfalls, einen Teil der Ernte, wie früher üblich, zur Aussaat zu verwenden. Traditionelles Saatgut war die Schöpfung zahlloser Generationen.

Zusammenfassung

Unsere exemplarische Darstellung handelt in fast allen Fällen, nicht nur bei Land- und Wasserraub, von Menschenrechtsverletzungen. Vielfach wird auch *die UN-Resolution 61/295* verletzt, mit der die UN-Generalversammlung die Rechte der indigenen Völker auf ihre

35 Für kleine Züchter ist das fair. Dass Gesetze für Große und Kleine gleichermaßen gelten, mag man weniger fair finden.

Gebiete und ihre Naturressourcen, ihre spirituellen Traditionen und Sozialstrukturen erklärt hat (vgl. die ILO-Konvention 169 von 1989). Aber eine solche Resolution durchzusetzen, ist illusorisch, da sie nicht sanktionsbewehrt ist. Das Problem besteht seit der Kolonialzeit darin, dass das moderne, auf dem Privatrecht basierende Rechtssystem gegen die traditionelle Eigentumsordnung durchgesetzt wird. Für die ökonomisch Stärkeren ist es ein Leichtes, sich mit dem kodifizierten Recht gegenüber dem ungeschriebenen Gewohnheitsrecht ins Recht zu setzen. Das ist auch speziell bei Biopiraterie der Fall. Niemand ist in einfachen Gesellschaften, auch in bäuerlichen Gemeinwesen, auf die Idee verfallen, die Kenntnis von der Heilkraft einer Pflanze oder herkömmliches Saatgut als »geistiges Eigentum« für sich zu beanspruchen. Wer sollte auch als anspruchsberechtigt gelten? Nur in der kapitalistischen Marktgesellschaft machen Patente Sinn. Bei der Patentierung überlieferten Wissens haben traditionelle Gemeinschaften sogar das internationale Recht gegen sich, das sich die Biotech-Unternehmen haben kodifizieren lassen.

Das Rechtssystem der kapitalistischen Gesellschaft schützt das Privateigentum und den Privatmenschen. Die Fälle von empfundenem Unrecht in unserer Darstellung sind teilweise dadurch bedingt, dass die Rechtsordnungen in sog. Entwicklungsländern noch nicht ausreichend an kapitalistische Verhältnisse angepasst sind oder dass der Staat dort schwach ist oder von selbstsüchtigen »Eliten« beherrscht wird. Wo zum Beispiel Wasserreserven von mächtigen Konzernen abgeschöpft werden oder auch wo Fischgründe geplündert werden, nutzen wirtschaftlich und politisch starke Akteure staatliche Schwäche, sei sie innen- oder außenpolitisch. Teilweise ist die Rechtsordnung auch grundlegend defizitär, was den Schutz eines Gemeinguts wie Wasser vor privater Aneignung betrifft. Das scheint selbst für moderne Staaten zu gelten. Die Allgemeine Erklärung der Menschenrechte und der Sozialpakt der Vereinten Nationen lassen sich als Versuch betrachten, die blinden Flecken des bürgerlichen Rechts zu heilen oder wenigstens palliativ zu behandeln.

Hinter der Landnahme für Bergwerke, Kraftwerke, Staudämme, für Anlagen zur Öl- und Gasförderung, so empörend sie empfunden werden mag, verbirgt sich nicht nur der Konflikt zwischen Kapitalinteressen und den Lebensansprüchen von Menschen, sondern auch der Konflikt zwischen indigenen Gemeinschaften und der energiehungrigen Industriegesellschaft. Die wilden Praktiken der Enteignung, die exemplarisch dargestellt wurden, lassen sich kaum damit rechtfertigen, dass hier eben die Rechtsansprüche von kleinen Minderheiten hinter den Bedürfnissen der gesellschaftlichen Mehrheit zurückstehen müssten. Mindestens müssten die jeweils Betroffenen informiert, angehört, an Entscheidungen beteiligt und ihren Vorstellungen gemäß entschädigt werden, was zugegebenermaßen meist sehr schwer einzulösen ist.

IV.
Die Politik der Privatisierungen

Die Politik der Privatisierungen begann in den 1980er Jahren, als die neoliberale Doktrin von der größeren Effizienz des Marktes, ausgehend von den angelsächsischen Ländern, hegemonial wurde. Schon kurz vorher hatten die »Chicago-Boys« als Propheten jener Doktrin von dem Putsch-Regime des Augusto Pinochet in Chile freie Hand für das wirtschaftspolitische Experiment erhalten. Anfang der 1980er Jahre setzte Margaret Thatcher in Großbritannien die ersten Privatisierungen gegen teils heftigen Widerstand durch. Ihre, später auch von New Labour nachgebetete Botschaft war, das Netz der sozialen Sicherheit sei für viele zur Hängematte geworden. Jede/r müsse für sich selbst sorgen und solle nicht so etwas wie die »Gesellschaft« in Anspruch nehmen.[36] Als dann die Sowjetunion und die anderen realsozialistischen Staaten zusammenbrachen und die Planwirtschaft für dysfunktional erklärt wurde, versprach die Privatisierung der Staatsbetriebe die Erlösung von allen Übeln. Schnell bemächtigten sich dort eingeweihte Funktionäre und Funktionärscliquen der großen Unternehmen. Zeitweise versuchte man die Enteignung der Allgemeinheit durch die Ausgabe breit gestreuter Anteilsscheine oder Volksaktien zu kaschieren, was aber Episode blieb.

Mit dem Übergang zur unilateralen Weltordnung wurden Privatisierungen im Verein mit staatlicher Austerität, Deregulierung und Liberalisierung der Märkte weltweit Teil der herrschenden Programmatik. Internationaler Währungsfonds und Weltbank sorgten mit

36 »I think we have gone through a period when too many children and people have been given to understand ›I have a problem, it is the Government's job to cope with it!‹« (1987 im Interview).

ihren Strukturanpassungsprogrammen für die Durchsetzung, wenn Staaten ihre Kredite in Anspruch nahmen. Die Welthandelsorganisation (WTO) fördert implizit die Privatisierung von Dienstleistungen mit dem General Agreement on Trade in Services (GATS), das Staaten die Subventionierung öffentlicher Dienste verbietet.

»There's no such thing as society« (Margaret Thatcher)

In Westeuropa ist die Privatisierung von Infrastruktur und öffentlichen Diensten bis 1992 von der Europäischen Kommission und später von der Europäischen Union vorangetrieben worden (Whitfield 2020, 65f.). Ab Mitte der 1990er Jahre bestimmte diese Linie auch die Politik der Bundesregierungen, nachdem die Privatisierung des Volkseigentums der ehemaligen DDR beim Kapital den Appetit geweckt und ein Muster für solche Verfahren abgegeben hatte. Von der Transformation der osteuropäischen Volkswirtschaften soll später die Rede sein.

In Westeuropa wurden zwischen 1985 und 1995 vor allem Unternehmen der Telekommunikation, der Öl- und Gasversorgung sowie der Stromerzeugung und -versorgung privatisiert, wobei *Großbritannien* die Vorreiterrolle einnahm (ebd.). Die Politik der Privatisierungen war dort am radikalsten und umfassendsten. Sie begann 1981 bald nach dem Amtsantritt von Margaret Thatcher mit Teilprivatisierungen des Rüstungs- und Luftfahrtkonzerns British Aerospace, des Telekommunikationsunternehmens Cable & Wireless (gegr. 1872) und von BP (Whitfield 2020, 164). In den nächsten zwei Jahrzehnten folgten wichtige Teile der Verkehrsinfrastruktur und Versorgungsunternehmen (Häfen, Flughäfen, Energieversorger, 10 Water Authorities, ebd.), aber auch Krankenhäuser, Schulen und Gefängnisse. Die Privatisierung der Bahn erfolgte schrittweise von 1993 bis 1997. Bis 1999 wurden 119 öffentliche Betriebe privatisiert. Staatliche Industriebetriebe gehörten Ende der 1980er Jahre zu den großen Verkäufen (Rolls-Royce, British Steel). Die Royal Mail wurde erst spät, 2015, Opfer der Privatisierung. Nach Whitfield betrug der Wert des privatisierten Vermögens, in den Preisen von 2018 gerechnet, 165 Billionen Pfund (ebd.), wobei Landverkäufe und PPP-Projekte wie Schulen in dem Betrag nicht berücksichtigt sind.[37] Thames Water, das Wasserversorgungsunternehmen von London, wechselte mehrmals den Besitzer. Zuletzt hinterließ ein Konsortium (Kemble Water & Macquarie Bank, Australien) nach zehn Jahren 50 Milliarden Euro Schulden. Jährlich waren drei Milliarden in private Kanäle geflossen (Fritel/des Mazcry 2019: arte France). Viele der an Kleinanleger veräußerten Unternehmensanteile in Großbritannien gingen übrigens mit Aufschlägen sofort an Großunternehmen oder Industriegruppen weiter (Czada 2007). Ähnliches wiederholte sich später bei jedem Ansatz, mit sog. Volksaktien staatlichen Besitz zu vergesellschaften. Das Modell wurde zum Flop, wenn es nicht schon als Täuschungsmanöver angelegt war.

In *Frankreich* hat man Ende der 1980er Jahre die großen Banken wie die Société Générale privatisiert. Ende der 1990er Jahre wurden der Energiekonzern Total, die Luftfahrtgesellschaft Air France und France Telecom teilprivatisiert. Die städtische Wasserversorgung, die in Frankreich zuvor von den meisten Kommunen an private Auftragnehmer delegiert war, ist heute überwiegend in der Hand von zwei internationalen Konzernen, nämlich von Suez (Ondeo) und Vivendi (Veolia Environment).

Die königliche Post der *Niederlande*, die wie in Deutschland den Brief- und Paketversand und die Telekommunikation umfasste, wurde 1989 in zwei Sparten aufgeteilt und privatisiert. Durch Übernahme des internationalen Expressdienstes TNT aus Australien ist die Postsparte zum Global Player geworden (Weizsäcker u.a. 2006, 86).

In *Italien* erbrachten die Verkäufe öffentlichen Eigentums allein zwischen 1992 und 1997 über 65 Milliarden US-Dollar. Privatisiert wurden Banken, Versicherungen, Energieunternehmen und Tele-

37 PPP steht für »Public Private Partnership«, im Deutschen ist auch die Abkürzung ÖPP für »Öffentlich-Private Partnerschaft« üblich.

kommunikation, aber auch Industriebetriebe und selbst Museen und Baudenkmäler. Die Privatisierung des Öl- und Gaskonzerns ENI leitete die Regierung 2001 mit der Ausgabe von Volksaktien ein (Weizsäcker u. a. 2006, 148). In *Spanien* hat die Regierung Rajoy 2013 durch Gesetz das Gesundheitswesen für private Konzerne geöffnet (jW, 2.9.2020).

Die Eisenbahnen sind in vielen EU-Staaten wie in der Bundesrepublik bisher Eigentum des Staates geblieben, wurden aber in eine privatwirtschaftliche Unternehmensform überführt und dem Wettbewerb ausgesetzt. Schienennetz und Verkehrsbetrieb sind in der Regel verschiedenen Tochterunternehmen zugewiesen worden. Auch Fern- und Nahverkehr sind häufig getrennt, wobei dieser den Regionalverwaltungen überantwortet ist, die dafür private Anbieter beauftragen, so in Schweden und Italien.

In der Bundesrepublik setzte die Politik der Privatisierung erst nach dem Anschluss der DDR ein (dazu weiter unten). Der Verkauf der Volkseigenen Betriebe der ehemaligen DDR durch die Treuhandanstalt wurde zu Recht als »die große Enteignung« charakterisiert. Dabei wurden rund 13.000 staatliche Betriebe in privates Eigentum überführt (Huffschmid 1996, 1013).

Die politische Förderung von Privatisierungen

Die Welthandelsorganisation (WTO), der Internationale Währungsfonds und die Weltbank unterstützen entsprechend ihrer neoliberalen Ausrichtung die Stärkung des Privatsektors zu Lasten staatlicher Dienste, die WTO über das Allgemeine Abkommen über den Handel mit Dienstleistungen (GATS), der IWF mit den Strukturanpassungsprogrammen, die Weltbank durch ihre Kreditvergabe und die Einrichtung von entsprechenden Abteilungen in vielen Ländern (Weizsäcker u. a. 2006, 189, 191, 203ff., 214ff.).

Ebenso haben die EU und ihre Vorgängerinstitutionen die Privatisierung zumindest indirekt gefördert. Kurz vor *Abschluss des Vertrags von Maastricht* schrieb eine kritische Beobachterin: »Diese konstitutionellen Vereinbarungen der EG binden im Unterschied zu den staatlichen Verfassungen nicht vornehmlich politische Macht und gesellschaftliche Interessen an ein übergeordnetes Gemeinwohl [...] folgen daher auf EG-Ebene der dominanten ökonomischen Handlungslogik. Unter dem Zwang des Weltmarkts ermöglichen die EG-Verfassungen (insbesondere die EEA) eine großangelegte Deregulierung, Privatisierung, Kommerzialisierung staatlicher Leistungen etc., um die Wettbewerbsfähigkeit der Wirtschaft, frei von den Verpflichtungen des sozialen Rechtsstaats, zu fördern« (Zellentin 1992, 699).

Das im »Weißbuch« der Europäischen Kommission von 1985 angepeilte Ziel, den europäischen Binnenmarkt zu schaffen oder zu vollenden, wurde *1987 in der »Einheitlichen Europäischen Akte« (EEA) mit der Zustimmung zu den vier »großen Freiheiten«* (freier Warenverkehr, freier Kapitalverkehr, freie Dienstleistungen, Personenfreizügigkeit) konkretisiert, was auch die EG-weite Öffnung der öffentlichen Beschaffungsmärkte für staatliche Aufträge einschloss. Das nötigte zur Verabschiedung von Regeln für die Vergabe von Aufträgen, was dann im Vergaberecht der EU seinen Niederschlag gefunden hat, das in mehreren Richtlinien kodifiziert ist. Eine an sich sinnvolle, ja unerlässliche Regulierung, mit der aber zugleich eine verstärkte Vergabe von Aufträgen an Private nahegelegt wurde.

Zu dieser Praxis wurden die Mitgliedsstaaten samt ihren öffentlichen Körperschaften durch *die wirtschaftlichen Konvergenzkriterien* gedrängt, die 1992 im Vertrag von Maastricht fixiert wurden und vom Prinzip der Austerität geleitet waren. Denn zur Stabilisierung der Wirtschafts- und Währungsunion sollten der Schuldenstand der Mitgliedsstaaten nicht mehr als 60 Prozent des BIP und das jährliche Haushaltsdefizit nicht mehr als drei Prozent des BIP betragen. Auch der Zinssatz für Staatsanleihen wurde vorgegeben, um die Bonität auf dem Finanzmarkt zu sichern. Das zwang zur Privatisierung öffentlicher Dienste oder verleitete jedenfalls dazu, um die Haushalte zu schonen oder vermeintlich zu schonen. Die Privatisierungserlöse der westeuropäischen Staaten gingen Anfang der 1990er Jahre in die Milliarden (Huffschmid 1996).

Zur Privatisierung der Verkehrsinfrastruktur wurden die Mitglieder vom Rat der Europäischen Gemeinschaften direkt aufgefordert, und zwar 1991 mit der *Richtlinie zur Entwicklung der Eisenbahnunternehmen* (RL 91/440/EWG). Darin heißt es unter anderem: »Damit der Eisenbahnverkehr leistungsfähig und im Vergleich zu den anderen Verkehrsträgern wettbewerbsfähig wird, müssen die Mitgliedsstaaten sicherstellen, dass die Eisenbahnunternehmen den Status eines unabhängigen Betreibers erhalten und sich infolgedessen eigenwirtschaftlich nach Maßgabe der Erfordernisse des Marktes verhalten können.« Dazu wurde die Trennung zwischen Verkehrsleistungen und Infrastruktur, also Schienennetz etc., mit getrenntem Rechnungswesen und getrennter Verwaltung gefordert (eur-lex.europa.eu). Die Bundesregierung folgte dieser Richtlinie mit ihrer Bahnreform.

Anfang 2013 legte der damalige EU-Kommissar für den europäischen Binnenmarkt, Michel Barnier, *die Konzessionsrichtlinie* vor, die nicht nur der Privatisierung von Energie- und Wärmeversorgung, sondern auch von Wasser den Weg ebnen sollte. Daraufhin brach breiter Protest los und es formierte sich die Europäische Bürgerinitiative »Wasser ist ein Menschenrecht« (auch Right2Water), die so schnell erstarkte, dass Barnier seinen Entwurf revidierte. Damit war aber der Kampf der Bürgerinitiative längst nicht gewonnen. Die marktfreundlichen Kräfte im Europaparlament verhielten sich in der Folgezeit hinhaltend und schwankend. Innerhalb der EVP neigte man eher zur Liberalisierung des Wassermarkts. Im September 2015 kam es dann zur entscheidenden Abstimmung im Europaparlament, mit der die Privatisierung von Wasser und Abwasserentsorgung dank der starken Unterstützung der Bürgerinitiative keine Mehrheit fand.

Noch zehn Jahre vorher hatte die EU bei der Verhandlungsrunde der Welthandelsorganisation über die Novellierung des GATS gefordert, die Wasserversorgung den anderen Dienstleistungen gleichzustellen und damit zu liberalisieren. Auch innerhalb der Bundesrepublik hatte die Marktöffnung für Wasser seine Befürworter gehabt.

2001 hatte das Bundeswirtschaftsministerium der rot-grünen Koalition in einem Bericht eine entsprechende Option in Erwägung gezogen. 2013 lehnten CDU/CSU und FDP im Bundestag einen Antrag im Sinn der Bürgerinitiative Right2Water ab.

Im November 2009 hat die Europäische Kommission einen Maßnahmenplan zur Stärkung von Public Private Partnership veröffentlicht, nachdem sie schon 2003 *das Europäische PPP-Kompetenzzentrum* eingerichtet hatte. Insbesondere in den Bereichen Gesundheit, Bildung, Verkehr und Energieeffizienz sollte PPP dazu beitragen, die »durch die Finanzkrise angeschlagenen öffentlichen Haushalte nachhaltig zu entlasten« (zit. nach Rügemer 2010, 77).

Eine indirekte Förderung von PPP- oder ÖPP-Projekten sehen Eicker-Wolf und Schreiner (2017) in der 2012 von der EU gestarteten »Projektanleiheninitiative«, mit der eine stärkere Finanzierung von Infrastrukturprojekten über den Kapitalmarkt erreicht werden soll. Mit der Ausgabe von Projektanleihen hat man vor allem institutionelle Anleger im Auge. Ein ähnliches Ziel verfolgt die EU-Kommission mit der »Verordnung über den europäischen langfristigen Investmentfonds« von 2015 (93). Das bundesdeutsche Investmentgesetz von 2007 hat möglicherweise als Vorlage gedient.

Die Bundesrepublik hat mit der Verpflichtung auf Austerität, die 2009 mit der Beschränkung der Neuverschuldung, umgangssprachlich als *»Schuldenbremse«* bezeichnet, verfassungsrechtlich verankert worden ist, den Gebietskörperschaften kaum eine andere Wahl gelassen als Gebühren zu erhöhen, notwendige Investitionen aufzuschieben oder öffentliche Dienste zu privatisieren. Auch der Rückgang des Steueraufkommens, ebenfalls eine Konsequenz der neoliberalen Agenda, zwingt die öffentliche Hand zu Privatisierungen. Für die Kommunen, von denen die meisten Leistungen der Daseinsvorsorge erbracht werden, wird die Situation speziell durch die Beschneidung der Gewerbesteuer verschärft. Weil »die grundlegenden Einnahmen- und Ausgabenparameter« also staatlich festgelegt sind, »bleiben den Kommunen in Krisensituationen nur geringe Handlungsoptionen« (Wiegand 2016, 75). Die Armut der öffentlichen Hand nötigt die Kommunen häufig, öffentliche Einrichtungen abzustoßen, kommunale Krankenhäuser zum Beispiel in eine privatrechtliche Unternehmensform zu überführen (Engartner 2016, 189f.) oder gar an einen der privaten Klinikkonzerne zu verkaufen.

Auch die gesundheitspolitischen Reformen förderten ab 1992 indirekt Privatisierungen im Gesundheitswesen, indem sie, beginnend mit dem *Gesundheitsstrukturgesetz von 1992*, betriebswirtschaftliche Konzepte, speziell die Budgetierung, und Wettbewerbsbeziehungen einführten. So sollte der Wettbewerb zwischen den Finanzierungsträgern, also den Versicherungen, und den Leistungserbringern, vor allem den Kliniken, Anreize für Rationalisierungen schaffen. Attraktiv für Investoren wurden stationäre Einrichtungen vor allem durch die Einführung des Diagnosis Related Systems mit den Diagnosebezogenen Fallgruppen in 2004.[38]

Ausweg aus der »Akkumulationskrise«[39] – Varianten der Privatisierung

Publikationen über Privatisierung setzen meist stillschweigend den modernen Staat mit einer öffentlichen Infrastruktur und öffentlichen Diensten voraus; denn nur sie können zum Objekt der Privatisierung werden. Um uns klar zu machen, was Privatisierung im Rahmen der gesellschaftlichen Verhältnisse von heute bedeutet, sollten wir uns nochmals der Spezifika der gesellschaftlichen Reproduktion im Kapitalismus und der Verfasstheit des modernen, bürgerlichen Staates vergewissern.

Im Kapitalismus ist dem Kapital die Organisation der Produktion aufgrund seiner ökonomischen Macht zugewachsen, die es sich durch Enteignungen und die Aneignung des Mehrwerts geschaffen

38 Die Kostenerstattung erfolgt nach dem geschätzten Aufwand für den Eingriff oder die Behandlung. Sie ist z. B. für eine Knie-OP höher als für Geburtshilfe. Schon 1992 waren Fallpauschalen eingeführt worden. Später wurde der Aufwand pro Fallgruppe durch Vergleichsstudien zu objektivieren versucht.

39 Diese Bezeichnung wählt Karl Georg Zinn für die Überproduktionskrise (2015, 58).

hat. Der Mehrwert wird nicht nur individuell als Profit angeeignet, sondern fließt zu einem Teil in Neuinvestitionen zugunsten der erweiterten Reproduktion. Ein anderer Teil geht im Idealfall als Steuer an den Staat. Beide Annahmen gelten für das Modell, nicht unbedingt für den heutigen Realkapitalismus mit seiner Investitionsmüdigkeit und Steuervermeidungspraxis. Das Kapital kann jedoch grundsätzlich nicht auf die Ordnungsfunktion des Staates und die staatliche Daseinsvorsorge verzichten. Staatliche Eingriffs- und Leistungsverwaltung sichern die gesellschaftliche Reproduktion und die Stabilität des Systems, nicht zuletzt auch durch die Vermeidung eines Legitimationsdefizits. Diesem Zweck dient besonders *die Vermittlungsfunktion des Staates angesichts der Klassengegensätze*. Es gilt, die Ausbeutung der Arbeitskräfte zu begrenzen, ihre Ausbildung zu organisieren und die Externalisierung sozialer und ökologischer Kosten einzudämmen. Außerdem muss der Staat diejenigen Leistungen der Daseinsvorsorge erbringen, die sich nicht profitabel machen lassen oder sich bisher nicht profitabel betreiben ließen. Solche Leistungen werden aus Steuern und Sozialabgaben finanziert. Bemerkenswert ist dabei in unserem Zusammenhang, dass das Steueraufkommen heute überwiegend von der breiten Masse aufgebracht wird. Drei Viertel sind »Massensteuern«, also Lohn- bzw. Einkommensteuer und Verbrauchssteuern. Sie machten 2004 rund 78 Prozent des Steueraufkommens aus. Gewinn- und Vermögenssteuern tragen nur noch wenig dazu bei (boeckler.de).

So betrachtet, ist das, was an Infrastruktur geschaffen worden ist und was an Vermögen zum Beispiel in der Kranken- und Rentenversicherung da ist, das Ergebnis gesellschaftlicher Arbeit. Das galt auch für Zeiten, in denen der Anteil der Massensteuern am Steueraufkommen nicht so hoch war; denn auch der partiell versteuerte Mehrwert ist Ergebnis von Lohnarbeit. Kommunale Versorgungsunternehmen, Sportanlagen, Bildungs- und Kultureinrichtungen sind also Volkseigentum.

Bevor wir auf Privatisierung im üblichen Verständnis eingehen, ist noch klarzustellen, dass genau genommen auch eine Privatisierung stattfindet, wenn die Steuern für die Rettung von Banken, für Hilfszahlungen an einen von der Rezession bedrohten Industriezweig oder für die Endlagerung von Atommüll verwendet werden. Wer sich dagegen auflehnt, muss sich meist belehren lassen, dass es sich um »systemrelevante« Unternehmen handle. Und tatsächlich ist die gesellschaftliche Reproduktion von Banken und unternehmerischer Initiative abhängig, solange dieses System besteht. Man kann zu dem Schluss kommen, dass »sich das Kapital so oder so die Produktivität der Gesellschaft aneignet« (Brangsch 2015, 44).

Mit der Privatisierung, wie sie in jüngerer Zeit zum Stein des Anstoßes geworden ist, hat es aber seine besondere Bewandtnis. Sie ist, ebenso wie der Boom auf den Land- und Immobilienmärkten, das Ergebnis der fast verzweifelten *Suche des Kapitals nach neuen Anlagemöglichkeiten*, unterstützt von der neoliberalen Doktrin (Whitfield 2020, 39). Die »Überproduktionskrise«, spürbar als jahrzehntelange wirtschaftliche Stagnation (Zinn 2015), hat Kapitalanlagen im Produktionssektor teilweise unattraktiv gemacht. Als mit der Finanzkrise 2008 auch die Alternativen auf dem Finanzmarkt zeitweise weniger profitabel und unsicher wurden, bot sich mehr denn je das Ausweichen auf privatisierte Dienstleistungen und Infrastruktur an. »Die öffentliche Infrastruktur erweist sich als eine neue Alternative [für Kapitalanleger]« (Rügemer 2011, 51). Ein Beispiel: »Das Gesundheitswesen ist einer der wenigen Wachstumsmärkte, die es überhaupt noch gibt«, so die *FAZ* im Mai 2005 (21.5.2005). Unschätzbare Vorteile sind die häufige Monopolstellung und die risikolosen, langfristigen Erträge. Denn Verkehrsmittel sind ebenso unverzichtbar wie die Energieversorgung oder die Gesundheitsdienste. Damit ist auch höchste Kreditwürdigkeit verbunden (53). Die Privatisierung hat so neue Möglichkeiten der Kapitalverwertung eröffnet. »Das Kapital ist besessen, neue Verwertungsfelder als Quellen regelmäßiger Einnahmen in der Form von Renten aufzuspüren« (Zeller 2004, 14).

Dabei kommt es nicht auf Eigentumsübertragung an. Auch Pacht- oder Leasingverträge oder die Überführung in eine Rechtsform des Privatrechts, zum Beispiel in eine Aktiengesellschaft, ermöglichen gewinnträchtige Geschäfte, auch wenn der Staat die Mehrheitsanteile hält. Privatisierung beschränkt sich daher nicht auf die Umwandlung staatlichen in privates Eigentum durch Verkauf.

Die Rechtsform des Privatrechts kann auch auf der Ebene von Gebietskörperschaften gewählt werden, indem zur Erledigung spezifischer Aufgaben (z. B. Wohnungsbau, Müllentsorgung) kommunale Eigengesellschaften gegründet werden, die in Gesellschaften privaten Rechts umgewandelt werden. Das jeweilige Unternehmen bleibt jedoch in vollem Umfang Eigentum der öffentlichen Hand. Deshalb spricht man von einer bloß *»formellen Privatisierung«* oder »Organisationsprivatisierung«. Ungeachtet dessen können diese Unternehmen privatrechtliche Verträge mit Dritten abschließen und sich am öffentlichen Haushalt vorbei mit Fremdkapital versorgen. Die Kontrolle durch die öffentliche Hand ist oft schwach.

Bei der *»funktionalen Privatisierung«* werden Privatunternehmen eingeschaltet. Der Staat, die Gebietskörperschaft behält zwar auch die Verantwortung für die Erfüllung des Auftrags, überträgt aber Aufgaben oder Aufgabengebiete an private Auftragnehmer (z. B. Sicherheitsdienste). Man könnte sagen, dass sich eine funktionale Privatisierung in versteckter Form ergibt, wenn ein privatwirtschaftlicher Sektor (z. B. private Kitas) entsteht, weil der Staat seine Aufgaben nur noch unzureichend erfüllt.

Besondere Aufmerksamkeit verdient das jüngere, in England unter dem Einfluss von Unternehmensberatern entwickelte, bereits mehrfach erwähnte Konzept *der Public Private Partnership oder Öffentlich-Privaten Partnerschaft*, weil es dazu angetan ist, den Missbrauch öffentlicher Gelder für Profitinteressen zu verschleiern. Es soll Privatisierungen für die unter knappen Kassen und dem Sparzwang leidende öffentliche Hand attraktiv machen, indem es eine angebliche Win-Win-Situation schafft. Das Verfahren sieht vereinfacht so aus: Die öffentliche Hand schließt einen Dienstleistungsvertrag mit einem privaten Investor ab, und zwar in der Regel für 20 bis

30 Jahre. Der kümmert sich dann um Planung, Bau oder Sanierung, Unterhaltung, Betrieb und auch die Finanzierung, so dass die öffentliche Hand keinen Kredit aufnehmen muss. Sie muss »nur« für die ganze Vertragslaufzeit die vereinbarte Miete zahlen. Bei manchen Verträgen ist die Konzession auch mit einer zeitweiligen Eigentumsübertragung, also mit Verkauf und Rückkauf, verbunden.[40]

Nicht nur das Kleingedruckte in den Verträgen spricht der Win-Win-Situation Hohn. Die für die ganze Vertragslaufzeit festgesetzte Miete ist beispielsweise vor Erhöhung nicht sicher, wenn Preisanpassungsklauseln im Vertrag stehen. In vielen Fällen verkauft der Investor seine Forderungen aus dem Mietvertrag an eine Bank, was mit einem Einredeverzicht seitens der öffentlichen Hand zugunsten der Bank verbunden wird. Erfüllt der Konzessionär seine Verpflichtungen nicht, kann beispielsweise eine Kommune als Mieterin nicht wegen Mietminderung klagen.

Entgegen den Beteuerungen der Propagandisten bringt Privatisierung keine Kosteneinsparungen für die öffentliche Hand. Erstens fallen höhere Kapitalkosten an, wenn die Finanzierung an den Investor delegiert wird, da der öffentlichen Hand günstigere Konditionen geboten würden. Zweitens verursacht der große Stab von Beratern aus Banken, Anwalts- und Steuerberatungskanzleien, von Wirtschaftsprüfern etc., alle hoch honoriert, hohe Transaktionskosten (Rügemer 2011, 24). Vor allem das ÖPP-Modell soll auch anfällig sein für Korruption (Finger 2006, 190). Dazu kommt ein umfangreicher Bedarf an Evaluationen (32). Und meldet ein beauftragtes Unternehmen Insolvenz an, muss die steuerfinanzierte Körperschaft einspringen. Auch von Bürokratieabbau keine Spur. Bei den privaten Rentenversicherungen zum Beispiel entstehen nach

40 Genauer wird zwischen zwei, drei Varianten von PPP unterschieden: a. Der private Betreiber baut die Infrastruktur auf und bleibt bis zum Rückkauf durch die öffentliche Hand Eigentümer. b. Nach dem Aufbau der Infrastruktur durch den Investor geht diese (z. B. Autobahn) zwar in öffentliches Eigentum über. Aber die Konzession sichert dem Investor den Anspruch auf die Benutzungsgebühren bis zum Zeitpunkt X. Die dritte Variante ist nur eine Modifikation von b.

Engartner zehnfach höhere Verwaltungskosten als bei der staatlichen Rentenkasse (2016, 150).

Die neuen lukrativen Anlagemöglichkeiten haben den aufgeblähten Finanzsektor weiter anschwellen lassen. Einen besonderen Anteil daran hat die Ergänzung des Umlageverfahrens um die kapitalgedeckte Altersvorsorge. »Die Riester-Reform kann damit als großflächiges Subventionsprogramm für die Finanz- und Versicherungswirtschaft gewertet werden« (Engartner 2016, 148).

Prinzipiell verletzt jede Privatisierung die Interessen der Bevölkerungsmehrheit in dreifacher Hinsicht: Sie gefährdet die allgemeine Verfügbarkeit von Gütern und Diensten. Sie schränkt die Chancengleichheit in Zugang und Nutzung ein und sie mindert die demokratischen Kontrollmöglichkeiten.

Die Politik der Privatisierungen in Deutschland

Die 1990er Jahre waren das Jahrzehnt der großen Privatisierungen der Infrastruktur. Post und Bahn wurden jeweils in verschiedene Unternehmen aufgespalten, die in eine privatrechtliche Form überführt wurden und im Lauf der Zeit teilweise in den Besitz privater Anleger übergingen. Die Energiewirtschaft wurde liberalisiert, d.h. es wurde ein Energiemarkt geschaffen, der paradoxerweise zur Bildung großer Monopole geführt hat. Die Energieunternehmen waren schon vorher Aktiengesellschaften gewesen, aber mit starker staatlicher Beteiligung.[41] 2018 wurde die Privatisierung der Verkehrsinfrastruktur mit der Gründung der Autobahn GmbH des Bundes abgeschlossen, die in Zukunft für Planung, Bau, Betrieb, Erhaltung und Finanzierung der Fernstraßen zuständig ist.

41 E.ON entstand aus dem Zusammenschluss von VEBA und VIAG, die selbst aus der Fusion von PreussenElektra und Bayernwerk hervorging. Dazu kam die Ruhrgas AG. EnBW entstand aus der Fusion von Badenwerk, Energieversorgung Schwaben, Neckarwerke und TW Stuttgart. RWE fusionierte mit VEW (Vereinigte Elektrizitätswerke Westfalen).

»Die große Enteignung«[42] – das Wirken der Treuhandanstalt

Am 1. März 1990 hatte der DDR-Ministerrat der Regierung Modrow nach einer Vorlage der Oppositionsgruppe »Demokratie jetzt« die Gründung einer »Anstalt zur Treuhänderischen Verwaltung des Volkseigentums« beschlossen, um die Anteilsrechte der DDR-Bürger zu sichern. Doch der Auftrag, mit dem die Treuhandanstalt etwas später ihre Arbeit aufnahm, verkehrte diese Intention ins Gegenteil. Die Metamorphose wurde veranlasst von der letzten DDR-Volkskammer, die unter starkem Einfluss von westdeutschen Parteien gewählt worden war, und die am 17. Juni 1990 *das Treuhandgesetz* verabschiedete, das wiederum unter dem Einfluss von westdeutschen Beratern zustande gekommen war (Köhler 1994, 63ff.). Im Juli 1990 begann die Treuhandanstalt (THA), »mit marktwirtschaftlich erfahrenen (westdeutschen) Persönlichkeiten besetzt« (wikipedia: Treuhandanstalt) und ergänzt um ein Heer von externen Anwälten, Wirtschaftsprüfern etc., deren Auswahl sich überwiegend den Connections von westlichen Headhuntern verdankte,[43] mit der Überprüfung und Liquidierung der DDR-Wirtschaft. Der THA, seit dem Anschluss der DDR eine Anstalt der öffentlichen Rechts unter der Fachaufsicht des Bundesfinanzministeriums, waren 8.500 Betriebe mit vier Millionen Beschäftigten an rund 45.000 Betriebsstätten unterstellt. Nach der Herauslösung aus den VEB- und Kombinatsverflechtungen handelte es sich um 13.000 Betriebe (Huffschmid 1996, 1013).[44]

Das Ergebnis des Wirkens der THA war die »Deindustrialisierung« Ostdeutschlands, so unter anderem die Einschätzung des früheren Präsidenten der Bundesanstalt für Arbeit Bernhard Jagoda (zit. bei Vilmar 2000, 1200; ähnlich der ehem. Bundesbankpräsident Pöhl, zit. bei Köhler 1994, 154). Diese Ungeheuerlichkeit wird

42 Titel einer Publikation von Otto Köhler (1994) zu dem Thema.

43 Dazu die TV-Doku von Fröhlich und Schönherr (2020). Die Kosten für externe Beratung beliefen sich insgesamt auf 680 Millionen Euro.

44 Fröhlich/Schönherr zählen in ihrer TV-Doku 12.000 Betriebe.

häufig mit dem angeblich maroden Zustand der DDR-Wirtschaft zu rechtfertigen versucht. Deshalb muss an Daten und Zeugnisse erinnert werden, die das widerlegen. Reiner Maria Gohlke, kurzzeitig Mitglied des Vorstands der THA, wegen abweichender Zielvorstellungen abgelöst, erklärte 1990: »Ich bleibe bei meiner optimistischen Auffassung, dass diese Wirtschaft aufgrund ihrer Ressourcen, insbesondere bei den vorhandenen Ingenieur- und Technikerkapazitäten, eine große Chance hat« (zit. nach Köhler 1994, 73). Die industriellen Anlagen der DDR waren zwar stärker veraltet als die in Westdeutschland, aber der Abstand war kleiner, als meist behauptet. Nicht ganz 50 Prozent waren Ende der 1980er Jahre jünger als zehn Jahre, in der BRD waren es 70 Prozent (Nick 1995, 1484). Gohlke hielt bei Amtsantritt im Juli 1990 nur 35 Betriebe für nicht fortführungswürdig und 150 von mehreren tausend für »wacklig« (Köhler 1994, 77). Einzelne Bereiche der Investitionsgüterindustrie, speziell Stahlbau, Maschinenbau, elektrotechnische Geräte für Stromerzeugung und -verteilung, Mess- und Regelungstechnik, wurden anfangs als stark und »zukunftsträchtig« bewertet (Nick 1995, 1485). Eine EG-Kommission hatte der DDR-Industrie »überdurchschnittliche Leistungen« bescheinigt (1486). Lediglich ein Drittel wurde 1990 von Experten als nicht sanierungsfähig eingestuft (Vilmar 2000, 1201).

Um 2000 war jedoch der Anteil der ostdeutschen Industrieproduktion (spez. Maschinenbau) an der bundesdeutschen Produktion auf 7,5 Prozent und der Anteil am Export auf drei Prozent geschrumpft. Es gibt nur noch wenige Großbetriebe in den neuen Bundesländern. Keine Konzernzentrale ist dort angesiedelt. Viele Betriebe sind als Zulieferbetriebe zur verlängerten Werkbank von westdeutschen Firmen geworden. Man hatte die Werke zu »Ramschpreisen« verschleudert (Vilmar 2000, 1201). Nachdem westdeutsche Konzerne ihre Interessen in der THA zur Geltung bringen konnten, ging es bei der Transformation nicht mehr um Sanierung, sondern um Liquidierung, um eventuell lästige Konkurrenten auszuschalten und den neuen Absatzmarkt zu sichern. Von 12.000 Betrieben wurden 3.800 abgewickelt (Fröhlich/Schönherr 2020). Wettbewerbsfähige und umsatzstarke Betriebe wurden oft zugunsten eines Westkonzerns geschlossen, so zum Beispiel die Mitteldeutsche Kali AG, ein Konkurrent von Kali & Salz, oder von einem westlichen Konzern aufgekauft. So verleibte sich Nordzucker sieben Zuckerfabriken ein. Christa Luft, DDR-Wirtschaftsministerin im Kabinett Modrow, hat das Wirken der THA als »größte Vernichtung von Produktivvermögen in Friedenszeiten« bezeichnet.[45]

Dieser Blick auf die Vorgänge macht deutlich, dass die Plünderung der ehemaligen DDR-Wirtschaft eine grandiose Enteignung der Bevölkerung bedeutete. Empörung weckt nicht nur das quasi kolonialistische Verhältnis zwischen West und Ost. Noch Anfang 1990 hatte Detlev Rohwedder, der erste Präsident der THA, den Gesamtwert der DDR-Wirtschaft mit 600 Mrd. bis eine Billion DM hoch veranschlagt. Dieser Wert wurde jedoch bald heruntergerechnet, und am Schluss wurde ein Schuldenstand präsentiert. Nach eigenen Angaben hat die THA für jeden DDR-Bürger rund 60.000 Mark zum Verschwinden gebracht (Köhler 1994, 87). Die ursprünglich noch von der DDR-Volkskammer erdachte Ausgabe von Volksaktien blieb ein Traum. *Rund drei Millionen Arbeitsplätze wurden vernichtet* (Fröhlich/Schönherr 2020). Erwähnt sei noch, dass von den knapp zwei Millionen Hektar landwirtschaftlicher Nutzfläche, die die THA übernommen hatte, 0,6 Millionen Hektar nicht nur an Länder und Kommunen, sondern auch an »frühere Eigentümer«, genauer: deren Erben, »zurückgegeben« wurden (wikipedia: Wiedereinrichter). In der Regel handelte es sich um volkseigene Güter, also früheren Großgrundbesitz, der im Rahmen der Bodenreform nach dem Zweiten Weltkrieg verstaatlicht worden war.

Nicht erst durch den Verkauf und die Verschrottung der Volkseigenen Betriebe und die Rückerstattung von Vermögen wurde Volkseigentum enteignet, wobei man vernachlässigen kann, »dass

45 Zit. nach Manfred Weißbecker in Forum Wissenschaft 02/20, 25 (Anmerkung).

das Volk über das Volkseigentum keine wirkliche Verfügung hatte. Es gehörte ihm zwar de jure, aber de facto nur eingeschränkt« (Dahn 2019, 259), immerhin jedoch »eingeschränkt«. Schon durch die Aufwertung der Währung um 300 Prozent und mehr bei der Übernahme der DDR-Volkswirtschaft zum 1. Juli 1990 wurde deren Kapitalstock »total vernichtet« (Dahn 2019, 60).[46] Der Schuldenstand war damit über Nacht vervielfacht, und frühere Absatzmärkte brachen weg.

Die Arbeitsgruppe Alternative Wirtschaftspolitik hielt in ihrem Memorandum 1995 fest: »Nach über vier Jahren deutscher Einheit liegt das Bruttoinlandsprodukt pro Kopf der Bevölkerung in Ostdeutschland niedriger als in jeder anderen größeren Region Westeuropas – und dies bei einem Qualifikationsniveau der dort Lebenden, das weit über dem anderer armer Regionen liegt. Auf Ostdeutschland entfällt fast ein Drittel des Territoriums und ein knappes Fünftel der Bevölkerung Deutschlands. Die neuen Bundesländer trugen 1994 jedoch nur ein knappes Zehntel (8,6%) zum Sozialprodukt, ein Zwanzigstel zum deutschen Industrieumsatz und ein Fünfzigstel zur gesamtdeutschen Industrieausfuhr bei. Der Arbeitsamtsbezirk mit der höchsten Industriedichte in Ostdeutschland hat ungefähr so viele Industriearbeiter auf 1000 Einwohner wie Lüneburg, eine der am wenigsten entwickelten Regionen Westdeutschlands. Nur in einer Hinsicht hält der Osten einen traurigen Rekord: Auf das knappe Fünftel der Bevölkerung kommen gut zwei Fünftel (43 %) aller Arbeitslosen.«

Die materielle Enteignung war vielfach mit *kultureller Enteignung* verbunden. Die ostdeutschen Verlage wurden »nach unüberprüfbaren Kriterien«, und zwar oft für eine Mark, an westliche Konkurrenten abgegeben. »Von den einstigen 78 DDR-Verlagen existieren heute noch 12« (Dahn 2019, 37f.). Die 15 großen Bezirkszeitungen im Osten gehören heute westdeutschen Medienkonzernen (Vilmar 2000, 1203). Viele der mehr als 1000 Kulturhäuser wurden geschlos-

46 Einige Autoren geben eine Aufwertung um 450 % an, u. a. Köhler (1994, 150).

sen und dem Verfall preisgegeben, darunter so bedeutsame und traditionsreiche wie das Kulturhaus der einstigen Bunawerke in Schkopau bei Halle (260).[47] Diese Kulturhäuser hatte sich das »Volk« mit passiver und aktiver Partizipation an Kultur angeeignet.[48] Selbst der »Palast der Republik«, der einer Schloss-Replik weichen musste, war ein offenes Haus gewesen.

Post, Telekommunikation und Bahn

Während das Wirken der THA einem Raubzug glich, bei dem sich kriminelle Machenschaften nicht vermeiden ließen,[49] bei dem sogar die THA selbst einen Rechtsbruch in Kauf nahm (siehe Köhler 1994, 65), lief bei der Privatisierung der Post und der Bahn alles formal korrekt ab.

Die Privatisierung der Post hat der Staat in zwei Schritten vollzogen. Zuerst gliederte man mit *dem Poststrukturgesetz vom 1. Juli 1989* die Organisationseinheiten neu (Postreform I), was die Postreform II vorbereitete, aus der die Deutsche Post AG, die Deutsche Telekom AG und die Postbank AG hervorgegangen sind. Im Jahr 2000 folgte für die Deutsche Post AG der Gang an die Börse, wobei man mit der Ausgabe von Volksaktien den Eindruck verwischte, nun würden öffentliche Einrichtungen dem Privatkapital überlassen.

Seit die bundeseigene Kreditanstalt für Wiederaufbau (KfW) Postaktien im Wert von zwei Milliarden Euro verkauft hat, befindet sich das Unternehmen mehrheitlich im Besitz von Privataktionären und institutionellen Anlegern. Bis 2012 hielt die KfW im Auftrag des Bundes noch 30,5 Prozent der Aktien, heute sind es nur noch

47 Wie das Haus des Volkes in Probstzella, eigentlich ein Vorzeigeobjekt der Bauhausarchitektur, verwahrlost war, bis es von einem Unternehmer vor dem Abriss bewahrt wurde, schildert A. Jürgs, der Freitag, 10/2019.

48 Es gab Zirkel malender, filmender, schreibender, komponierender Arbeiter*innen, Tanz- und Laienspielgruppen sowie Chöre (Dahn 261f.).

49 Die sogleich in den frühen 1990er Jahren verabschiedeten Verjährungsgesetze lassen einiges an Vereinigungskriminalität erahnen.

21 Prozent. Ein bemerkenswerter Großaktionär ist BlackRock mit rund 6 Prozent (wikipedia: Deutsche Post AG).

In den ersten fünf Jahren nach der Privatisierung kaufte die Gesellschaft 40 Unternehmen. 2002 wurde der US-amerikanische Paket-Express-Dienst DHL übernommen, 2005 das britische Logistikunternehmen Exel, so dass das Unternehmen, das heute *als Deutsche Post DHL Group* firmiert, zum Global Player geworden ist. Heute werden vier operative Unternehmensbereiche unterschieden. Neben den US-Konzernen FedEx und UPS ist die Deutsche Post DHL Group einer der drei größten Logistikkonzerne der Welt, nach eigenen Angaben in über 220 Ländern und Territorien aktiv (Berger 2020).

Was hat die Bürgerin, der Bürger davon? In erster Linie einen verschlechterten Service zu steigenden Kosten (Engartner 2014), zurückzuführen auf Personalabbau, verschlechterte Arbeitsbedingungen und weithin prekäre Beschäftigungsverhältnisse wie Teilzeitarbeit, Leiharbeit und Minijobs (ebd.). Der Zustelldienst soll in regionale Gesellschaften ausgegliedert werden, um den Post-Haustarif auszuhebeln (Berger 2020). Um die Finanzmittel für die gigantischen internationalen Investitionen aufzubringen, spart man bei den heimischen Dienstleistungen.

Die Deutsche Telekom ging ebenfalls rasch an die Börse. Der erste Börsengang erfolgte 1996. Der staatliche Anteil sank erst auf 65, dann auf 58 Prozent. Heute hält der Bund noch 14,3 Prozent der Anteile direkt, weitere 17,4 über die staatliche Förderbank KfW. In der Wahrnehmung der deutschen Kunden betreibt die Telekom neben der Zuständigkeit für die Betreuung der Festnetzanschlüsse nur den Onlinedienst t-online. Der Wikipedia-Beitrag zeigt ein umfassenderes Bild: »Das Unternehmen betreibt technische Netze (ISDN, xDSL, Satelliten, Gigabit-Ethernet, ATM, 2G …) für den Betrieb von Informations- und Kommunikationsdiensten (IuK), etwa Telefonen (Festnetz und Mobilfunk), Datennetzen oder Onlinediensten und das hauseigene Fernsehangebot MagentaTV« (wikipedia: Deutsche Telekom). Neben Telekom Deutschland bilden Telekom Europa und

T-Mobile US eigene Tochtergesellschaften. Mit anderen Tochtergesellschaften wie Deutsche Telekom IT wurden interne Dienstleister ausgegliedert.

Die verschiedenen Vorstandsvorsitzenden haben sich ab 1995 weltweit an Einkäufe gemacht, wobei sich manche Übernahme als Verlustgeschäft erwies. Da man sich bei dem Erwerb der US-Mobilfunkunternehmen Voicestream und Powertel, aus denen T-Mobile US gemacht wurde, verspekuliert hatte, wurden Milliarden US-Dollar in neue Lizenzen, den Aufbau der Infrastruktur und Werbung investiert, um aus der Übernahme noch eine Erfolgsgeschichte zu machen (Berger 2020). Man nahm beim *Drang nach Internationalität* generell eine hohe Verschuldung in Kauf, auch beim Erwerb des britischen Mobilfunks One2One. Man folgte der Ansicht der Analysten, ihrem Anspruch als Global Player könne die Telekom nur gerecht werden, wenn sie ihren Auslandsumsatz auf über 50 Prozent steigere. Das ins Ausland gepumpte Geld fehlt hierzulande. »Vor allem für den Mobilfunknetzausbau und den Ausbau der Glasfasertechnik auf dem deutschen Heimatmarkt fehlen die Mittel« (Berger 2020). Die mangelnde Netzabdeckung, die immer wieder für Kritik in den Medien sorgt, ist generell der Politik der Privatisierung anzulasten. Denn wenn man den Aufbau einer Infrastruktur dem Wettbewerb zwischen gewinnorientierten Unternehmen überlässt, werden weniger rentable Abschnitte vernachlässigt. Daher die Funklöcher in ländlichen Regionen.

Die Bürger*innen haben nichts davon, dass die Deutsche Telekom zu den weltgrößten börsennotierten Unternehmen, wenn auch erst auf Platz 116, gezählt wird. Sie können sich nicht einmal wie bei der Gelben Post damit trösten, dass transnational erwirtschaftete Gewinne zum Teil in die Kasse des Bundes fließen.[50]

50 Auch beim Telekommunikationsmarkt wird dabei meist übersehen, dass wir als Bürger »über Steuern und Sozialversicherungsabgaben für den Stellenabbau, die Pensionslasten und die Ausgründung der Beschäftigten in sogenannte Personalserviceagenturen« die Entlastung der Unternehmen tragen (Engartner 2008, 9).

Die Bahn wurde 1993, im selben Jahr, in dem die Britisch Rail privatisiert wurde, der EU-Richtlinie 91/440 folgend, in ein Wirtschaftsunternehmen privatrechtlicher Form, *die Deutsche Bahn AG* (DB AG) umgewandelt. Sie wurde damit zwar nicht privatisiert im strengen Sinn, aber die privatrechtliche Form bedingt eine an marktwirtschaftlicher Logik ausgerichtete Geschäftspolitik, was durch die explizite Ausrichtung auf den Börsengang verstärkt wurde. Dieser Schritt wurde 2008 lediglich in Anbetracht der Wirtschaftskrise aufgeschoben.

Mit dem Eisenbahnneuordnungsgesetz (ENeuOG) wurden die zuvor als Sondervermögen des Bundes geführten Bundeseisenbahnen (Deutsche Bundesbahn und Deutsche Reichsbahn) zusammengeführt. Um die Übertragung in eine privatrechtliche Form zu ermöglichen, musste auch das Grundgesetz geändert werden, wobei man *die Marktorientierung mit dem Gemeinwohl in Einklang zu bringen* versucht hat. Artikel 87e besagt einerseits: »Eisenbahnen des Bundes werden als Wirtschaftsunternehmen in privatrechtlicher Form geführt.« Andererseits muss der Bund gewährleisten, »dass dem Wohl der Allgemeinheit [...] Rechnung getragen wird.« Das Spannungsverhältnis hat man mit der Unterscheidung zwischen Eisenbahninfrastrukturunternehmen (EIU) und Eisenbahnverkehrsunternehmen des Bundes (EVU) aufzulösen versucht. Um den Erhalt des Schienennetzes zu sichern, sollen Bau und Unterhaltung der Schienenwege in öffentlicher Verantwortung verbleiben, weshalb sich nach Ansicht des Wissenschaftlichen Dienstes des Bundestags eine vollständige Privatisierung der EIU verbietet, d.h. der Bund muss, anders als bei den EVU, im Fall des Verkaufs Mehrheitsanteile halten (WD 2007).[51]

Den Markt, auf den die Bundesregierung bei der Bahnpolitik in Überstimmung mit den EU-Richtlinien setzt, teilt sich die Deutsche

51 Vermutlich hat die Trennung der Verantwortung weniger mit dem öffentlichen Interesse als mit Rücksichtnahme auf militärische Interessen zu tun. Im Übrigen erzwingt die Zuständigkeit des Bundes für die Infrastruktur staatliche Subventionen für das Unternehmen DB AG.

Bahn AG heute mit 450 Bahngesellschaften, die 40 Prozent Marktanteil für sich verbuchen können. Insofern kann man von einer weitgehenden Privatisierung des Schienenverkehrs sprechen.

Im Hinblick auf den angestrebten Börsengang wurde die Deutsche Bahn AG 1998 in *mehrere Tochterunternehmen mit verschiedenen operativen Aufgaben* aufgeteilt, wobei die DB Netz AG, zuständig für das Streckennetz und Personenbahnhöfe, entsprechend der Unterscheidung zwischen EVU und EIU für die Infrastruktur zuständig ist. Weitere Tochterunternehmen sind die DB Personenverkehr AG, die DB Regio AG (für Personennahverkehr), die DB Arriva (für Personennahverkehr im Ausland), DB Station & Service AG und die DB Cargo AG als Logistik- und Speditionsdienstleister. Auf diesem Geschäftsfeld agiert die DB AG wie die voll privatisierten Bundesunternehmen international.[52] Die DB Schenker hat sich zum internationalen Luft- und Seefrachtunternehmen entwickelt.[53] Der Bundesrechnungshof rügte 2019, der Konzern habe seine Geschäftstätigkeit international auf vielfältige Verkehrssegmente ausgedehnt, »die der grundgesetzliche Gewährleistungsauftrag des Bundes nicht umfasst« (jW, 18.5.2020). – Der unmissverständliche Vorwurf: die gesetzlichen Aufgaben würden vernachlässigt.

Die Verpflichtung auf das Gemeinwohl hat die DB Netz AG auch nicht daran gehindert, viele Nebenstrecken abzubauen, auch viele Gleisanschlüsse zu Industrieanlagen, was zur *Verlagerung des Güterverkehrs auf die Straße* beigetragen hat. Die Zahl der industriellen Gleisanschlüsse wurde um mehr als zwei Drittel reduziert (Engartner 2016, 72).[54] Wo es nicht zum Abbau der Gleisanlagen

52 Genannt werden: DB Cargo UK, DB Schenker Austria, DB Schenker of Canada, DB Cargo Polska S. A. Nach Angaben der Gewerkschaft Deutscher Lokomotivführer gibt es rund 700 ausländische Beteiligungen (jW, 4.8.2020).

53 »DB Schenker bringen Tag für Tag über 5.500 Container in die Häfen der Welt. Das macht uns zu einem Top-Frachtunternehmen für Ihre Seefrachtsendungen« (dbschenker.com).

54 Insgesamt sind rund 5.400 km Schienenstrecke abgebaut worden (der Freitag, 1.8.2019). Zugleich wurden 40 % der Weichen und 45 % der Ausweichgleise demontiert (Lunapark21, extra 16/17, 41).

gekommen ist, wurde oft der Zugverkehr eingestellt, so dass heute viele Ortschaften vom öffentlichen Verkehr abgeschnitten sind. In den Personennahverkehr, auf den rund 90 Prozent der Bahnfahrten entfallen, wird kaum investiert (71). Rund hundert Städte mit mehr als 20.000 Einwohnern sind vom Fernverkehr abgekoppelt (67). Manche Streckenabschnitte werden von anderen Zuggesellschaften bedient. Diesen wurde teilweise auch der Gütertransport überlassen. Dort ist der aufwändige und wenig rentable Einzelwagentransport aus Rentabilitätsgründen ebenso ein Stiefkind wie bei der DB Cargo[55] – alles eine Folge der Fokussierung auf profitable Geschäftsfelder.

Die *Klagen über den schlechten Service und über Sicherheitsmängel* der Bahn reißen seit der »Bahnreform« nicht ab und sind allgemein bekannt. Es seien nur nochmals genannt: notorische Verspätungen, defekte Toiletten, defekte Klimaanlagen, gelöschte Platzreservierungen bei Fernzügen, geänderte Wagenfolge, und das alles bei häufigen Preiserhöhungen. Die Sicherheitstechnik ist zum Teil veraltet. Mangelnde Wartung des Materials hat unter anderem zu Unfällen durch Radbrüche geführt. Viele Mängel sind dem Personalabbau geschuldet. 97 Prozent der Personenbahnhöfe haben kein Servicepersonal (jW, 7.8.2019). Die bornierte betriebswirtschaftliche Sicht erklärt auch *Versäumnisse der Ausbildung*, so dass sich heute zum Beispiel herausstellt, dass man zu wenig Lokführer hat.[56]

Mindestens so gravierend wie die Unbequemlichkeiten für die Fahrgäste sind die Folgen der Geschäftspolitik der DB AG für die Umwelt und damit für die Gesellschaft. Die Streckenstilllegungen und die mangelnde Attraktivität des Bahnfahrens, vor allem aber die Reduktion des Gütertransports auf der Schiene lassen den Stra-

55 Sigrid Nikutta, DB-Managerin: »da sammle ich in der Fläche Wagen ein, fahre die dann zu einem großen Rangierknoten, bilde Züge neu und fahre dann zu dem nächsten Rangierknoten, bilde wieder die Züge neu und stelle das dann den Kunden zu. Das ist also relativ viel Aufwand, den man da treibt. Das kostet enorm viel Geld« (deutschlandfunk.de[1]).

56 Im Internet werben private Lokführerschulen für ihre Ausbildung.

ßenverkehr weiter anwachsen, was die allgemeine Gesundheit gefährdet und Artikel 20a des GG verletzt: »Der Staat schützt auch in Verantwortung für die künftigen Generationen die natürlichen Lebensgrundlagen …«

Anfang 2020 wollte man entschieden umsteuern. Es waren Investitionen in die Infrastruktur in Höhe von 12,2 Mrd. Euro vorgesehen (jW, 30.1.2020). Aber schon im Mai 2020 verband die Regierung die Zusage finanzieller Hilfen wegen der Corona-Krise mit der Auflage, weiter Personalkosten einzusparen (jW, 18.5.2020). Der Rückzug aus der Fläche wird sich ohnehin so rasch nicht korrigieren lassen. Um wieder mehr Güter auf die Schiene zu bringen, ist nicht nur ein Neuausbau des Schienennetzes erforderlich. Über tausend Bahnbrücken sollen sanierungsbedürftig sein (jW, 7.4.2020), und auch das rollende Material ist zum Teil nicht einsatzbereit. »So fallen nach Angaben der Bundesregierung bei DB Cargo derzeit täglich 62 Güterzüge wegen Lokführermangels und technischer Probleme aus« (jW, 12.3.2020).

Ein eigenes Kapitel stellt unter dem Aspekt gesellschaftlicher Enteignung *die DB AG als Immobilienbesitzer und -spekulant* dar. 1994 zählten rund 160.000 Hektar Fläche, darunter auch Wald, mit einem Schätzwert von rund 200 Mrd. Euro zum Bahneigentum. Nach dem Willen des Bundestags sollte die neu zu gründende DB nur das für den Bahnbetrieb notwendige Bahngelände erhalten. Das restliche Gelände sollte als Gegengewicht zur Entschuldung des neuen Unternehmens im Besitz des Bundes bleiben (Wolf 2019, 56). 1996 erreichte die DB AG aber in einem Deal mit dem Bund, dass ihr gegen eine bescheidene Gegenleistung die Verfügung über alles Bahngelände samt Immobilien zugestanden wurde. So wurde der Bahnkonzern zum Immobilienspekulanten. Im Geschäftsbericht für 1999 heißt es: »Nicht betriebsnotwendige Flächen mit absehbarem Wertschöpfungspotenzial werden – häufig mit Partnern – als Immobilienprojekte entwickelt« (57). Flächen und Gebäude ohne Wertschöpfungspotenzial sollten veräußert werden. Dieser Geschäftszweig wurde zeitweise einer speziellen Unternehmenstochter namens Aurelis übertragen. Mit den beträchtlichen Sondergewinnen aus dem Verkauf von Grundstücken und Bahnhöfen finanzierte die DB AG ihre Auslandseinkäufe für die Entwicklung zum Global Player (58f.).

Resümee zur Vermarktung von Infrastrukturen und Dienstleistungen: Mit der Privatisierung, auch schon mit der Überführung in die privatrechtliche Unternehmensform, haben die Volksvertreter*innen die Weichenstellung über die Entwicklung zentraler Dienstleistungen und Infrastrukturen weitgehend aus der Hand gegeben. Um die Einhaltung von Mindeststandards zu sichern, hat man *die Bundesnetzagentur für Elektrizität, Gas, Telekommunikation, Post und Eisenbahnen*, kurz Bundesnetzagentur (BNetzA) als Bundesbehörde im Geschäftsbereich des Bundeswirtschaftsministeriums eingerichtet. Diese Regulierungsbehörde bietet aber nur bescheidene Kontrollmöglichkeiten. Da zu ihren Aufgaben die Förderung des Wettbewerbs zählt, darf man als Bürger*in nicht allzu viel erwarten.

Wenn öffentliche Dienstleistungen den Marktkräften überlassen werden, ist den Bürgern und Bürgerinnen schlecht gedient. Erstens stehen bei Unternehmen, die wettbewerbs- und gewinnorientiert sein müssen, die kurzfristigen Rentabilitätsinteressen im Widerspruch zu einer langfristigen, generationenübergreifenden Infrastrukturinvestition (für die Bahn vgl. Engartner 2016, 65). Zweitens besteht entsprechend der Marktlogik bei den konkurrierenden Anbietern die Tendenz, jeweils die einträglichsten Dienste für sich zu reklamieren. Gesellschaftlich relevante Dienste werden damit vernachlässigt, Infrastrukturen sind teilweise lückenhaft. Was bei der Bahn fehlende Zugverbindungen, sind bei der Telekommunikation die Funklöcher.

Wenn Unternehmen in eine finanzielle Schieflage geraten, springt die öffentliche Hand ein, um Verkehr oder Kommunikation sicherzustellen.[57] So war im Juni 2020 eine milliardenschwere

57 Beispiele dafür boten im April 2020 die Air France KLM und die Lufthansa.

Eigenkapitalerhöhung für die DB AG aus öffentlichen Mitteln vorgesehen. Die Bürger*innen stützen also mit ihren Steuern Unternehmen, die nur noch begrenzt am Gemeinwohl orientiert sind.

Der Gesundheitsmarkt

Die Covid-19-Pandemie hat Anfang 2020 offengelegt, dass das Gesundheitswesen durch zwei Konsequenzen der neoliberalen Agenda, die Austeritätspolitik und die Privatisierungen, schwer in seiner Leistungsfähigkeit beeinträchtigt worden ist. Es ist nicht mehr in der Lage, auf eine Krise jenes Ausmaßes angemessen zu reagieren. Austerität und Privatisierung hatten in ihrem Zusammenwirken zur Folge, dass alles abgebaut oder aufgelöst wurde, was in »Normalzeiten« nicht benötigt wird. Staatliche Sparmaßnahmen erfordern die Beschränkung auf den aktuellen Bedarf. Und das betriebswirtschaftliche Kalkül eines kapitalistischen Unternehmens verlangt die Vermeidung von Vorhaltekosten. Größere Mengen an Schutzkleidung oder Beatmungsgeräten auf Lager stellen in diesem Kalkül nur totes Kapital dar. Betten müssen wirtschaftlich sein. Jedes für längere Zeit leere Krankenhausbett beeinträchtigt die Bilanz, was die Vorsorge für einen Notstand in Frage stellt.

Gab es in Frankreich 1980 elf Krankenhausbetten pro tausend Einwohner, so waren 2020 davon noch sechs übrig. In Italien zählte man 1980 noch 922 Betten für »schwere Fälle« pro 100.000 Einwohner, 30 Jahre später nur noch 275 (LMd 04/20, 1) und 8,6 Intensivbehandlungsplätze. Die massiven Kürzungen im Gesundheitsetat und die Schließung vieler Krankenhäuser gehen dort auf das Drängen der Europäischen Zentralbank zurück.[58] Das deutsche Gesundheitssystem blieb von solchen Kürzungen verschont. Es war für die Pandemie von 2020 relativ gut gerüstet und schnitt mit 33,9 Intensivbetten auf 100.000 Einwohner*innen im internationalen Vergleich sehr gut ab. Aber auch in der Bundesrepublik ist *ein Schwund an*

58 In Griechenland erzwang die Troika nach der Finanzkrise noch weit stärkere Einschnitte. Von 137 Krankenhäusern mussten 54 geschlossen werden (jW, 29.4.2020).

Krankenhausbetten von 1991bis 2017 zu verzeichnen. In den 26 Jahren verringerte sich ihre Zahl von 665.000 auf 497.000, ein Schwund von 168.000 (reimbursement.institute/wp). Dabei ist die Zahl der stationär zu behandelnden Fälle seit 1991 »spürbar und ständig gestiegen« (aerzteblatt.de[1]).

Die Anzahl der Krankenhäuser hat sich von 1991 bis 2017 um rund 20 Prozent verringert. Dahinter stehen nicht nur Schließungen, sondern auch Fusionen. Von Interesse für unsere Thematik ist dabei der Wandel der Trägerschaft. Wenn man die Entwicklung seit dem Jahr 2000 verfolgt, dann sieht man, dass sich bei insgesamt reduzierter Zahl von Kliniken *das Verhältnis zwischen dem Anteil von Einrichtungen in freigemeinnütziger oder öffentlicher Trägerschaft und Häusern in privater Trägerschaft* grundlegend verändert hat. Waren 2000 noch 912 Kliniken in freigemeinnütziger und 844 in öffentlicher Trägerschaft, nur 486 privat, so standen 2017 den 720 Privatkliniken 662 Krankenhäuser in freigemeinnütziger und 560 in öffentlicher Trägerschaft gegenüber (statista.com[1]).[59] 1991 war auch der quantitative Vergleich zwischen kommunalen und freigemeinnützigen Trägern noch zugunsten der kommunalen ausgefallen.

Betrieben werden die Privatkliniken von großen Konzernen oder Klinikverbünden. Die neun bedeutendsten sind in folgender Rangfolge, bei der nicht die Zahl der Häuser, sondern die der Mitarbeiter und die Höhe des Umsatzes zählen: die Helios Kliniken (216 Kliniken), die Asklepios Kliniken (160), die Sana Kliniken (59), die Rhön Kliniken, die Ameos Gruppe, die Schön Kliniken, die Mediclin Kliniken, die SRH Kliniken und die Paracelsus Kliniken. Es kommt immer wieder zu Übernahmeversuchen zwischen diesen Konzernen. Zum Beispiel ist die Helios Gruppe durch den Kauf von Kliniken der Rhön Gruppe gewachsen.

---

59 Freigemeinnützige Träger sind Träger der freien Wohlfahrtspflege wie Deutscher Caritasverband, Diakonisches Werk der EKD, Deutscher Paritätischer Wohlfahrtsverband, Deutsches Rotes Kreuz, Arbeiterwohlfahrt etc., aber auch Stiftungen. Zunehmend gibt es Kliniken als gemeinnützige GmbHs. So wurde das Städtische Klinikum München Anfang 2020 zur gGmbH, was Steuervorteile hat.

Die Konzerne betreiben Krankenhäuser, wie nicht anders zu erwarten, *nach der betriebswirtschaftlichen Logik von Kapitalgesellschaften*. Der Erhöhung der Rentabilität dienen Personalabbau, Arbeitsverdichtung und das Outsourcing von Diensten, die nicht zum Kerngeschäft gehören wie Labore, Catering, Reinigung und Wäsche. Die Auslagerung von Aufgaben ermöglicht vor allem auch die außertarifliche Entlohnung der Beschäftigten. Deshalb kämpften zum Beispiel Krankenhausbeschäftigte in Berlin 2020 für die Wiedereingliederung der 21 Tochtergesellschaften der Charité und von Vivantes (jW, 28.4.2020).[60]

Die Auslagerung von Reinigungsdiensten wird für die Zunahme von Hygienemängeln verantwortlich gemacht, die die Zahl der Krankenhausinfektionen in Deutschland bedrohlich ansteigen ließ. Jährlich sterben daran schätzungsweise 20.000 bis 30.000 Menschen. Ausgelagertes Catering bringt häufig nicht nur eine schlechte Qualität der Mahlzeiten mit sich – in England müssen sich die Patienten oft mit tiefgefrorener Massenware zufrieden geben (Rügemer 2011, 43) –, sondern ist je nach Entfernung der Lieferdienste auch ökologisch fragwürdig.[61]

Die betriebswirtschaftliche Rationalität in der wettbewerbs- und gewinnorientierten Wirtschaft bringt jedoch nicht nur erschwerte Arbeitsbedingungen und verschlechterten Service mit sich, sondern hat gravierende Folgen für die Gesundheitsversorgung. Denn die Kliniken sind *aufgrund der wirtschaftlichen Fehlanreize* bemüht,

60 Aus der Selbstdarstellung von Vivantes Berlin: »Unter dem Dach des Vivantes Netzwerks wird Patienten die ganze Bandbreite qualitativ hochwertiger medizinischer und pflegerischer Versorgung geboten. Zur Vivantes Netzwerk für Gesundheit GmbH gehören 9 Krankenhäuser, 17 Pflegeheime, 2 Seniorenwohnhäuser, eine ambulante Rehabilitation, Medizinische Versorgungszentren, eine ambulante Krankenpflege, ein Hospiz sowie Tochtergesellschaften für Catering, Reinigung und Wäsche« (vivantes.de).

61 In einem Leserbrief im *Traunsteiner Tagblatt* (15.2.2020) hat ein Dr. med. P. beanstandet, dass die Versorgung von Patienten und Klinikpersonal mit warmem Essen in den Kliniken der Südostbayern AG vollständig auf vorgefertigte, nur noch aufzuwärmende Esseneinheiten aus Rheinland-Pfalz (Fahrstrecke ca. 500 km, G. A.) umgestellt wird.

diejenigen Fallgruppen von ihrem Angebot auszuschließen, deren Versorgung wenig einträglich ist. Entsprechende Abteilungen werden dann geschlossen. Die Vergütung nach Fallpauschale legt dies nicht nur privaten Kliniken nahe, da inzwischen alle auf Rentabilität getrimmt sind. Es scheint jedoch so, dass Privatkliniken dieses selektive Prinzip eher praktizieren, was dazu führt, dass die Grundversorgung den öffentlichen und freigemeinnützigen Krankenhäusern überantwortet wird.[62]

Besonders von der Selektion betroffen sind Kinderheilkunde und Geburtshilfe. Die einschlägigen Fallpauschalen in der Pädiatrie sind offenbar den dort gestellten Anforderungen nicht adäquat, was folgende Äußerung eines Kinderarztes beleuchtet: »Bei einem Kind kann Blutabnehmen eineinhalb Stunden dauern, und vier Leute sind beschäftigt [...] All das kostet Geld, das im Vergütungssystem nicht einkalkuliert ist« (Apotheken Umschau B 03/20, 71). Kinderkliniken sind nicht nur chronisch unterfinanziert. Viele Kinderabteilungen sind inzwischen geschlossen. Ihre Zahl sank von 440 im Jahr 1991 auf 354 im Jahr 2017. Die Zahl der Krankenhausbetten sank in der Pädiatrie um 33 Prozent. Gleichzeitig stieg die Fallzahl in der Pädiatrie um 25 Prozent an (aerzteblatt.de[2]). In Notfällen sind oft kaum Fachabteilungen zu finden, die das Kind medizinisch versorgen. Eltern müssen weit fahren, um ihr Kind zu besuchen (ebd.). Auf die Schließung der Kinderstation folgt nicht selten die des Kreißsaals (z. B. in Haldensleben, vgl. jW, 1.8.2020).

Bei der Geburtshilfe hat sich die Situation teilweise in ähnlicher Weise verschärft wie bei der Pädiatrie (Engartner 2016, 195). Bundesweit ist die Zahl der Kreißsäle laut Statistischem Bundesamt zwischen 1991 und 2015 von fast 1.200 auf rund 700 gesunken, ein Rückgang um 40 Prozent (aerzteblatt.de[3]). Besonders folgenreich für die Versorgung ist die Schließung von Entbindungsstationen in ländlichen Gebieten, zum Beispiel auf den Inseln Föhr (2016) und

62 Im August 2020 kündigte die Ministerpräsidentin von Mecklenburg-Vorpommern, Manuela Schwesig (SPD), eine Bundesratsinitiative zur Abschaffung der Fallpauschalen-Vergütung an – eine Bestätigung des Strukturfehlers.

Sylt (2013), zumal wenn dann zur gleichen Zeit auch pädiatrische Abteilungen im weiteren Umkreis wegfallen (jW, 14.12.2016).[63] Bürger*innen kritisieren, dass Gebärende das Risiko weiter Fahrten bis zu 50 km auf sich nehmen müssen (so in Haßfurt, vgl. jW, 8.6.2017). Kommunalpolitiker machen auf den Verlust an Daseinsvorsorge aufmerksam (so in Haldensleben; vgl. jW, 24.3.2016).[64]

Seit Jahren richtet sich die Begehrlichkeit der Gesundheitskonzerne und Finanzfonds auch auf *die neuen Medizinischen Versorgungszentren (MVZ)*, die zu einem begehrten Anlageobjekt geworden sind. 2004 hat der Gesetzgeber mit dem Gesetz zur Modernisierung der Gesetzlichen Krankenversicherung (GKV-ModernisierungsG) die Möglichkeit geschaffen, dass Ärzte verschiedener Fachrichtung ihre Praxen zu einem Medizinischen Versorgungszentrum zusammenlegen. Das nicht gern genannte Vorbild für diese neue Form medizinischer Versorgung lieferten die Polikliniken oder Ambulatorien der DDR. Die jetzt üblicherweise gewählte Rechtsform ist die Gesellschaft bürgerlichen Rechts mit persönlicher Haftung. 14.560 Ärzte waren nach Angaben der Kassenärztlichen Bundesvereinigung (KBV) 2016 in einem der insgesamt 2.490 Medizinischen Versorgungszentren (MVZ) in Deutschland angestellt. Tendenz steigend. Viele wurden von Private Equity Fonds aufgekauft, andere sind in der Hand von Klinikketten (Ambulante Versorgung, Dt. Ärzteblatt 39/2018). Wie sehr sich die Entwicklung auf diesem Sektor beschleunigt, zeigt ein Zahlenvergleich zwischen 2006 und 2017: Die Zahl der MVZ in der Hand von Klinikketten wuchs von 211 auf 1.169 (jW, 22.1.2017). Aufgrund der Gewinnziele

---

63 So werden in einem Bericht der jW vom 14.12.2016 neben Föhr die Abteilungen in Niebüll und Eckernförde genannt.

64 Die Bundesregierung fördert größere Betriebseinheiten und damit die Marktbereinigung, und das sogar finanziell, weil sie der Ansicht von Gutachtern folgt, dass kleine Krankenhäuser nicht mehr in der Lage seien, bestimmte Leistungen anzubieten. Dabei entledigen sich gerade die Krankenhausverbünde mancher Aufgaben. Kleine regionale Krankenhäuser sind in vielen Notfällen unverzichtbar, meint die NGO Gemeingut in BürgerInnenhand in einem Statement vom 30.4.2020.

und der Fluktuation des ärztlichen Personals sind die MVZ »strukturell anfällig für Missbrauch« (Dowideit 2020, 10). Zum Beispiel sei die Versuchung groß, unnötige, teure Behandlungen durchzuführen (ebd.).

Zu einem lukrativen Geschäftsfeld ist seit Einführung der Pflegeversicherung auch *die Altenpflege* geworden. Die Pflegeheime sind zwar mit 53 Prozent noch mehrheitlich in freigemeinnütziger Trägerschaft. Aber der Anteil der privaten Träger belief sich 2015 bereits auf 42 Prozent. 12,5 Prozent der Heime befanden sich vor Jahren bereits in der Trägerschaft großer Ketten wie der Curanum AG oder Pro Seniore. Das Engagement von Finanzinvestoren nimmt ähnlich zu wie bei Kliniken. Einer Branchenuntersuchung der Unternehmensberatung Ernst & Young zufolge sind acht der zehn größten Heimträger in Deutschland mittlerweile in privater Hand. Das Risiko ist für die Investoren überschaubar, weil die staatliche Sozialhilfe einspringt, wenn Bewohner*innen die Kosten der Unterbringung nicht mehr aufbringen können (Groll 2018). Bei den ambulanten Pflegediensten führen die privaten Träger. Aber dort beherrschen eher kleine Anbieter den Markt.

Resümee: Die Logik kapitalistischen Wirtschaftens bringt im Gesundheitswesen mehrere negative Erscheinungen mit sich. Erstens sind Vorsorgemaßnahmen, wie schon angemerkt, aufs Äußerste beschränkt, wie sich bei der Covid-19-Pandemie auf verhängnisvolle Weise gezeigt hat. Denn Anschaffungen für außerordentliche Situationen in der Zukunft, um für Krisen gewappnet zu sein, sind nach jener Logik so weit wie möglich zu vermeiden; sie wären totes Kapital. Die Lagerhaltung würde sogar einen Wertverlust verursachen. Zweitens zwingt der Wettbewerb wie in anderen Wirtschaftszweigen zur Vergrößerung der Unternehmen, teils durch Fusionen, um auf dem Markt »die Nase vorne zu haben«. An dieser Stelle ist eine Anmerkung zu den Besonderheiten des Gesundheitsmarkts angebracht, der erst durch die Vergütung nach Fallpauschalen ermöglicht worden ist. Eine Erhöhung der Rendite und Ausweitung des Marktes sind hier mehr noch als in anderen Wirtschaftszweigen nur möglich, indem man eine Nachfrage schafft, zum Beispiel die Nachfrage nach hoch vergüteten Hüftgelenk- oder Knieprothesen. Die technischen Innovationen, um der Konkurrenz gewachsen zu sein, bedingen einen hohen Kapitalbedarf, was ein gutes Rating auf dem Finanzmarkt verlangt. Eine der Folgen von Konzentration und Zentralisation ist *die Tendenz zur Gerätemedizin* mit möglichst hoher Auslastung der Apparate, in Deutschland oft ein Problem für die privat Versicherten, die sich einträglicher Operationen kaum erwehren können. Drittens müssen Klinikkonzerne die Erwartungen der Anteilseigner befriedigen, was Strategien zur Kosteneinsparung verlangt, die primär das Personal und damit die Versorgung von Patienten treffen, nicht unbedingt *der* Patienten, sondern vielfach die der schlechter versicherten. Konsequenzen sind zum Teil eine rationalisierte Patientenbetreuung, weniger Zuwendung, oft auch weniger ärztliche Betreuung (Engartner 2016, 195f.).

Attraktiv für Anleger sind Gesundheitseinrichtungen deshalb, weil sie wie alle Privatisierungsprojekte gesicherte Einnahmen versprechen. Die Begehrlichkeit der Anleger ist dabei nicht geringer als anderswo. Als Fresenius/Helios 2014 von der Rhön AG 40 Kliniken und 13 MVZ übernahm, sollten vom Kaufpreis fast zwei Drittel an die Anteilseigner weitergereicht werden. Ein Kommentator meinte zu Recht, dass damit das Geld »dem Gesundheitswesen entzogen wird« (jW, 24.2.2014) – also Enteignung im wahrsten Sinn des Wortes.

Wohnraum und Stadtraum

»Wem gehört die Stadt?« – das war die trotzige, herausfordernde Frage, mit der sich eine breite Bürgerinitiative in Köln ab 2011 gegen den Bau einer Shopping-Mall wehrte.[65] Die Frage ist heute mehr denn je in allen großen Städten zu stellen. Sicher, nie waren die Städte seit der Industriellen Revolution die Städte des Proletariats oder der »kleinen Leute«. Das Paris von Honoré de Balzac,

65 Der Dokumentarfilm über den Widerstand der Bürger*innen trägt den Titel »Wem gehört die Stadt? – Bürger in Bewegung«.

das London von Charles Dickens oder das Berlin von Hans Fallada waren ein Abbild der Klassengesellschaft, wenn auch in Deutschland etwas weniger aufgespalten in bürgerliche und proletarische Quartiere, die Armen seltener abgedrängt in Elendsviertel. Aber die gesellschaftlichen Trennungslinien bestimmten überall das Stadtbild. In den neu entstandenen Industrierevieren, soweit dort eine städtische Identität entstand, mögen die Arbeiter*innen das Gefühl gehabt haben, sie seien die Herren im Revier, bis in Zeiten sozialer Unruhen die Obrigkeit nervös wurde und die Polizei ausrücken ließ. Am ehesten dürften die Arbeiter*innen noch die großen Städte nach 1918 als ihre Städte betrachtet haben, als nach den revolutionären Kämpfen die Arbeiterbewegung gestärkt war. Sie entwickelte nicht nur ihre eigene Kultur. Unter sozialdemokratischen Stadtregierungen entstanden neue, für die damalige Zeit gut ausgestattete Viertel für Arbeiterhaushalte. Aber eine Segmentierung des Wohnungsmarkts war immer gegeben, außer in der DDR.

Warum also heute die polemische Frage stellen »Wem gehört die Stadt?« Was ist neu an der Situation? Früher konnten die »kleinen Leute« zumindest das Quartier, in dem sie oft über Generationen wohnten, als ihr Viertel betrachten. Am Ende der unmittelbaren Nachkriegsjahrzehnte schmolzen jedoch in Westdeutschland (später auch in den westlichen Nachbarländern) nicht nur die »sozial-moralischen Milieus« weg, wie der Soziologe Ulrich Beck 1986 registrierte, sondern es wuchs auch die Unsicherheit. Ausgelöst wurde dieser Prozess durch ökonomische Umwälzungen, durch »Zwänge und Chancen zur Mobilität, Ausdehnung von Konkurrenzbeziehungen usw.« (Beck 1986, 137). Starke Anstöße für die Veränderung der Stadtlandschaften gingen von der Globalisierung von Produktion und Handel aus, teilweise mit der Folge der De-Industrialisierung, überall aber mit der Konsequenz des Standortwettbewerbs. Die Kommunalpolitik reagierte darauf gemäß den Vorgaben der neoliberalen Agenda (Heinz 2015) und unter den Zwängen, die die kapitalistische Transformation mit sich brachte (Abwanderung von Betrieben, Arbeitsplatzverluste, verstärkte Mobilität, auch Migration).

Die neue Wohnungsfrage

Schon Anfang der 1970er Jahre hatte ein *Umschwung in der Wohnungspolitik* stattgefunden. Da der Markt für bezahlbaren Wohnraum nach zwanzig Jahren reger Bautätigkeit gesättigt schien, wurde die Förderung des gemeinnützigen Wohnungsbaus in Frage gestellt. In den 1950er und 60er Jahren waren Millionen von Wohnungen, später noch große Siedlungen auf der grünen Wiese wie Köln-Chorweiler oder München-Neuperlach, errichtet worden.[66] 1989 wurde das Wohnungsgemeinnützigkeitsgesetz aufgehoben, was auch der ideologischen Rückbesinnung auf die reine marktwirtschaftliche Lehre entsprach. Damit war der gemeinnützigen Wohnungswirtschaft die Geschäftsgrundlage entzogen, eine sozial orientierte Wohnungspolitik aufgekündigt. Der Schwund von Wohnungen mit Mietpreisbindung setzte ein. Jährlich fallen ganze Quartiere aus der Sozialbindung.[67] Die politisch gewollte Richtung der Entwicklung wurde mit dem *Wohnraumförderungsgesetz von 2002* verdeutlicht, wonach Wohnraum vorrangig durch Eigentumsbildung geschaffen werden soll.

Die Abschaffung des gemeinnützigen Wohnungsbaus hat man mit der Einführung des Wohngelds und der Erstattung der Wohnkosten für Empfänger*innen von Sozialhilfe oder Arbeitslosengeld II zu kompensieren versucht, mit individuellen Leistungen für die Marktteilnehmer also, um die Leistungsfähigkeit des Marktes nicht in Frage stellen zu müssen. Außerdem musste der Interessenkonflikt zwischen zwei Kapitalfraktionen, der Immobilienbranche und den großen Arbeitgebern, entschärft werden. Erstere sind an hohen Mieten interessiert, die für letztere höhere Lohnforderungen befürchten lassen.

Die Imperative der neoliberalen Agenda haben, einander verstärkend, bewirkt, dass der Wohnungsmarkt in ganz Europa außer Kon-

66 Beide wurden von dem gewerkschaftseigenen Unternehmen Neue Heimat gebaut, das später abgewickelt wurde.

67 Bei Rückzahlung öffentlicher Baudarlehen werden Immobilienbesitzer von der ohnehin verkürzten Mietpreisbindung befreit.

trolle geraten ist, genauer: politisch außer Kontrolle ist. Zu nennen sind: die Liberalisierung und damit Globalisierung der Märkte, die Deregulierung der Finanzmärkte mit ihren Folgen, den Schattenbanken und »innovativen« Finanzprodukten, die Finanzialisierung der sozialen Vorsorge und die Doktrin vom »schlanken Staat« und damit der Austerität, die Staaten und Kommunen zum Verkauf von eigenen Wohnungsbeständen verleitet hat.

Die Abwertung der umlagefinanzierten Rente durch Rentenkürzungen hat zur Zunahme der kapitalgedeckten Altersvorsorge geführt. Für die damit anschwellenden *Pensionsfonds* bietet sich auf der Suche nach rentablen und sicheren Anlagemöglichkeiten der Immobilienmarkt an – ein zusätzlicher Grund für Mietsteigerungen (Nuss 2019).[68]

In touristisch attraktiven Städten kommt dazu, dass die Preise durch Airbnb-Buchungen mancherorts um bis zu 30 Prozent in die Höhe getrieben werden,[69] weil die Wohnungsknappheit verschärft wird, wenn Touristen massenhaft Wohnungen buchen können, weil das für die Eigentümer weit lukrativer ist. Es kommt also zu einer extremen *Marktverzerrung durch einen globalen Online-Marktplatz.*

Eine Folge der Globalisierung sind auch *die Global Cities*, in denen sich die Konzernzentralen der transnationalen Unternehmen und die Finanzdienstleister mit ihrem zahlungskräftigen Personal angesiedelt haben. Dies lässt nicht nur die Mieten für vorhandene Wohnungen steigen, sondern veranlasst die Immobilienbranche zu Investitionen im höheren Preissegment. Auch *die Tendenz zur Gentrifizierung* früher bescheidener, eher vernachlässigter Altstadtviertel, häufig Szeneviertel mit einem gewissen Charme, aber billigen Mieten, erklärt sich dadurch. Bezahlbarer Wohnraum für die breite Masse wird damit noch mehr verknappt. Für Berlin veranschlagt Sa-

68 Die unter Angehörigen des Mittelstands übliche individuelle Altersvorsorge durch Immobilienerwerb, häufig Eigentumswohnungen, führt nach Sabine Nuss (2019) zusätzlich zu einer Spaltung der Gesellschaft.

69 So Francesca Bria (Rom) in einem Gespräch mit Richard Sennet und Andrej Holm, in: Blätter, 12/2018, S. 96.

bine Nuss einen Fehlbestand von 120.000 Wohnungen für armutsgefährdete Haushalte (2019, 116).

Die Stadtentwicklung wurde durch *eine »immense Steigerung der innerstädtischen Bodenwerte«* bestimmt (Heinz 2015, 93). Die Wohnnutzung in City-Lagen wurde zugunsten profitablerer Funktionen zurückgedrängt, was wiederum den Wert der Grundstücke in die Höhe trieb. Große Wohnungsbestände wurden abgerissen (ebd.). Die Dienstleistungs- und Verwaltungskomplexe brachten einen Wohnungsbedarf für zahlungskräftige Mieter und Käufer mit sich. Die Kommunen beförderten die Entwicklung mit baurechtlichen Liberalisierungen und durch den Mitteleinsatz für die Veredelung mancher Quartiere (ebd., 94). Priorität hatten nach Heinz schon früh »Büro- und Gewerbebauten mit hoher Flächenintensität und -produktivität« sowie »Investitionen in das obere Segment eines zunehmend gespaltenen Wohnungsmarkts« (94). Gut ausgestattete Wohnungen in gesuchten städtischen Lagen wurden »zu einem begehrten Kapital-Anlagefeld« (95). Das Marktsegment für die breiten Schichten ist dagegen zunehmend geschrumpft, was unter anderem an dem hohen Anteil von Haushalten deutlich wird, die trotz Wohnberechtigungsschein vergebens eine Wohnung suchen (98).

Mit verstärkter wirtschaftlicher Globalisierung wurden die urbanen Zentren in einen Wettbewerb um internationale Wirtschaftsbeziehungen gedrängt, was die Prioritätensetzung bei der Stadtentwicklung beeinflusste. Dem Bau von Bürokomplexen wurde viel Platz eingeräumt, Flughäfen, Häfen und Logistikzentren wurden ausgebaut (Heinz 2015, 100ff.). Gute Verkehrsanbindung und »kommunale Attraktivität« durch kulturelle Einrichtungen, Sportarenen, Events wurden bestimmende Ziele (111) und *Leitbilder der »Standortprofilierung«* (132). Um gehobene Einkommensgruppen als Steuerzahlende zurückzugewinnen, wurden die Innenstädte gezielt aufgewertet (126; Rink u.a. 2015, 71). Die Mietsteigerungen, die nicht auf gehobene Wohnstandards beschränkt blieben, gingen mit stagnierenden bis sinkenden Durchschnittseinkommen einher, was die Wohnungsnot verschärfte.

In diesem politökonomischen Kontext wird das Engagement des Anlage suchenden Kapitals auf dem Wohnungsmarkt verständlich. Knappheit eines Guts ist optimal für Geschäfte, zumal wenn es unentbehrlich ist.[70] Verständlich wird damit auch, dass die Investoren sich auf die urbanen Zentren konzentrieren, die einen permanenten Zuzug verzeichnen, und generell auf die sog. Schwarmstädte mit geringem Leerstand (Rügemer 2019). Häufiger Mieterwechsel in solchen Städten erleichtert zudem massive Mieterhöhungen (34). Das erklärt Werbespots an die Adresse der Anleger wie »Bonn – Angespannter Markt lässt Angebotsmieten weiter steigen« (zit. nach Rügemer 2019).

Der Mietwohnungsmarkt wird zwar nicht in dem Maß von den Wohnungskonzernen beherrscht, wie es gelegentlich suggeriert wird. Bundesweit wird der überwiegende Teil der Mietwohnungen von Einzelpersonen oder Eigentümergemeinschaften vermietet. Sprengkraft hat aber *die Monopolisierung des Marktes in Städten wie Berlin*, wo 250.000 Wohnungen in der Hand von Konzernen sind. Damit hat sich die bisher geschilderte soziale Situation ungemein verschärft.

Zur Übernahme durch finanzstarke Investoren kam es durch den *Verkauf großer Wohnungsbestände seitens des Bundes, der Länder und Kommunen*. So wurden Mitte der 1990er Jahre im Zuge der Bahnreform alle Eisenbahnerwohnungen verkauft, damals (1994) 112.000 Wohnungen, die der ehemaligen Reichsbahn nicht mitgerechnet (Wolf 2019, 59). Außerdem verkaufte die Bundesregierung 82.000 Wohnungen der Wohnungsgesellschaft der Bundesanstalt für Angestellte und 145.000 Wohnungen der Bundesversicherungsanstalt. In Berlin wurde 2004 die Gemeinnützige Siedlungs- und

70 An dieser Stelle ist auch an das Förderprogramm Stadtumbau Ost zu erinnern, in dessen Rahmen hunderttausende Wohnungen in den neuen Bundesländern durch Abriss vernichtet wurden – auch eine Art des Marktimpulses. Die »Wohnungsmarktkonsolidierung« wurde dabei auf Kosten der Plattenbausiedlungen vollzogen, nach dem Motto, wenn schon Abriss, dann dort. Diese Siedlungen dienten beim Stadtumbau als »Spenderstadtteile«, womit vor allem bezahlbarer Wohnraum verloren ging (Bernt 2006, 497).

Wohnungsbaugesellschaft (GSW) mit 61.000 Wohnungen privatisiert. In Nordrhein-Westfalen gab die Regierung 2006 mit der Privatisierung der Landesentwicklungsgesellschaft (LEG) annähernd 100.000 Wohnungen aus der Hand.[71] Dagegen war der Verkauf von 21.000 Wohnungen durch die Regierung von Baden-Württemberg 2012 dem Umfang nach eher bescheiden, ebenso der Verkauf von 33.000 Wohnungen durch die Bayerische Landesbank bzw. die Bayerische Staatsregierung 2013. Die Verkäufe von Werkswohnungen (ThyssenKrupp 48.000, E.ON 152.000) und kommunaler Wohnungen (Dresden 48.000) haben das Angebot für private Investoren ergänzt.

Rechtlich wurde deren Einstieg in den deutschen Wohnungsmarkt 1998/99 mit der *Freigabe des Anlagemarkts für internationale Immobilien-Investments* ermöglicht. Bis 2007 waren 580.000 öffentliche Wohnungen privatisiert (Neef 2019, 52). »Seit 1999 haben große private deutsche Unternehmen und globale Investoren von der öffentlichen Hand 644.000 einstmals preisgünstige Mietwohnungen übernommen, und weitere 170.000 erworben« (54).

Die bedeutsamsten sind die Vonovia SE und Deutsche Wohnen SE, beide *international operierende Immobilienkonzerne.*[72] Der Vonovia SE gehören 355.000 Wohnungen in Deutschland, vor allem in den größeren Städten. Der heutige Bestand geht zum Teil auf den Erwerb von Wohnungen durch verschiedene Private Equity Fonds zurück (Rügemer 2018, 44). Größter Aktionär ist inzwischen die US-basierte Schattenbank BlackRock, gefolgt von dem norwegischen Staatsfonds Norges (ebd.). Die Deutsche Wohnen SE, wie Vonovia ein börsennotiertes Unternehmen, besitzt etwa 163.000 Wohnungen, davon 111.000 in Berlin, und 2.600 Gewerbeimmobilien (Stand: 2020). Die Eigentümer der früheren

---

71 2013 waren ca. 320.000 Wohneinheiten in NRW unter der Kontrolle von Finanzinvestoren (Kofner 2013, 8).

72 SE steht für Societas Europaea, umgangssprachlich Europäische Aktiengesellschaft genannt. Der Vorzug dieser EU-spezifischen Rechtsform gegenüber der deutschen Aktiengesellschaft ist arbeitsrechtlicher Art.

Landesentwicklungsgesellschaft NRW heißen BlackRock, Massachusetts Financial, Deutsche Bank, AXA Versicherungen und die französische BNP Paribas (Rügemer 2018, 45). »Vielfach treffen die Spekulanten ihre Entscheidungen aus tausenden Kilometern Entfernung«, so die Bürgermeisterin von Barcelona, Ada Colau, und der Bürgermeister von London, Sadiq Khan, 2018 (Blätter 8/2018, 49).

Die Wohnungskonzerne arbeiten alle mit dem Kapital von Banken, Versicherungen, Pensionsfonds, Hedgefonds und *Schattenbanken wie BlackRock*, dem größten und mächtigsten Kapitalorganisator der Welt (dazu Rügemer 2018 u. 2019). BlackRock hält Anteile an den fünf größten Wohnungskonzernen in Deutschland. Das sind nach Umfang der Wohnungsbestände in Deutschland: Vonovia, Deutsche Wohnen, Grand City Properties, LEG und die Treuhand TAG (Rügemer 2019). Gewinne werden nicht nur durch die Mieteinnahmen erzielt,[73] sondern durch Beteiligung der Mieter an Modernisierungskosten, also der Aufwertung des Bestands, durch hoch veranschlagte Nebenkosten, durch die Umwandlung von Miet- in Eigentumswohnungen und nicht zuletzt durch Weiterverkauf ganzer Bestände. Die Investitionen sind auf schnellen Gewinn angelegt. Priorität hat daher die *Kostenoptimierung auf Kosten der Substanz.* Die Bestandserhaltung wird vernachlässigt (für NRW Kofner 2013 u. Schneckenburger 2013). Dazu trägt auch das Outsourcing von Planung und Verwaltung bei (ebd.).

Man kann sich ausrechnen, welche Mietsteigerungen für die erwartete Rendite erforderlich sind, wenn man liest, dass Vonovia die Dividende für die Aktionäre zwischen 2013 und 2019 fast jährlich angehoben hat, 2019 um neun Prozent gegenüber dem Vorjahr (finanzen.net[1]). Der Konzerngewinn von Deutsche Wohnen lag im Geschäftsjahr 2018 bei 1,86 Mrd. Euro und damit 5,6 Prozent über dem Ergebnis des Vorjahres (finanzen.net[2]). 2019 konnte das Unter-

73 Für Mieten in Neubauten errechnet Andrej Holm eine durchschnittliche Eigenkapitalverzinsung von über 20 Prozent (Holm, in: Lunapark21 extra 20/21, 40).

nehmen das Ergebnis vor Steuern um knapp 30 Prozent steigern (jW, 26.3.2020).

Mieterhöhungen bei Neuvermietungen sind zum Regelfall geworden. Der Autor von Fallstudien an Wohnungsbeständen von Real Estate Private Equity Fonds hat *»überdurchschnittliche Mietsteigerungen«* registriert (Kofner 2013, 18). Auf dem Berliner Wohnungsmarkt wurde eine Mietpreissteigerung von 150 Prozent innerhalb von zehn Jahren errechnet. Die niedrigen Kapitalmarktzinsen der letzten Jahre haben für die Wohnungsunternehmen die Kosten der Fremdfinanzierung gesenkt und damit die Bewertung der Wohnungsbestände und die Unternehmenswerte positiv beeinflusst.

Mieten, die 30 und zum Teil bis zu 60 Prozent des Nettoeinkommens verschlingen, führen zur *Verdrängung von Teilen der städtischen Bevölkerung* (Neef 2019, 55). Viele sehen sich gezwungen, in Randbezirke oder ins Umland umzuziehen, was auch dort den Wohnungsmarkt in Bewegung bringt und zu Mietsteigerungen führt. Und diejenigen, die wegen ihres Berufs oder ihrer Ausbildung eine Wohnung in der Stadt bräuchten, darunter Angehörige wichtiger Dienstleistungsberufe, suchen vergeblich.[74] In einer Studie über den Berliner Immobilienmarkt wird sogar festgestellt: »Kaufpreise und Mieten für Wohnimmobilien sind in Berlin in den letzten Jahren geradezu explodiert. Alteingesessene Mieter*innen werden rabiat verdrängt, Staatsbedienstete können sich keine Wohnung in der Innenstadt mehr leisten« (Trautvetter/Henn 2020, 6). Auch die Bedrohung durch Obdachlosigkeit ist gewachsen. Wer familiäre oder berufliche Probleme bekommen hat, rutscht schneller in die Obdachlosigkeit als früher.

Diese Entwicklung durch den Bau kommunaler Wohnsiedlungen im großen Maßstab zu korrigieren, ist kaum noch möglich; denn die

---

74 Um zu zeigen, dass diese Fehlentwicklung weltweit zu verzeichnen ist, eine Stimme aus San Francisco: »Wer in der Krankenpflege, als Lehrer oder in einer Fabrik arbeitet, kann sich das (Wohnen, G. A.) nicht mehr leisten.« Diese Menschen würden aus der Stadt verdrängt und müssten pendeln (SZ, 18.2.2014, 18).

Bodenpreise in vielen Städten sind derart explodiert, dass die öffentlichen Haushalte überfordert sind. Diese Lage könnte gezielt durch die Erhebung einer Bodengewinnsteuer behoben werden. Dazu hat man sich aber trotz mehrfacher Appelle nicht entschließen können.[75] Dabei wäre es mehr als gerecht, dass »die Bodenrente jener Öffentlichkeit zugutekommt, die den Wert des Bodens überhaupt erst geschaffen hat« (Barth/Richters/Simoneit 2018, 18). Denn nur der von der Masse der Steuerzahlenden finanzierten Infrastruktur, letztlich gesellschaftlicher Arbeit, ist die jeweilige Wertsteigerung zu verdanken.

Kurz, die Wohnungsnot in der Bundesrepublik ist alarmierend, wenn sie auch schwerpunktmäßig die urbanen Zonen betrifft. Dort ist für Durchschnittsbürger bezahlbarer Wohnraum kaum noch zu finden. Kein Wunder, dass im Jahr 2018 rund 678.000 Menschen in Deutschland wohnungslos gemeldet waren. Darunter sind etwa 41.000 Menschen, die ohne jegliche Unterkunft auf der Straße lebten.[76] Ihnen ist das Menschenrecht auf ein Obdach genommen worden. 2017 waren mehr als 60.000 Haushalte von *Zwangsräumungen* betroffen (jW, 26.3.2020). Viele Zwangsräumungen sind nach den Maßstäben des UN-Sozialpakts illegitim, zumindest fragwürdig. Öffentliche Aufmerksamkeit finden sie nur, wenn sich Protest dagegen formiert wie des Öfteren in Berlin-Kreuzberg oder in Spanien, wo es nach der Hypothekenkrise massenhaft zu Zwangsräumungen kam.

Etwas überspitzt kann man sagen: *Die Stadt gehört den institutionellen Anlegern.* Nach Heinz sind sie mit ihren Interessen zur treibenden Kraft der Stadtentwicklung geworden (2015, 161). Die Autorin einer Studie über die Folgen des Verkaufs kommunaler Wohnungsunternehmen an internationale Investoren stellt fest:

75 Nicht nur der Münchner Oberbürgermeister Vogel (SPD), sondern sogar Franz Josef Strauß (CSU) forderte in den 1970er Jahren eine Bodengewinnsteuer (zit. nach Seidenspinner, in: Blätter, 10/2019, S. 35).

76 Die Schätzung veröffentlichte die Bundesarbeitsgemeinschaft Wohnungslosenhilfe (tagesschau.de).

»Durch den Verkauf erlitten alle Kommunen einen Verlust ihres direkten Einflusses auf Entwicklungsprozesse auf dem Wohnungsmarkt« (Kaufmann 2013, 50). Die Dependance des Investors sei als »Teil eines international operierenden finanzwirtschaftlich orientierten Verwertungsnetzwerks« (48) kein geeigneter Ansprechpartner für die kommunale Politik.

Der Markt ist unfähig, die Verteilung eines Gutes zu organisieren, das von Natur aus knapp und beschränkt ist. Da der Erweiterung der bebaubaren Fläche Grenzen gesetzt sind, sind dem Preisanstieg keine Grenzen gesetzt, zumal wenn das Preisniveau durch den großen Immobilienbesitz mächtiger Konzerne beeinflusst wird. Opfer von Miethaien sind auch Opfer des Widerspruchs zwischen dem Profitinteresse der Immobilienbranche und der Rentiers und dem Profitinteresse der Unternehmen im Produktions- und Dienstleistungssektor. Diese haben Interesse an einem bescheidenen Lohnniveau, jene wollen profitable Mieteinnahmen, so dass ein viel zu hoher Lohnanteil auf die Miete entfällt.[77]

Bliebe noch anzumerken, dass die Wohnungskonzerne die Kunst der Steuervermeidung perfekt beherrschen, unter anderem indem sie beim Kauf von Objekten durch Anteilskauf (Share Deal) die Grunderwerbssteuer sparen.[78] Außerdem umgehen die Aktionäre die Besteuerung der Dividenden, indem sie einen Sitz im Ausland anmelden. In einer Studie zur Transparenz des Berliner Immobilienmarkts konnte für 135 von über 400 Gesellschaften in den verfügbaren Registern keine natürliche Person als Eigentümer identifiziert werden, was gegen die gesetzliche Verpflichtung zur

77 Dass das neoliberale System auch einen Interessengegensatz zwischen jenen Bürger*innen schafft, die als Mieter Mietsteigerungen fürchten, und den Bürger*innen, die zur Sicherung ihres Lebensstandards im Alter Immobilien oder Anteile an einem Finanzfonds erworben haben, auf deren Rentabilität sie setzen, wurde schon erwähnt. – Ein Nebenwiderspruch, der aber kaum in sozialen Kämpfen produktiv zu nutzen ist.

78 Die Bundesregierung ist von ihrem Vorhaben, Share Deals nicht mehr steuerrechtlich zu begünstigen, nach massiv vorgebrachter Kritik und einer Anhörung am 14. Oktober 2019 abgerückt.

Transparenz verstößt. Die Firmennetzwerke sind teilweise undurchschaubar (Trautvetter/Henn 2020, 7).

Die Praktiken der Steuervermeidung und Steuerflucht beinhalten die doppelte Enteignung der Allgemeinheit. Denn sie bedingen die Armut der öffentlichen Hand, was zu weiteren Privatisierungen verleitet. Die Stadt gehört den Bewohnern aber umso weniger, wenn die von ihnen gewählten Vertreter*innen aufgrund der Privatisierung nur noch bedingt über die Organisation der Daseinsvorsorge entscheiden können.

Die Privatisierung des öffentlichen Raums

Mit der Privatisierung des öffentlichen Raums oder öffentlicher Räume werden erstens politische Mitwirkungsrechte eingeschränkt, wenn die Eigentümer das Hausrecht für sich beanspruchen. Zweitens nehmen solche Räume damit exklusiven Charakter an, was mit der Kontrolle durch private Sicherheitsdienste durchgesetzt wird. Damit stellt sich verschärft die Frage »Wem gehört die Stadt«?

In einer juristischen Abhandlung wird festgestellt: »(Private) Einkaufszentren treten neben traditionelle (öffentlich gewidmete) Einkaufsstraßen oder ersetzen diese, nehmen als *Urban Entertainment Center* sämtliche Funktionen eines Innenstadtbezirks in sich auf. Private Wohn-, Arbeits- und Einkaufskomplexe bilden ganze Stadtviertel nach. Öffentliche Straßen und Plätze von Neubaugebieten werden mancherorts vollständig in privater Hand belassen. Hinzu kam in den letzten Jahren die Forderung, innerstädtische öffentliche Straßen und Wege privaten Anliegern mittels zivilrechtlicher Überlassungsverträge zu übergeben und deren Hausrecht zu unterstellen (Straßenpachtmodell). Diese Entwicklung lässt sich zusammenfassend als Privatisierung öffentlichen Raumes bezeichnen« (Joite 2011, 101).

Was ist öffentlicher Raum? Als vorläufige Definition kann gelten: Das ist der für den allgemeinen Publikumsverkehr offene Raum. In juristischer Betrachtungsweise ist es oder war es der Raum, der nicht dem Hausrecht privater Eigentümer oder Besitzer unterliegt. Wir werden sehen, dass diese Definition in ihrer Ausschließlichkeit nicht mehr gilt. Für uns, die Nutzer*innen städtischer Räume, besteht der öffentliche Raum ohnehin einfach aus Straßen, Plätzen, Parks. Auch Bahnhöfe, U-Bahnhöfe, Bahnen und Busse nehmen die meisten als öffentlich war, auch wenn die jeweilige Betreibergesellschaft dort ihr Hausrecht ausübt. Die Deutsche Bahn AG hat zum Beispiel für Bahnhöfe eine Hausordnung erlassen, deren Einhaltung sie überwachen lässt.

In der sozialwissenschaftlichen Betrachtung rücken Nutzer und Nutzerkonflikte ins Blickfeld, zum Beispiel zwischen Auto- und Radfahrern auf den Straßen oder zwischen Streetballspielern und ruhesuchenden Spaziergängern – ein Fall für Konfliktmanager*innen, die den öffentlichen Raum als »Verhandlungsraum« sehen. Die Verdrängung durch den Autoverkehr, den ruhenden Verkehr eingeschlossen, lässt sich jedoch nicht durch Verhandlungen lösen. Unabhängig von Rechtsfragen hat sich daraus eine unübersehbare Beschränkung des öffentlichen Raums als eines Kommunikationsraums und eines politischen und kulturellen Forums ergeben. Aber noch wird der Rest an öffentlichem Raum dank der bürgerlichen Grundrechte regelmäßig zum Austragungsort politischer Konflikte. Als Versammlungsraum ist er auch Diskursraum. Straßennamen und Denkmäler vermitteln politische Botschaften. Sie setzen unmissverständliche Zeichen, wer die politische und kulturelle Hegemonie hat. Kulturell dient der öffentliche Raum ebenso der Repräsentation wie er gegenkulturelle Aktionen provoziert und ermöglicht, Graffiti oder allgemeiner Street Art, Straßentheater und -musik. Für jugendkulturelle Szenen bildete der öffentliche Raum früher die notwendige Spielstätte, wie Jugendstudien zeigen.[79]

Mit der *Zunahme von öffentlichem Raum in privatem Eigentum* ergibt sich ein grundsätzlicher Konflikt zwischen Grundrechten und dem Hausrecht der Eigentümer. Dazu zählen auch Unternehmen, bei denen der Staat Anteilseigner ist, die aber in privatrechtliche Form

79 Bis zum großen Verkehrsaufkommen waren Straßen und Plätze auch Spielfeld für Kindergruppen. Siehe z. B. Muchow/Muchow 1935.

überführt worden sind. Somit wird unterschiedslos in Einkaufszentren, Parkhäusern, Tiefgaragen, auf Privatstraßen, aber auch in Bahnhöfen und Flughäfen das Hausrecht geltend gemacht.

Geht es um *das Grundrecht der Versammlungsfreiheit*, dann ist der Anspruch der Eigentümer auf ihr Hausrecht zumindest umstritten, wie der Jurist Joite (2011) am Fraport-Urteil beispielhaft aufzeigt. Anlass für den Rechtsstreit war eine Protestveranstaltung im Flughafen gegen die Abschiebung von Geflüchteten gewesen. Die Fraport-Verwaltung erteilte den Aktivist*innen Hausverbot. Deren Verfassungsbeschwerde sah das Bundesverfassungsgericht jedoch als begründet an. Es erweiterte mit dem Urteil den Schutzbereich für Versammlungen auf Orte, die die gleichen Funktionen erfüllen wie öffentliche Plätze, »also auch zum öffentlichen Verkehr eröffnet seien und der allgemeinen Kommunikation dienten« (103). Der Verfasser meint, dass sich Hausordnungen mit einem Versammlungsverbot prinzipiell verbieten, wenn Räume den Charakter eines »öffentlichen Forums« aufweisen. Zugleich ist er sich darüber im Klaren, dass dieses Feld »sehr breite Wertungsspielräume lässt und zu Kontroversen einlädt« (106). »Durch die Zunahme öffentlichen Raumes in privatem Eigentum ist die Gefahr einer Kollision von Eigentumsrechten und Versammlungsfreiheit gewachsen« (ebd.).

Man darf also gespannt sein, wie Gerichte entscheiden, wenn Aktivisten beispielsweise in einem Einkaufszentrum Flugblätter verteilen, auf denen sie ein Modegeschäft wegen der Verletzung von Menschenrechten in asiatischen Zulieferbetrieben anklagen. Oder wenn eine Gruppe in einer Ladenpassage mit einer Sitzblockade gegen die Diskriminierung von Schwarzen in einem Laden protestieren würde. Zumindest müssten sie mit dem Eingreifen eines Sicherheitsdienstes rechnen, die normalerweise nicht zimperlich in ihrem Vorgehen sind. Es fragt sich also, ob die grundgesetzlich garantierte Versammlungsfreiheit im privatisierten öffentlichen Raum nur noch auf dem Papier gilt. Vor dem Fraport-Urteil hielt der Geograph Glasze 2001 einfach nur fest: »Politische Betätigung wie Verteilung von Informationsmaterial, Unterschriftensammlungen oder Demonstrationen sind in den Centern i. d. R. nicht gestattet« (165). Er führt ein Beispiel aus Berlin an, wo Gewerkschaftern 1999 das Verteilen von Flugblättern in einem Einkaufszentrum untersagt wurde, und ein Beispiel aus Erfurt, wo Gewerkschaftsmitgliedern im Streit um Ladenöffnungszeiten Hausverbot erteilt wurde, durchgesetzt mit Hilfe eines privaten Sicherheitsdienstes (166).

Neben der Versammlungsfreiheit bedroht die Privatisierung öffentlichen Raums auch *die Bewegungsfreiheit gemäß Artikel 2 GG und das Gleichheitsprinzip*. Da nämlich die Eigentümer von Einkaufszentren und Shopping-Malls wie auch die Pächter in Ladenpassagen auf ein geschäftsfreundliches Klima Wert legen, werden marginalisierte Gruppen ausgeschlossen und vertrieben (Brunst 2004). Galerien, Passagen, Malls mit Edelboutiquen sind auf Exklusivität ausgelegt. »In diesen als ›Erlebnisraum‹ inszenierten öffentlichen Räumen stellen private Sicherheitskräfte die dazugehörige Dienstleistungsperipherie« (Eick 1998, 98).

Aus der Zunahme von Einkaufszentren – allein zwischen 1990 und 2000 verdreifachte sich die Zahl der Standorte (Glasze 2001, 164) – und der Zunahme der Banken, Versicherungen und Schaltzentralen von Konzernen im Zuge des Stadtumbaus zur Standortprofilierung erklärt sich *die Konjunktur der Sicherheitsdienste*. Das Sicherheitsbedürfnis jener Institutionen wird zugleich verstärkt durch die allgemeinen gesellschaftlichen Verwerfungstendenzen. Die Deregulierung des Arbeitsmarkts, der Leistungsdruck, die Individualisierung in Konkurrenzbeziehungen, die soziale Marginalisierung bilden den Nährboden für abweichendes Verhalten, biographische Brüche, Alkoholismus und anderen Drogenkonsum. Das verstärkt den Ruf nach Sicherheitspolitik, den die Zunahme der (sichtbaren) Obdachlosigkeit im städtischen Raum von Zeit zu Zeit noch lauter werden lässt.

Der Sicherheitsmarkt hat einen Boom erlebt. Zwar gab es bereits um 1990 rund 700 Sicherheitsdienste. Aber Ende der 1990er Jahre waren es bundesweit schon ca. 1.500 mit etwa 250.000 Beschäftigten (Eick 1998, 102). Und 2019 waren es 6.500 mit 263.344 Beschäftigten und einem Jahresumsatz von 8,76 Mrd. Euro (statista.com[2]). Früher hatten sich Banken und andere Unternehmen mit der Sicherung der Gebäude und Betriebsgelände durch die Wach- und Schließgesellschaft oder durch den Werkschutz begnügt, die es spätestens seit Ende des 19. Jahrhunderts gab. Aber: »Die Privatisierung von Stadt und städtischer Gesellschaft zieht Privatisierung von Sicherheit nach sich und findet im privatwirtschaftlichen Kontrollanspruch öffentlicher Räume auch ihren privaträumlichen Niederschlag« (Eick 1998, 98). Es ist ein Sicherheitsmarkt entstanden, der seine eigene Dynamik entwickelt hat. »Es liegt im ökonomischen Interesse der Branche, öffentlichen zu privatem Raum zu definieren, ihn also dem Hausrecht zugänglich zu machen« (103).

Sicherheitsdienste treten zum Beispiel oft schon in Aktion, wenn Menschen, die keinen Umsatz versprechen, in einer Ladenpassage längere Zeit auf einer Bank Platz nehmen. Auf Bitten von Geschäftsinhabern werden Musiker*innen vom Platz verwiesen, wenn befürchtet wird, deren Auftreten könnte die Kundschaft verscheuchen. In solchen Fällen zeigt sich *die Dominanz wirtschaftlicher Privatinteressen*, aber auch der Konflikt mit dem wirtschaftspolitischen Interesse der Kommune. Der Stadtraum soll clean, konfliktfrei sein, um für Konsumenten attraktiv zu sein und für Geschäfte ein sicherer Platz, kurz, gut fürs Geschäft. Jedoch soll die Stadt auch trendy und bunt erscheinen. Deshalb sind die Reaktionen der Administration auf Street Art, Straßenmusik und dergleichen heute widersprüchlich. Man duldet so etwas, sieht es oft sogar gern und fördert es. Die einstige Gegenkultur konnte ihre Einvernahme nicht verhindern, soweit es sich nicht um »politisch anstößige« Aktionen handelt. Zu barsches Verhalten von Sicherheitsdiensten gegenüber Leuten, die sich als alternativ verstehen, wird daher nicht gern gesehen. Gar Übergriffe werden in den Medien skandalisiert und dann meist sanktioniert.[80]

Die Dienste selbst sind inzwischen um Professionalität bemüht und haben zum Zeichen dessen Maßnahmen der Aus- und Fort-

80 Thomas Brunst (2004) führt zahlreiche Beschwerden über das Verhalten von Sicherheitsdiensten auf.

bildung ihrer Mitarbeiter*innen eingeführt. Die Securitas GmbH betreibt ein eigenes Schulungscenter, inzwischen »Akademie« genannt, das von Behörden mit genutzt wird (Brunst 2004). Und mit der »Fachkraft für Schutz und Sicherheit« hat das Sicherheitsgewerbe 2002 sogar einen eigenen Ausbildungsberuf erhalten (ebd.). Damit wurden die privaten Sicherheitsdienste ebenso aufgewertet wie mit den Kooperationsvereinbarungen zwischen den Polizeibehörden und dem Verband der Sicherheitswirtschaft BDSW, die schon Ende der 1990er Jahre abgeschlossen wurden (ebd.). Es bleibt die heikle, bei diesem Thema immer wieder aufgeworfene Frage, ob und wie *das staatliche Gewaltmonopol* gewahrt werden kann. Zumindest müssten Transparenz und Rechenschaftspflicht, die Essentials für die demokratische Kontrolle privater Dienste, immer wieder auf den Prüfstand.

Das Bündel an Sicherheitsmaßnahmen, das stets verbreitert wird, wozu auch die Videoüberwachung gehört und eines Tages womöglich das Tracing per Datenabruf, ist motiviert durch die Spaltung der Gesellschaft. Denn es stellt sich *die Frage: Sicherheit für wen?* Aufschlussreich sind in dieser Hinsicht zwei städtische Entwicklungen in Ländern, in denen die Kluft zwischen Arm und Reich bisher tiefer ist als hierzulande. Da sind erstens in den Innenstädten der USA *die Business Improvement Districts* (BID), von denen es seit Mitte der 1980er Jahre mehr als 1.000 gibt. Es handelt sich um ganze Geschäftsviertel, die von privater Hand gemanagt werden, um »unliebsame Elemente« draußen zu halten.[81] Und da sind zweitens *die »Gated Communities«*, in denen sich die Arrivierten in Ländern wie Indien verschanzen, umzäunte und streng bewachte Wohnviertel. Noch gibt es in Deutschland bisher nur ein vergleichbares Projekt.[82]

---

81 Eine konsequente Weiterentwicklung ist die »Smart City«, wie sie die Alphabet Group für Toronto entworfen hat, ein Stadtviertel, »bis in den letzten Winkel überwacht und kommerzialisiert« (Brandt/Läpple 2018, 114).

82 Das kleine Villenviertel Arcadia in Potsdam wurde Ende der 1990er Jahre gebaut. Zuerst hat der Investor über Jahre keine Interessenten gefunden. Aber seit 2008 ist es ausverkauft.

Das dystopische Szenario ist eine Stadt, über deren Entwicklung die Mehrheit nicht mehr entscheiden kann. Sie ist privaten Wohnungskonzernen und den Anlegern ausgeliefert, die in die Infrastrukturen investiert haben. Die Begüterten haben sich ihr eigenes Wohnumfeld geschaffen und sich von der allgemeinen Daseinsvorsorge unabhängig gemacht. Vielleicht gelingt es ihnen sogar, sich vor schädlichen Umwelteinflüssen zu schützen.

Das Fest der Oligarchen: Privatisierungen in Osteuropa

Nach der Auflösung der Sowjetunion und des Rats für Gegenseitige Wirtschaftshilfe (RGW), spätestens ab 1992, wurde in Russland, in den GUS-Staaten und den Staaten des RGW umgehend die Transformation der staatlichen Planwirtschaft vorangetrieben, und zwar bei gleichzeitiger Destruktion der politischen Ordnung, was zu anarchischen Verhältnissen führte. Die Methoden der Privatisierung erinnern Hannes Hofbauer an »Formen der ursprünglichen Akkumulation«, oft von »mafiösem Charakter« (2014, 46). Joseph Stiglitz, ehemaliger Chef-Volkswirt der Weltbank, soll in Bezug auf Russland von »Raubritter-Privatisierung« gesprochen haben (NZZ, 30.11.2002). Er kritisiert, die Transformation sei »robber barons« überlassen worden (1999, 42).[83]

Der Keim zur Privatisierung des staatlichen Eigentums wurde schon gegen Ende des sozialistischen Systems gelegt, als sich, wenn auch von Land zu Land unterschiedlich stark, die Leitungen der Kombinate und Betriebe zu verselbständigen begannen, was Rohstoffbeschaffung oder den gegenseitigen Austausch von Energie, Halbfabrikaten etc. anging. In Russland war es unter Gorbatschow zu Auflösungserscheinungen des Planungssystems gekommen (Schröder 1993, 1304). In anderen Staaten hatte man schon marktwirtschaftliche Elemente ins System eingebaut. Folgenreich war,

83 Das Zitat aus der *NZZ* bezieht sich vermutlich auf diese Formulierung.

dass der Umbruch der staatlichen Ordnung den Boden entzog. Ein »völliger Rückzug des Staates aus der Ökonomie« wie speziell in Russland unter Jelzin (Jaitner 2014, 85) verleitete zu Diebstahl und Raub. Es fehlte der Rahmen für politische Aushandlungsprozesse. Staatliche Kontrollmechanismen waren vor allem im Russland der 1990er Jahre außer Kraft gesetzt. Hans-Henning Schröder registrierte in einem Kommentar zu den Ereignissen des Jahres 1993 *eine »Paralyse der politischen Führung«* (1993, 1303). »Ministerien, Zentralbehörden und Einflussgruppen verschiedener Couleur verfolgen unabhängig voneinander ihre Eigeninteressen« (1304). Russische Oligarchen, die nur ihre persönliche Bereicherung im Sinn hatten, konnten »politische Schlüsselpositionen« besetzen (Jaitner 2014, 87). Chodorkowski zum Beispiel, der den Erdölförderungs- und Petrochemiekonzern Jukos an sich gerissen hatte, wurde 1993 stellvertretender Minister für Brennstoffe und Energie (86). In der zweiten Hälfte der 1990er Jahre gab es keine Trennung mehr zwischen Oligarchie und Politik« (87). In den anderen osteuropäischen Staaten mögen weniger anarchische Verhältnisse geherrscht haben. Aus Polen wird zum Beispiel berichtet, dass die Arbeiterräte eine gewisse Kontrollfunktion bei der Privatisierung ihrer Betriebe wahrnahmen. Insgesamt hat sich die Privatisierung in Polen aufgrund ihres Widerstands verzögert (Schnitzer 2003). Generell verursachte das Wegbrechen eines institutionellen Ordnungsrahmens in den Transformationsländern manche Fehlentwicklung, so Joseph Stiglitz.[84]

Mit dem Zusammenbruch des planwirtschaftlichen Systems kam es zu einer *Hyperinflation*, die, noch bevor die Privatisierungen einsetzten, »eine Enteignung der Besitzlosen« verschuldete, »also jener, die nichts haben als die eigene Arbeitskraft und ein Sparbuch« (Hofbauer 2014, 40); denn die Inflation entwertete ihre Sparguthaben, die teilweise beträchtlich waren, weil in den sozialistischen Staaten das Warenangebot nicht mit der Kaufkraft Schritt gehalten

84 Daher die Überschrift zu seinem Aufsatz über den Transformationsprozess »Quis Custodiet Ipsos Custodes?« Zu Deutsch: Wer überwacht die Wächter selbst?

hatte. Man sparte über Jahre für den Kauf einer Lada-Limousine oder einer Waschmaschine. Die Rettung hätte theoretisch in der Umstrukturierung der Wirtschaft, unter anderem der Konversion der Rüstungsproduktion, unter Einsatz der vorhandenen Geldmittel gelegen. Aber dafür hätte es nicht nur Zeit gebraucht, sondern eine überlegte, dem Gemeinwohl verpflichtete Politik. Es musste jedoch alles schnell gehen. Man wollte aus Angst vor einem aufflammenden politischen Widerstand das »window of opportunity« nicht verpassen (Schnitzer 2003). Die an den wirtschaftlichen und politischen Schaltstellen Sitzenden waren bestrebt, sich einen möglichst großen Anteil am gesellschaftlichen Reichtum zu sichern.[85] Hofbauer vermutet eine gezielte Kapitalvernichtung im Interesse inländischer Krisengewinnler wie ausländischer Interessenten, »die finanz- und währungspolitische Sicherheit für ihre Geldanlage forderten« (41). Deshalb musste die Konvertibilität der einheimischen Währungen mit dem US-Dollar oder auch der DM hergestellt werden. Die Inflationsraten erreichten kaum vorstellbare Ausmaße von 200 Prozent (in Slowenien oder Rumänien) bis zu 1.500, wenn nicht gar 2.000 Prozent (im Russland von 1992). Ausnahmen bildeten Ungarn mit 35 und Tschechien mit 60 Prozent.

Speziell für die russischen Oligarchen, die vor allem die Öl- und Gasreserven und Rohstoffe zur Quelle ihres Reichtums machten, war der abgewertete Rubel kein Geschäftshindernis. Die russische Wirtschaft stützte sich zeitweise fast nur noch auf den Export von Öl, Gas und Kohle, so dass sie wie die Ökonomie vieler Entwicklungsländer ins Stadium des Extraktivismus regredierte (Jaitner 2014, 88). Aber in allen RGW-Staaten sank die Produktion von Industriegütern je nach Land bis 1993 um 40 bis 70 Prozent (Hofbauer 2014, 43).

Die Methoden der privaten Bereicherung erinnerten zwar an die ursprüngliche Akkumulation, wie Hofbauer (2014) anmerkt. Aber es galt weder Arbeitskräfte für die Kapitalverwertung freizusetzen

85 Es muss einen übrigens irritieren, dass nach 70 Jahren »Realsozialismus« solche Mentalitäten unter den führenden Kadern zu registrieren waren.

noch Geld für Investitionen aufzubringen. Die Transformation geriet schlicht zu einem großen Raubzug. Die vorhandenen, oft hoch qualifizierten Arbeitskräfte wurden auf die Straße gesetzt. Man ließ die Forschungs- und Entwicklungsabteilungen ausbluten. In Russland wurden im ersten Jahr 200.000 bis 300.000 wissenschaftliche Fachkräfte entlassen (Schröder 1993, 1305).

Bei der Privatisierung der Betriebe, darunter auch landwirtschaftlicher Güter, lassen sich *vier Verfahrensweisen* unterscheiden (Hofbauer 2014, Schnitzer 2003). Eine untergeordnete Rolle spielte die Rückgabe an frühere Eigentümer. In Ungarn galt als Prinzip Entschädigung vor Rückgabe. In Russland und einigen anderen Staaten wählte man anfangs *die Ausgabe von Anteilscheinen*, anderswo auch Volksaktien genannt. Einige der dafür Verantwortlichen mögen das im guten Glauben an eine Art Volkskapitalismus mitgetragen haben. Aber die Aktionen dienten wohl primär der Tarnung des eigentlichen Vorhabens und wurden in der richtigen Erwartung durchgeführt, dass sich der Streubesitz bald in den Händen einiger weniger zum Geschäft Berufener befinden werde. Viele Gutscheinbesitzer traten denn auch zum Beispiel in Tschechien ihre Gutscheine an neu entstandene private Voucher-Investmentfonds ab (Schnitzer 2003, 18). Der Wert der Anteilsscheine an den Staatsbetrieben stand nicht fest, was zu Spekulation wie auch zu Korruption verleitete (Hofbauer 2014, 45).

Ein weiteres Verfahren der Privatisierung war *der direkte Verkauf*, wobei die Unternehmen oft von Insidern, zum Beispiel vom früheren Leiter des Kombinats, zu einem symbolischen Preis erworben wurden. In Russland gingen zwei Drittel der Unternehmen an Insider, die dort am Schluss zwei Drittel der Anteile hielten (Schnitzer 2003, 19). In Bulgarien reichte es, wenn Funktionäre eine Anzahlung von zehn Prozent des mutmaßlichen Werts leisteten (jW, 19.2.2020).

Dazu kamen als vierte Methode *Auktionen*. Allein in Russland wurden 14.000 Unternehmen versteigert (Schnitzer 2003). »Industrielle Herzstücke wurden in aller Regel von staatlichen Agenturen in einem Bieterverfahren an westliche Konkurrenten oder andere Kapitalgesellschaften verkauft« (Hofbauer 2014, 45). In Ungarn habe der Verkauf an »strategische Investoren«, meist ausländischer Provenienz, Priorität gehabt, heißt es in einem historischen Rückblick (Schnitzer 2003, 17). Zwei Drittel der Privatisierungserlöse stammten dort von ausländischen Direktinvestitionen. Beim Verkauf der osteuropäischen Staatsbetriebe musste es aufgrund des großen Angebots zu einem *Unterbietungswettbewerb* kommen. »Zehn Stahlwerke auf der Suche nach neuen Besitzern drücken einfach die Preise« (Hofbauer 2014, 45).

Auf eine sehr trickreiche Art kamen die neuen Besitzer von russischen Privatbanken in den Besitz von Energieunternehmen. Sie boten dem verschuldeten Staat Kredite im Tausch gegen Aktienpakete staatlicher Betriebe, loans for shares oder »Aktien-Kredit-Swaps« genannt. Meist handelte es sich um hoch profitable Konzerne aus der Rohstoffbranche (Jaitner 2014, 86f.).

Insgesamt wurden in Osteuropa 60.000 Mittel- und Großbetriebe und außerdem Hunderttausende Kleinunternehmen privatisiert (Schnitzer 2003). Die Legitimität des ganzen Prozesses der Privatisierungen ist für Stiglitz strittig (1999, 43).[86] Was er dabei verständlicherweise vernachlässigt, ist der Einfluss von »außen«, nämlich von IWF, Weltbank, EG bzw. EU oder auch seitens der USA. Das Ausmaß, in dem die Gesellschaften enteignet wurden, wird an folgendem Rechenbeispiel deutlich: Von dem Volksvermögen Bulgariens, das zu Beginn des Umbruchs auf 40 Mrd. US-Dollar oder umgerechnet 36 Mrd. Euro geschätzt worden war, blieben 9,5 Mrd. Euro staatliche Privatisierungserlöse (jW, 19.2.2020). 78 Prozent der bulgarischen Wirtschaft sind heute in privater Hand. Der Staat ist hoch verschuldet.

Ende der 1990er Jahre war die Armut in den Ländern Osteuropas, gemessen an internationalen Kriterien, von vier auf 45 Prozent angestiegen (Stiglitz 1999). Stiglitz 1999 zum Ergebnis der Transfor-

86 »It is hard to contain such social consensus if the process of privatization (and transition more generally) does not have at least a minimal degree of legitimacy« (ebd.).

mation in Russland: »Es scheint, dass die russischen Arbeiter und Steuerzahler die Zeche bezahlen werden« (56).[87] Damals hatte das nicht mehr bloß den Anschein. Die Zeche hatten sie schon bezahlt.

Neben der materiellen Enteignung sollte *die kulturelle Enteignung* nicht vergessen werden. Scharen von Wissenschaftlern, Künstlern und Weltklasse-Musikern aus Osteuropa gingen in den Westen, weil ihr Tätigkeitsfeld verschwunden war oder der Markt dort einfach bessere Möglichkeiten bot. Man findet heute kaum ein Orchester, in dem nicht Musiker*innen osteuropäischer Herkunft sitzen. Ein Beispiel für die Missachtung kulturellen Erbes bietet der Umgang mit architektonisch wertvollen Gebäuden aus verschiedenen Phasen der Sowjetarchitektur in den Nachfolgestaaten der Sowjetunion. Zahlreiche Bauten hat man unverhohlen dem Verfall preisgegeben oder schon abgerissen. Neuerdings finden sich Aktivist*innen, die solche Bauten retten wollen (Malling 2020).[88]

Der Fall Griechenland: Das Diktat der Troika

Wie der Kollaps der Sowjetunion und der RGW-Staaten bot der Beinahe-Bankrott Griechenlands 2010ff. eine einmalige Gelegenheit zur Privatisierung öffentlichen Eigentums im großen Maßstab. Die politische Klasse hatte das Land heruntergewirtschaftet und in die Schuldenfalle getrieben. Die außerordentlich schwierigen Voraussetzungen für die Wirtschaft des Landes dürfen nicht übersehen werden: keine bedeutsamen Rohstoffvorkommen, wenig Industrie, überwiegend Kleinbetriebe und meist kleinbäuerliche Landwirtschaft mit wenigen Exportgütern. Von ökonomischer Bedeutung sind die Reedereien, die Handelsschifffahrt und vor allem der Tourismus. Unter diesen Voraussetzungen war die Aufnahme in die

87 »It now seems […] that the Russian workers and taxpayers will foot the bill.«

88 Der Autor berichtet von jungen Aktivist*innen in jenen Ländern, die bemüht sind, bemerkenswerte Beispiele der Sowjetarchitektur vor dem Verfall zu bewahren.

EG im Jahr 1981 insofern verhängnisvoll, als sie die Mittel- und Oberschicht dazu verleitete, über ihre Verhältnisse zu leben, nicht ohne auch die breite Masse mit Wohltaten ruhig zu halten. Zugleich verstärkte die wirtschaftliche Integration manches Dilemma, weil Landwirtschaft und Industrie der Konkurrenz in der Wirtschaftsgemeinschaft kaum gewachsen waren. Die überflüssig gewordenen Arbeitskräfte konnten außer von der wachsenden Tourismusbranche nur von einem aufgeblähten Beamtenapparat aufgefangen werden, soweit sie nicht emigrierten. Nicht nur die Personalkosten, sondern auch neue öffentliche Dienste und Infrastrukturprojekte, die überproportionalen Rüstungsausgaben nicht zu vergessen, ließen den Staatshaushalt anschwellen, ohne dass das Steueraufkommen zugenommen hätte. Denn innerhalb des Mittelstands und der Oberschicht kannte man keine Steuerpflicht. Die Reeder wurden als »systemrelevante« Wirtschaftssubjekte ohnehin von Besteuerung verschont. Das Steueraufkommen war auf die Lohnsteuer und Massensteuern beschränkt. Aufgrund der Zuwendungen seitens der EG und später der EU blieb die latente Zahlungsunfähigkeit lange Zeit verdeckt. Dank der Mitgliedschaft in der Union und der damit unangefochtenen Kreditwürdigkeit konnten sich die Regierungen auch großzügig am Finanzmarkt bedienen, so dass es zur Überschuldung Griechenlands kam. 2009 lag die Gesamtverschuldung bei über 112 Prozent des BIP bei sinkendem BIP. Das Haushaltsdefizit betrug 12,5 Prozent.

Nachdem die PASOK-Regierung[89] 2009 den Offenbarungseid leisten musste – die konservativen Vorgängerregierungen hatten die Haushaltslage immer mit »kreativer Buchführung« geschönt – und Finanzhilfen bei der Eurogroup beantragte,[90] kamen die europäischen Institutionen zum Zug. Das von EZB, Europäischer Kommission und IWF, *der sog. Troika*, gewährte Hilfspaket war ebenso

89 PASOK = Panellinio Sosialistiko Kinima, dt. Gesamthellenische Sozialistische Bewegung, eine Partei der sozialdemokratischen Richtung, gegründet 1974.

90 Die Eurogroup, ein informelles Gremium ohne demokratische Legitimation, setzt sich aus Vertretern der Euro-Länder, der EZB und der EU-Kommission zusammen.

wie zwei weitere Hilfspakete, die 2012 und 2015 folgen sollten, mit harten Auflagen verbunden, nämlich enormen Haushaltskürzungen und einer langen Liste von Privatisierungen. Die Nachfolgerregierung, die 2015 durch den Wahlsieg der neuen, links von der PASOK angesiedelten Partei namens Syriza ins Amt kam, machte einige vergebliche Vorstöße zur Modifikation der Spardiktate und des Privatisierungsprogramms. Aber selbst bescheidenen Abstrichen wollte die Troika nicht zustimmen.[91] Ein Referendum, mit dem die Mehrheit der Griechen im Juli 2015 gegen die Einschnitte protestierte, ließ die Troika kalt, so dass die Regierung kapitulierte.

Der Umfang der Finanzhilfen für Griechenland von 2010 bis 2015 war beträchtlich. Sie betrugen mehr als das Doppelte des griechischen BIP von 2015 (Scheunemann 2016). Die Situation der Bevölkerung verbesserte sich jedoch nicht, im Gegenteil. Die Staatsverschuldung stieg ebenso wie die Arbeitslosigkeit, was die Kaufkraft so stark schwächte, dass die Geschäfte pleitegingen. Das Gesundheitssystem brach zusammen. Die Gelder kamen nämlich der Bevölkerung nicht zugute, weil sie bis auf einen Rest von ein paar Prozent für die Tilgung von Schulden und Zinsen sowie für die Rekapitalisierung der Banken bestimmt waren. »Privaten Gläubigern wurde ihr Risiko abgenommen, öffentliche Gläubiger haben es übernommen« (Scheunemann 2016, 14). Es wurden also öffentliche, überwiegend von europäischen Steuerzahlenden aufgebrachte Gelder privatisiert. Scheunemann hat errechnet, dass Griechenland im Ergebnis mehr an seine Gläubiger gezahlt hat, als deren Kredite an Hilfe geleistet haben (16).

Die Troika listete 19 staatliche Unternehmen oder Vermögenswerte anderer Art auf, die privatisiert werden sollten. Zur Durchführung des Programms wurde 2011 *der »Hellenic Republic Asset Development Fund« (HRADF), eine Art Treuhandanstalt*, gegründet, dessen Vorstand völlig unabhängig von Regierung und Parlament über Privatisierungen entscheidet. Die 2016 institutionalisierte »Griechische

91 Die Regierung Tsipras versuchte z. B. die Privatisierung des Hafens von Piräus zu verhindern und Rentenkürzungen zu mildern.

Gesellschaft für Vermögenswerte und Beteiligungen« (HCAP), eine unabhängige Körperschaft mit 99-jährigem Mandat, ist dazu da, den Privatisierungsprozess zu begleiten und zu kontrollieren. Sie ist primär den europäischen Institutionen gegenüber verantwortlich.

Bisher wurde der Hafen von Piräus an die China Ocean Shipping Company (COSCO) verpachtet, wurden die 14 lukrativsten von 37 Regionalflughäfen an die deutsche Fraport und der Hafen von Thessaloniki an die Deutsche Invest verpachtet. Die Lotteriegesellschaft OPAP wurde unter Wert verkauft. Die Betriebsgesellschaft der Eisenbahn wurde zusammen mit dem Unternehmen für die Instandhaltung des Rollmaterials von der italienischen Bahngesellschaft gekauft. Von der Telefongesellschaft OTE hatte die Deutsche Telekom schon vor 2010 Anteile erworben.

Der Vertrag mit Fraport enthält Klauseln nach dem Muster der Streitschlichtung in Freihandelsverträgen, wonach der griechische Staat zu Entschädigungszahlungen verpflichtet ist, wenn das Unternehmen aufgrund von Gesetzesänderungen im Arbeits- oder Umweltrecht Gewinneinbußen erleiden sollte. Beim Verkauf der Eisenbahn blieb die Übernahme der Schuldenlast offen, so dass der Staat eventuell mit einem Minus von einigen Hundert Millionen verkauft hat (Scheunemann 2016, 40).

Vom internationalen Flughafen von Athen, erst 2001 eröffnet, und mit hohen Fluggastzahlen ein Filetstück, steht ein 30-Prozent-Anteil zum Verkauf. Dem 2011 angepeilten Zielwert von 50 Mrd. Euro standen 2020 lediglich 6,9 Mrd. Privatisierungserlöse gegenüber. Der Zeitdruck, die Notlage und das Drängen der Troika bedingten eine Abwertung der Angebote. Der Kurswert selbst hoch profitabler Unternehmen war gesunken (29). Auch die Erwartung, mit den Privatisierungserlösen relativ kurzfristig die Staatsschulden senken zu können, wurde also enttäuscht, von steigenden Steuereinnahmen ganz zu schweigen. Man kann also zu Recht von einem »Ausverkauf« (Handelsblatt) sprechen.

Noch findet man *zahlreiche Privatisierungsvorhaben* aufgelistet: die Post, die Stromgesellschaft DIE, die Hellenic Petroleum, das Gasleitungsnetz, der Erdgas-Fernleitungsbetreiber, die Gasversorgungsgesellschaft Desfa, die staatliche Fahrzeuggesellschaft ELVO, Braunkohlekraftwerke, die Wasser- und Abwasserbetriebe in Athen und Thessaloniki, der Kanal von Korinth, die Autobahn Egnatia, der Messeveranstalter Helexpo, das Gelände des ehemaligen Flughafens Hellinikon bei Athen, 70.000 Liegenschaften, darunter attraktive Grundstücke auf Inseln, auch ganze Inseln, ein Jachthafen.

Die Privatisierungen haben zusammen mit den Spardiktaten die Armut in Griechenland verschärft, das Sozial- und Gesundheitssystem erodieren lassen und einen Exodus von Fachkräften verursacht, der die Entwicklung des Landes nachhaltig beeinträchtigen wird. Damit nicht genug, beraubt man die Griechinnen und Griechen mit den Privatisierungen in hohem Maß der Möglichkeit, über die Entwicklung ihres Landes, über ihr Gemeinwohl zu entscheiden oder zu lernen, das zu tun.

Von Flughäfen bis zu Farmen – Privatisierungen in Afrika

Die Politik der Privatisierung wurde von den afrikanischen Staaten nach dem Ende der bipolaren Weltordnung nur zögernd übernommen. Rund ein Drittel der Staaten hatte nach der Unabhängigkeit – gestützt auf einen oft deklarativen Sozialismus – Banken und Unternehmen, in der Regel in der Hand der ehemaligen Kolonialherren, verstaatlicht. Neun Regierungen, darunter Ägypten, Äthiopien, Mali und Tansania, hatten außerdem eine Bodenreform in ihrem Programm und teils auch ansatzweise durchgeführt. Aber der Verfall der Rohstoffpreise, die in den 1960er und noch in den 1970er Jahren die Zuversicht geweckt hatten, dass die erkämpfte Unabhängigkeit bewahrt werden könne, zwang in den 1980er Jahren zu einer zunehmenden Verschuldung und damit in eine neue Abhängigkeit, so dass die rasche Verabschiedung von einer sozialistischen Programmatik um 1990 nicht verwundert.

Da IWF und Weltbank – geleitet vom *Washington Consensus*[92] – jede Kreditvergabe von marktradikalen »Reformen« wie Rückzug des Staates, Deregulierung und Liberalisierung abhängig machten, übernahmen die meisten afrikanischen Regierungen rasch die neoliberalen Richtlinien. Zwar legten IWF und Weltbank bei den Strukturanpassungsprogrammen mehr Gewicht auf Austerität, Marktöffnung etc. als auf die Privatisierung staatlicher Unternehmen. Aber Austerität und Marktöffnung zwangen indirekt und langfristig zu Privatisierungen. Eine Internet-Recherche legt den Schluss nahe, dass vor 2000 nur wenige Privatisierungen durchgeführt wurden. Noch 2020 waren sie vielfach nur angekündigt, viele Staatsbetriebe erst im Angebot.

Häufiger sind Öffentlich-Private Partnerschaften. 2018 zählte die Weltbank 460 solche Kooperationen, darunter in Südafrika, Nigeria, Kenia, Ghana, Côte d'Ivoire und Senegal (LMd 11/20, 16). 2020 beschloss die Afrikanische Entwicklungsbank die Förderung von Public Private Partnerships.

Vorreiter der Privatisierung waren *Tunesien*, wo die Regierung bereits Ende der 1980er Jahre mehr als 150 staatliche Firmen privatisiert oder teilprivatisiert hat (liportal.de), der *Sudan und Kenya* mit der Privatisierung der Sudan Airways 1991 und der Kenya Airways 1996. Der Sudan verkaufte 1993 auch 40 Prozent der Anteile an der Telekommunikationssparte (wikipedia: Sudatel). Gedrängt von IWF und Weltbank privatisierte die Regierung von Sambia 1992 das Gesundheitswesen. Privatkliniken wurden durch staatliche Anreize gefördert. Bei den staatlichen Krankenhäusern wurde eine Nutzungsgebühr eingeführt. Beides zusammen führte zu einer extremen Verschlechterung der Versorgung, zumal als dann mit der Privatisierung der Kupferminen die betriebseigenen sozialen Dienste aufgelöst wurden (Lubansa/Mofya 2006).

Die staatlichen Kupferminen von Sambia, einem der größten Kupferexporteure weltweit, wurden Ende der 1990er Jahre auf Be-

92 Der Washington-Konsens ist ein 1990 verabschiedetes Wirtschaftsprogramm, das IWF und Weltbank zur Grundlage ihrer Politik gemacht haben.

treiben und unter Anleitung von IWF und Weltbank veräußert, und zwar ohne Parlamentsbeschluss. Die Regierung zu überzeugen, fiel vermutlich leicht; denn der Preisverfall für Kupfer in den 1990er Jahren hatte Sambia in große Schwierigkeiten gebracht. Möglicherweise war nicht vorauszusehen, dass sich der Markt kurz darauf erholte, was für die internationalen Konzerne, die in das Geschäft einstiegen, zu einem Fest wurde. Damit wurde der industrielle Kernsektor des Landes geopfert. Die Minen sind umso profitabler, als sich die Investoren weder um soziale Standards noch um Umweltschutz scheren (LMd, 8.5.2009). Die Arbeitsbedingungen sind gesundheitsschädlich, teils mörderisch, zahlreiche Arbeiter sind unterbezahlt, oft bei Zeitarbeitsfirmen beschäftigt, die Arbeitsverhältnisse unsicher (ebd.). In der Finanzkrise 2008 verloren tausende ihren Job. Und in der durch die Corona-Pandemie verursachten Krise 2020 wurde wiederum die Förderung gegen den Widerstand der Regierung, die starke Zahlungsrückgänge befürchten musste, zurückgefahren. Pressemitteilung vom April 2020: »Vergangene Woche hatte der Rohstoffkonzern Glencore den niedrigen Kupferpreis, Reiserestriktionen und die Unterbrüche in internationalen Logistikketten wegen der Corona-Krise als Gründe dafür angeführt, weshalb die Förderung in Sambia eingestellt und ein Wartungsbetrieb eingeführt wurde. Das Schmelzwerk und die Raffinerie sind jedoch weiterhin in Betrieb« (NZZ, 17.4.2020). Die Investoren haben im Lauf der Jahre mehrfach gewechselt. Abwasser mit Schwermetallverbindungen wird bedenkenlos in die Gewässer eingeleitet. Die Infrastruktur wird vernachlässigt. Dagegen hatte sich der Staatskonzern ZCCM nach Angaben eines Arbeitervertreters noch um alle Belange der Bergleute und ihrer Familien gekümmert. Der Gewerkschafter: »Er hielt die Siedlung instand, betrieb die Schulen und die medizinische Versorgung, organisierte Abendkurse und Sportvereine« (LMd, 8.5.2009).

Auch den Energiesektor hat Sambia aus Mangel an Finanzmitteln für private Investoren geöffnet. 2019 beauftragte die Regierung ein Konsortium unter der Führung von General Electric und Power

China mit dem Bau eines Wasserkraftwerks am Sambesi im Wert von vier Milliarden US-Dollar. Das Beispiel Sambia zeigt auch, dass der Energiesektor mit der Förderung Erneuerbarer Energien zunehmend privaten Investoren überlassen wird. So wurde ein Solarprogramm ausgeschrieben, was 2019 die Inbetriebnahme von zwei Anlagen zum Ergebnis hatte. Der Energieminister hat außerdem ein großes Windkraftprojekt initiiert (E+Z 07/08 2020, 20).

Joseph Stiglitz hat dem IWF vorgeworfen, er habe »Privatisierungen aufoktroyiert« (2004, 105). In mehreren Fällen haben *IWF und Weltbank* nachweislich Druck auf die Staaten ausgeübt, in einigen anderen lässt sich darauf schließen. Die Folgen der Privatisierung waren häufig verheerend. In *Mali* wurde die Elektrizitätsgesellschaft Electricité de Mali (EdM), die auch für die Wasserversorgung von Bamako zuständig war, auf Druck von IWF und Weltbank im Jahr 2000 privatisiert. Weil der Betreiber nicht die vereinbarten Leistungen erbrachte und des Vertragsbruchs beschuldigt wurde, konnten die Wasserbetriebe nach fünf Jahren wieder rekommunalisiert werden (remunicipalisation.org). Das Gleiche geschah mit der Wasserversorgung von Daressalam/*Tansania*, die 2002 auf Druck der Weltbank von einem privaten Konsortium, den »City Water Services Ltd.« (CWS) übernommen worden war. 2005 kündigte die Regierung von Tansania den Vertrag, weil CWS nicht die vereinbarten Leistungen erbrachte.[93] Auch von *Ghana* hat die Weltbank in den Nullerjahren die Beteiligung privater Investoren bei der Wasserversorgung gefordert. Die staatliche Ghana Water and Sanitation Corporation (GWSC) bekam wegen »Reformunfähigkeit« keine zinsgünstigen Weltbankkredite mehr. 2009 wurde sie in eine privatrechtliche Form überführt und ab dann von einer Privatfirma, der niederländisch-südafrikanischen Aqua Vitens Rand Limited (AVRL) betrieben (LabourNet, 18.12.2012). Auch der Stromsektor Ghanas weckte die Unzufriedenheit der internationalen Geldgeber.

93 Ein Londoner Gericht sprach dem Staat eine Entschädigung zu (Entwicklungspolitik Online am 16.1.2008).

Nach 2015 wurde das staatliche Energie-Verteilungsunternehmen Electricity Company of Ghana (ECG) privatisiert, nachdem zwischen der ghanaischen Regierung und dem IWF ein »Reformprogramm« vereinbart worden war (Bericht v. März 2019, accra.diplo.de). In dem kleinen *Lesotho* versprach man sich die Modernisierung des Gesundheitssystems von einer von der Weltbank vermittelten Public Private Partnership mit dem britischen Klinikkonzern Netcare. Der Bau eines Krankenhauses verschlang das gesamte Budget für den Gesundheitsbereich und verschuldete das Land (Aronoff 2020, 54).

In einigen Fällen ist der Einfluss des IWF nicht direkt dokumentiert. Die Kenya Airways wurden teilprivatisiert, nachdem man 1992 hatte lesen können: »Der ›Pariser Club‹ der Geberländer fror im November für zunächst sechs Monate einen Großteil seiner zugesagten Darlehen ein [...] Auch der Internationale Währungsfonds hielt gut 63 Millionen Dollar zurück, weil Kenias Haushaltsdefizit noch zu hoch und der Fortschritt der Reformen im öffentlichen Sektor zu langsam sei« (Die Zeit, 12.6.1992). Die Luftfahrtgesellschaft wurde 2019 zurückgekauft, nachdem die Schuldenlast durch Ausbaupläne und rückläufige Passagierzahlen den privaten Investoren zu groß geworden war (aerotelegraph.com, 21.1.2020).

Die auf Druck der Kreditgeber durchgeführten Privatisierungen waren also fast immer wirtschaftlich nachteilig. Das Schicksal der staatlichen Agentur für landwirtschaftliche Entwicklung in *Malawi* ließe aber fast vermuten, dass Weltbank und IWF lernfähig sind. Auf ihre Empfehlung hin verabschiedete die Regierung ein Liberalisierungsprogramm, das unter anderem die Privatisierung einer Agentur vorsah, die bis dahin Saatgut und Dünger bereitgestellt, die Maispreise stabil gehalten und für Nahrungssicherheit gesorgt hatte, indem sie in knappen Zeiten Mais zu einem akzeptablen Preis verkauft hatte. Ein neues Programm zur Politikfolgenabschätzung namens »Poverty and Social Impact Analysis« zeigte jedoch die Risiken der Privatisierung jener Agentur für »Agricultural Development and Marketing Cooperation« auf, so dass sich die Weltbank belehren ließ und ihre Auflagen in diesem Punkt korrigierte (E+Z, 15.9.2010). Wir können außer Acht lassen, ob der Lernprozess bei IWF und Weltbank von Dauer ist. Nachrichten vom Mai 2020 über Schuldenerlass oder Zahlungsaufschub für afrikanische Staaten könnten das vermuten lassen.

Die Privatisierung von Staatsbesitz bedurfte jedoch in afrikanischen Ländern nicht des unmittelbaren Drucks von Seiten der internationalen Institutionen. Die Regierungen und Parlamente sahen und sehen sich zu Privatisierungen genötigt, um mit dem Geld *Haushaltsdefizite* abzutragen oder Schulden zu begleichen. Jedenfalls motiviert sie dazu die trügerische Hoffnung, die Probleme, meist strukturelle Probleme, damit lösen zu können. Manchmal fehlt das Geld zur Sanierung von Infrastrukturen, zum Beispiel von Eisenbahnen, so dass man sie privatisiert (Elfenbeinküste u. Burkina Faso 1995, Malawi 1999, Kenia u. Uganda 2006, Senegal u. Mali 2006). Speziell der *Devisenmangel* verleitet zum Verkauf von staatlichen Unternehmen an ausländische Investoren, um Devisen für den Kauf von Investitionsgütern, für den Import von Lebensmitteln oder auch für den Import von Luxusartikeln für die einheimische Elite zu erhalten. Lebensmittelimporte werden oft in der Folge von »Agrarreformen« notwendig, mit denen die Marktorientierung der bäuerlichen Subsistenzwirtschaft gefördert werden sollte, ohne dass die dafür nötige Infrastruktur geschaffen worden wäre. So wird zum Beispiel aus *Angola* berichtet: »In den Provinzen beklagen sich Bauern, dass ein Teil ihrer Ernte verfault, weil sie sie nicht nach Luanda bringen können. Die Straßen und Brücken sind in zu schlechtem Zustand« (Deutschlandfunk, 16.5.2020). Das zwinge Angola zum Import von Lebensmitteln.

Teilweise entscheiden sich die politisch Verantwortlichen auch ohne unmittelbare Not für Privatisierungen, um die Wirtschaft für Geldgeber und Investoren attraktiv zu machen, was der Glaube an neoliberale Lösungsmuster zusätzlich ideologisch unterstützt. Das dürfte zum Beispiel für die wirtschaftliche Liberalisierung im *Tunesien* der späten 1980er Jahre gelten. Aus *Marokko* wurde im Oktober

2018 berichtet, der Wirtschaftsminister plane einige Privatisierungen, um das Haushaltsdefizit auf drei Prozent vom BIP zu senken (Maghreb Post, 25.10.2018). Im selben Jahr standen in *Algerien* 1.200 Unternehmen auf einer Liste von Privatisierungsvorhaben. Besonders privatisierungsfreudig scheinen die politischen Eliten in *Angola* mit seinem Ölreichtum und in *Tansania*, heute ein Musterland aus westlicher Sicht. Von der Privatisierung der Wasserversorgung der Viereinhalbmillionenstadt Daressalam war oben schon die Rede. Vor allem versucht man in Tansania, die Modernisierung der Landwirtschaft mit einer Öffentlich-Privaten Partnerschaft im gigantischen Maßstab voranzutreiben. Das Projekt heißt »Southern Agricultural Growth Corridor of Tanzania« (SAGCOT). Und die Regierung von Angola setzt auf ein großes Privatisierungsprogramm, das bis 2022 alle relevanten Wirtschaftssektoren des Landes umfassen soll, den Energiesektor, Banken und Versicherungen, die Telekommunikation, den Transportsektor, den Tourismus, Industriebetriebe und die Landwirtschaft einschließlich der Nahrungsmittelverarbeitung (Germany Trade & Invest, 11.10.2019).

Internet-Plattformen, die Anlage suchendes Kapital zum Adressaten haben, machen afrikanischen Regierungen deutlich, was Investoren erwarten. Über *Nigeria* kann man zum Beispiel lesen: »Seit 2012 verfolgt der Staat eine radikale Privatisierung des Energiesektors, um Investoren für den Bau und Betrieb von Kraftwerken und Verteilernetzen anzulocken. Dennoch bleiben Investoren zurückhaltend, weil die Rahmenbedingungen eine langfristige Planung der Einnahmen derzeit nicht gewährleisten. Zu einem Leuchtturmprojekt könnte sich das gerade im Bau befindliche erste IPP (Independent Power Producer) des Landes namens Azura-Edo entwickeln, an dem Siemens und Julius Berger maßgeblich beteiligt sind« (Germany Trade & Invest, ohne Datum). Rödl & Partner Investitionsführer Angola 19/20 gibt folgende Auskunft zum Privatinvestorengesetz Angolas vom Juni 2018: »Es regelt die Grundsätze sowie Voraussetzungen für private Investoren in Angola und beschreibt zudem die Vorteile, die der angolanische Staat dem privaten Investor gewährt, bspw. die Verringerung von Kapitalanforderungen, keine obligatorischen Partnerschaften für Investitionen in Angola, die Gewährung von steuerlichen Vorteilen …« (roedl.de).

Folgende Wirtschaftssektoren sind in Afrika am häufigsten von Privatisierungen betroffen:

- *Airlines und Airports,* so in Kenia 1996, Senegal 2001, Äthiopien*, Ägypten*, Angola* (* 2020 in Planung bzw. im Angebot),
- *die Telekommunikation,* z. B. in Sudan 1993, Senegal 1999, Niger 2001, Südafrika 2003, Äthiopien*
- *die Wasserversorgung und Sanitärinfrastruktur in Großstädten* von Mosambik 1999, Mali 2000*, Tansania 2002*, Südafrika 2003, Ghana 2009 (* nach wenigen Jahren rekommunalisiert),
- *der Stromsektor* in Senegal 1999, Mali 2000, Nigeria 2012, Ghana 2015,
- *der Logistiksektor,* speziell auch Häfen, in Algerien 2018 (PPP-Projekt), Ägypten 2020*, Äthiopien 2020* (* im Angebot).

Im Sektor *Landwirtschaft* verdienen drei große Privatisierungsprojekte eine genauere Darstellung. *Mali* hatte lange Zeit als zweitgrößter Erzeuger von Baumwolle in der Welt einen bescheidenen Wohlstand bieten können. Die staatliche Gesellschaft kaufte den Bäuerinnen und Bauern die Rohbaumwolle zu einem stabilen Preis ab, womit tausende Familien ihr Überleben sicherten. 2008 wurde die 1974 gegründete Gesellschaft zur Entwicklung der Textilindustrie[94] per Beschluss der Nationalversammlung privatisiert, was mit der Aufteilung in vier Tochtergesellschaften mit unterschiedlicher regionaler Zuständigkeit verbunden wurde. 17 Prozent der Anteile blieben dem Staat reserviert, 20 Prozent waren für die Produzenten vorgesehen. Die von den Politiker*innen erwarteten Fortschritte sind ausgeblieben, die Folgen sind negativ. Die Privatisierung hatte zusammen mit der Anpassung an die vom Weltmarkt vorgegebenen Preise verheerende Konsequenzen für die malischen Baumwollbauern und

94 »Compagnie Malienne pour le Developpement des Textiles«, 40 Prozent der Anteile gehörten anfangs einem französischen Teilhaber, der CFDT.

-bäuerinnen.[95] Viele haben den Anbau eingestellt, was die Schließung vieler baumwollverarbeitender Betriebe zur Folge hat. Heute leben vier von fünf Baumwollbauern und -bäuerinnen in Mali in Armut. Die Region Sikasso, wo ein Großteil der Baumwolle angebaut wird, gilt als die ärmste des Landes (medico international, 24.1.2019).

Der schon erwähnte landwirtschaftliche Wachstumskorridor von *Tansania* soll in Partnerschaft zwischen Staat und Agrarunternehmen die Modernisierung der Landwirtschaft fördern und damit zur Nahrungssicherheit beitragen. Der Wachstumskorridor gilt als Vorzeigeprojekt der »New Alliance for Food Security and Nutrition in Africa«, einer Initiative von Industriestaaten und Nahrungsmittelkonzernen, Landmaschinenherstellern und Versicherungen (u. a. Bayer, Nestlé, Unilever, Cargill). Rund 80 Unternehmen sind Partner des Projekts in Tansania. Der Korridor umfasst ein Drittel des Landes, eine Fläche von der Größe Italiens, und zwar die fruchtbarste Region. Das Land soll zu einem Teil von einheimischen Bauern nach modernen Methoden bewirtschaftet werden, zu einem anderen Teil wird es geprüften Investoren nach Verhandlungen mit den Dorfgemeinschaften zur Nutzung überlassen, so die offizielle Darstellung. Die Pachtverträge haben eine Geltungsdauer von 99 Jahren. Die Investoren müssen sich nach Angaben der Projektleitung auf soziale und ökologische Standards verpflichten (Fehrenbacher 2017). Unter anderem sollen sie mit den landwirtschaftlichen Erträgen primär regionale Märkte bedienen. Die dörflichen Gemeinschaften beziehe man nach umfassender Information in die Entwicklung ein. Die Erwartung der Initiatoren war, dass die privaten Partner die Bauern mit neuem landwirtschaftlichem Input (Saatgut, Dünger, Pestizide) und modernen Anbaumethoden vertraut machen, so dass eine Win-Win-Situation entsteht.

Abgesehen davon, dass diese *Modernisierungsstrategie* ihre Tücken in sich birgt, weil sie die bäuerlichen Produzent*innen den

---

95 Die Preisbildung auf dem Weltmarkt wird durch die massive Subventionierung der Baumwolle seitens USA, EU und China verzerrt.

Agrarkonzernen ausliefert, scheint nach kritischen Berichten von NGOs heute kaum etwas von der Vision Realität zu sein, wobei offen bleiben muss, inwieweit die Fallschilderungen repräsentativ sind. Auf jeden Fall trüben sie das schöne Bild, das von der staatlichen Projektleitung gemalt wird. Von der Einbindung der Betroffenen war von Anfang an nichts zu merken. Ein Sprecher des Bauernverbands dementiert: »Als SAGCOT konzipiert wurde, waren wir nicht eingeladen« (Fehrenbacher 2017, 23). Die Versprechen, die den Dorfgemeinschaften bei den Verhandlungen über die Abtretung von Land gemacht wurden (Bau einer Straße, einer Schule, Strom- oder Wasseranschluss u. ä.), werden oft nicht eingelöst (Auernheimer 2018, 157). Die Investoren versuchen außerdem, die Pachtfläche, die dem Unternehmen jeweils vom staatlichen Investment Center zugesprochen wurde, unter der Hand zu erweitern. Es kommt also zu Landraub, und auch zu Wasserraub. »Silverlands wollte nämlich Wasser aus unserem Fluss abzweigen. Wir hatten Angst, dass es in der Trockenzeit nicht mehr für uns reichen würde«, so der Bürgermeister eines Dorfes (Fehrenbacher 2017, 10).[96]

Angebaut werden häufig Exportgüter. Die Bauern und Bäuerinnen werden entweder zu Saisonarbeiter*innen oder als *Vertragsbauern* verpflichtet, die ihre Ernte zu einem Festpreis abgeben müssen, nachdem ihnen vorher Saatgut und Dünger zu einem ebenfalls vom Unternehmen diktierten Preis geliefert worden ist. »Wir mussten das Saatgut von KPL kaufen, obwohl wir es bei Njagi viel billiger kriegen. Das von KPL hat dreimal so viel gekostet. Außerdem sollten wir 70.000 pro Sack für Düngemittel zahlen, statt unseren staatlich subventionierten Dünger, der nur 35.000 kostet«, beschwert sich ein Bauer (17).[97] Der Preis für das Produkt wird den Bauern noch nicht einmal in Geld ausbezahlt, über das sie frei verfügen könnten.

---

96 Silverlands ist ein britischer Equity Fonds. Das Unternehmen betrieb 2017 zum Zeitpunkt der Reportage Geflügelzucht im SAGCOT.

97 KPL, die Kilombero Plantation Limited, ist eine industriell betriebene Reisplantage. Größter Anteilseigner ist Capricorn Investments, bei der etwa der Gründer der Online-Plattform Ebay Geld angelegt hat.

Bei KPL bekommen sie einen Teil als Dünger, einen Teil als Saatgut, außerdem Ausrüstung, daneben etwas Bargeld. Die Abhängigkeit ist also total.

»Seitdem ausländische Investoren hierher kommen, gibt es Landprobleme. Überall, wo es Investoren gibt, findet ein Konflikt zwischen Investor und Dorfbewohnern statt«, sagt der Sprecher der Bauernorganisation Mwivata (Fehrenbacher 2017, 9).

Angola hat im Rahmen des groß angelegten Privatisierungsprogramms ProPriv 2019/20 sieben Viehzuchtbetriebe und agroindustrielle Unternehmen verkauft, und zwar drei Schlachthöfe, ein Kühllager, eine Tomatenfabrik, eine Bananenplantage und eine agro-industrielle Farm (Afrika-Verein der dt. Wirtschaft, 21.4.2020). Die Betriebe gingen zwar nicht an ausländische Investoren, sondern an angolanische Unternehmer. Aber die Privatisierung wird, wie üblich, eine stärkere Ausbeutung der Arbeitskräfte mit sich bringen, falls bei den meist informellen Arbeitsverhältnissen noch eine Verschlechterung möglich ist. Die mit dem Privatisierungsgesetz verbundene Erwartung, das wirtschaftliche Wachstum zu fördern, wird sich dennoch nicht erfüllen. »Die aktuelle (Corona-)Krise wird dazu führen, dass Angola es in den nächsten Jahren noch schwerer haben wird« (Deutschlandfunk, 16.5.2020).

Resümee: Die Staaten in Afrika wurden nicht selten im Rahmen der Strukturanpassungsprogramme, von denen IWF und Weltbank die Kreditvergabe abhängig machen, zur Privatisierung staatlicher Dienstleistungsbetriebe und Industrien genötigt. Neuerdings fördert auch die Afrikanische Entwicklungsbank erklärtermaßen die Politik der Privatisierungen, speziell Öffentlich-Private Partnerschaften. Generell sind finanzielle Notlagen, aber auch die Erwartung von Innovationsimpulsen und die Hoffnung auf höhere Attraktivität für ausländische Investoren wirksam. Manchmal mag auch der Mangel an Technologie und Fachkräften den Verkauf an ausländische Investoren nahelegen. Wo Land oder Bergbauminen privatisiert wurden, wird die Gesellschaft quasi in doppelter Weise enteignet, weil die Gewinne in der Regel weitgehend ins Ausland transferiert werden. Selbst wenn das Volk eines Tages die Vergesellschaftung der Naturressourcen und Unternehmen erkämpfen sollte, wird eine Restitution nur beschränkt möglich sein.

Privatisierungen in Lateinamerika: drei Länder als Beispiel

Die Staaten Lateinamerikas haben, wenn man von den wenigen rohstoffarmen Ländern dort absieht, mit den afrikanischen Ländern die starke Abhängigkeit von Rohstoffexporten gemeinsam, wenn auch die Industrialisierung meist unvergleichlich weiter fortgeschritten ist. *Die volkswirtschaftliche Schwäche des Extraktivismus* wirkt sich aber genauso wie dort dahingehend aus, dass es periodisch zu Devisenmangel kommt – ein Motiv für die Regierungen, durch Privatisierungen, verbunden mit Steuererleichterungen etc., ausländische Investoren anzulocken. Der Devisenmangel wirkt entwicklungshemmend, da zur Erhöhung der Produktivität Devisen für technologische Innovationen, zum Teil durch den Import neuer Technologien, gebraucht werden. Das war schon in der Phase der importsubstituierenden Industrialisierung das Problem.

Um kein falsches Bild zu zeichnen, sollen aber grob die Unterschiede zu afrikanischen Ländern angedeutet werden. Die Staaten Lateinamerikas haben ihre Unabhängigkeit mindestens ein Jahrhundert früher errungen. Die politische Klasse kann daher hier auf eine weitaus ältere Tradition verweisen, die bis in die Zeit der Unterwerfung der indigenen Völker zurückreicht, und primär auf Landbesitz basiert. Die großen *Latifundien* in den Flächenstaaten haben die Entwicklung zur industriellen Agrarwirtschaft erleichtert. In den Andenstaaten gibt es eine *Montanindustrie*, deren Anfänge auf das 16. Jahrhundert datieren. Die Industrialisierung war, wenn auch stark von Klein- und Mittelbetrieben getragen, mit der Entwicklung eines Proletariats verbunden, das sich spätestens Anfang des 20. Jahrhunderts zu organisieren begonnen hat. Die Vermittlung zwischen den Klassen und Klassenfraktionen, d.h. zwischen der Handels- und Industriebourgeoisie und der ländlichen Oligarchie einerseits und dem städtischen und ländlichen Proletariat, den Kleinbauern, Pächtern und Landlosen andererseits stellte die Staaten vor eine besondere Herausforderung, die speziell in Mexiko und Argentinien in der ersten Hälfte des vorigen Jahrhunderts *mit der Gründung populistischer Massenparteien* beantwortet wurde.[98] Die Gründung der Peronistischen Partei in Argentinien war mit der Verstaatlichung des Transport-, Verkehrs- und Energiesektors und dem Aufbau eines staatlichen Bank- und Kreditwesens verbunden (Boris/Hiedl 1978, 79). Ein wichtiges Motiv für *Verstaatlichungen* war in Lateinamerika neben der Sozialpolitik der Schutz der nationalen Souveränität gegen zu starke wirtschaftliche Einflüsse aus dem Ausland, speziell den USA. Häufig wurden die Öl- und Gasindustrie sowie Bergwerke verstaatlicht (Bolivien 1937, Mexiko 1938, Chile 1971).

Als in den 1980er Jahren das Entwicklungsmodell der importsubstituierenden Industrialisierung deutlich an seine Grenzen stieß, suchten fast alle lateinamerikanischen Regierungen das Heil in einer neoliberalen Wirtschaftspolitik und damit in der Privatisierung von staatlichen Betrieben und Leistungen, zumal sie sich dem Druck von IWF, Weltbank und Interamerikanischer Entwicklungsbank ausgesetzt sahen. Außer Chile privatisierten noch Argentinien und Peru Unternehmen in praktisch allen Wirtschaftsbereichen. Kurzfristig ließ sich durch die Einnahmen die Schuldenlast senken. Aber die soziale Ungleichheit nahm zum Teil enorm zu (Schiavon 2006). Die Liberalisierung der Märkte entsprechend der neoliberalen Agenda beantworteten einige Regierungen dann nach 2000 wieder mit Verstaatlichungen (Argentinien, Bolivien, Ecuador, Venezuela). 2014 wurde in Ecuador die Privatisierung des Wassers gesetzlich verboten. Nach dem Quasi-Putsch in Brasilien, Bolivien und Ecuador setzten die dortigen Regierungen wieder auf neoliberale Lösungen.

98 Die Partei der Institutionalisierten Revolution in Mexiko (gegr. 1929) und die Peronistische Partei in Argentinien (gegr. 1947) ermöglichten mehr oder weniger lange Phasen politischer Stabilität.

In Brasilien hat der Senat im Juni 2020 ein Gesetz zur Privatisierung des Wassermanagements verabschiedet.

In *Chile* wurde (auch im internationalen Vergleich) sehr früh ein Privatisierungsprogramm durchgezogen, nachdem die Regierung Allende 1973 durch einen von der US-Regierung orchestrierten Putsch gestürzt worden war. Anlass war neben dem provokativen Modellcharakter eines demokratischen Sozialismus die Verstaatlichung der weltwirtschaftlich relevanten Kupfervorkommen gewesen. Chile verfügt über die größten Kupferreserven der Welt. Nach dem blutig erzwungenen Machtwechsel erhielten die Schüler der neoliberalen Chicago-Schule der Wirtschaftswissenschaft freie Hand für ihr wirtschaftspolitisches Experiment.

Die Putschregierung unter Pinochet ließ sich dabei bemerkenswerterweise nicht auf die Re-Privatisierung der strategisch wichtigen Kupferindustrie ein. Deren Verstaatlichung wurde nicht zurückgenommen. Der Kupferabbau ist die tragende Säule der chilenischen Wirtschaft. Die größte Kupfermine Codelco ist nach wie vor in Staatsbesitz. Zehn Prozent der Gewinne fließen in den Militärhaushalt. Nur ein Teil der Bergwerke wird von privaten, teils ausländischen Gesellschaften betrieben. Der Anteil der Privatunternehmen an der Kupferproduktion hat erst seit 1990 beträchtlich zugenommen. Mehr als ein Drittel aller ausländischen Direktinvestitionen flossen in den Nullerjahren in den Bergbau (Rüttinger u. a. 2014). Auch die Energiewirtschaft blieb unangetastet. Über Öl- und Gasvorkommen verfügt Chile nicht.

Die Privatisierung konzentrierte sich auf staatliche Dienstleistungen. Bis 1979 wurden 20 Prozent der Staatsbediensteten entlassen und der Staatshaushalt um die Hälfte zusammengestrichen. Privatisiert wurden das Bildungswesen, das Gesundheitswesen, die Altersversorgung, vor allem aber auch die Wasserressourcen und das Wassermanagement. Dekrete der Pinochet-Regierung haben außerdem die Privatisierung der Mapuche-Territorien im Süden Chiles erzwungen, was zur Auflösung der indigenen Gemeinschaften geführt hat. Diese erhielten keinerlei Entschädigung.

Schulen und Universitäten sind weitgehend privat, was den äußerst selektiven Charakter des chilenischen Bildungssystems bedingt. Wer studieren will, muss hohe Studiengebühren entrichten, und wenn man einen Bildungskredit in Anspruch nimmt, gerät man leicht in die Schuldenfalle. 80 Prozent der über 18-Jährigen sind verschuldet. Außerdem wird über politische Indoktrination in den Privatschulen geklagt (deutschlandfunk.de[2]).

Das Gesundheitswesen hatte bis 1981 weitgehend in staatlicher Verantwortung gelegen. Der Nationale Gesundheitsdienst deckte die Behandlungskosten für die Arbeiter*innen ab und stellte landesweit eine breite Infrastruktur von Krankenhäusern und medizinischen Praxen bereit (Rotthaus 2006, 114). Heute dominieren *private Krankenversicherungen und private Kliniken* den Gesundheitsmarkt, nachdem sie mit Hilfe öffentlicher Gelder ausgebaut worden sind. Das hat zu einer Zwei-Klassen-Medizin mit einer öffentlichen und einer privaten Versorgung geführt. Etwa 20 Prozent der Bevölkerung sind privat versichert. Von den über 65-Jährigen können sich nur ein paar Prozent eine solche Versicherung leisten (ebd.). Die Aufnahme in eine der Privatversicherungen ist zudem von einer Risikoabschätzung abhängig. Hoch riskante »Fälle« konzentrieren sich daher im öffentlichen Versorgungssystem (Rotthaus 2006, 116). Dort müssen Patienten zehn bis zwanzig Prozent Eigenleistung erbringen. Nur wer an der Armutsgrenze lebt, ist davon befreit (ila, 12/2019). Die Versicherungsbeiträge werden nicht mehr wie früher paritätisch erhoben, sondern nur noch von den Lohnabhängigen. Bei den privaten Versicherungen und Kliniken ist es wie anderswo zu Konzentrationsprozessen gekommen, in deren Ergebnis heute sowohl die Erbringer der Leistungen (Kliniken) als auch die Versicherer (ISAPRES) von fünf großen Holdings kontrolliert werden (boell.de). Die Altersversorgung wurde unter Pinochet auf Kapitaldeckung umgestellt und damit dem Finanzmarkt ausgeliefert. 80 Prozent der Rentner*innen haben eine Rente unter dem Mindestlohn und müssen sich ein Zusatzeinkommen erarbeiten.

Dramatische Folgen für Bauern und indigene Gemeinschaften, aber auch für die chilenische Bevölkerung insgesamt, hat *die Privatisierung des Wassers.* Für Bauern und indigene Gemeinschaften bedeutet es die Enteignung des elementaren Nahrungs- und Produktionsmittels. Mit dem Water Code von 1981 wurde Wasser zu einem frei handelbaren Gut. Die Generaldirektion Wasser im Ministerium für öffentliche Arbeiten verleiht die Wasserrechte über ein Auktionssystem. Sie werden an private Nutzer und Anbieter vergeben, was den Zugang zu Wasserreserven von der Finanzkraft abhängig macht (Rüttinger 2014). Die Wasserversorger gehören heute großen multinationalen Unternehmen, vor allem der Suez Group (franz.), Aguas de Barcelona (span.) und Marubeni (japan.) (E+Z 07/08 2020, 26).

Ärmere Stadtbezirke in Santiago können sich das Wasser so wenig leisten wie Kleinbauern. Großgrundbesitzer, die unter anderem den Avocado-Markt beherrschen, monopolisieren die Wasserreserven (FoodFirst 1/20, 6f.). In der Metropolregion Santiago verbraucht die Landwirtschaft 74 Prozent des Wassers (E+Z 07/08 2020, 26). Auf den Bergbau und die damit verbundene Industrie entfielen 2014 zwanzig Prozent des chilenischen Wasserverbrauchs, und die staatliche chilenische Kupferkommission schätzte damals, dass sich der Wasserverbrauch der gesamten chilenischen Kupferindustrie bis 2020 verdoppeln würde (Rüttinger 2014, 9). Die größte Kupfermine, das staatliche Bergwerk Chuquicamata mit einem enormen Wasserverbrauch, liegt in der Atacama-Wüste, wo die jährliche Niederschlagsmenge geringer ist als in der Sahara (ebd.). Die absehbaren Folgen für die Umwelt und damit für die Gesellschaft sind verheerend. Inzwischen hat sich die Lage extrem verschärft, weil das Land seit 2010 unter einer großen Dürre leidet.

Die Umweltbilanz des staatlichen Bergbauunternehmens und dessen Umgang mit Gewerkschaften zeigen, dass Staatsbesitz nur unter adäquaten politischen Voraussetzungen für die Gesellschaft von Vorteil ist. Im Fall von Chuquicamata werden Kämpfe um ökologische und soziale Standards anscheinend noch mehr erschwert als bei Privatunternehmen. So gelang es dem Staat als Eigentümer nach Einschätzung von Rüttinger u. a., »eine starke Position gegenüber der größten chilenischen Gewerkschaft zu bewahren. Gewerkschafter wurden wie andere Regimegegner interniert, gefoltert und ermordet, darunter auch Gewerkschafter aus Chuquicamata (Finn 1998). Die große Macht der Gewerkschaften wurde unter der Herrschaft Pinochets reduziert und ist bis heute nicht wiederhergestellt worden (Nem Singh 2010). Im Vergleich zu anderen Staaten ist ihre Verhandlungsmacht gering, nur 12 % der Arbeitskräfte sind Mitglieder von Gewerkschaften. Stattdessen dominieren starke Unternehmensverbände« (2014, 14).

In *Mexiko* war die Hinwendung zum Neoliberalismus nicht Folge eines Putsches wie in Chile, sondern die Konsequenz aus der Krise des Entwicklungsmodells der importsubstituierenden Industrialisierung. Mexiko war Ende der 1970er Jahre trotz oder wegen eines hohen Ölpreises hoch verschuldet.[99] Verschärft wurde das Problem durch die Geldmengenpolitik der US-Notenbank Fed unter Paul Volcker mit dem damit verbundenen Zinsanstieg. 1982 musste die Regierung daher die Zahlungsunfähigkeit erklären und die Hilfe des IWF in Anspruch nehmen.[100] Drei Umschuldungsrunden und die »Dauerpräsenz des Internationalen Währungsfonds« prägten die 1980er Jahre (Boris 1996, 30). Die Politik der Privatisierungen ist im Kontext der Maßnahmen zu sehen, die üblicherweise ein Strukturanpassungsprogramm ausmachen, nämlich Haushaltskürzungen, Tariferhöhung für öffentliche Güter und Dienstleistungen, Liberalisierung der Außenwirtschaftsbeziehungen, Reallohnkürzungen und Deregulierung der Arbeitsverhältnisse (Boris 1996). Letztere

---

99 Die zeitweise hohen Einnahmen aus der Ölwirtschaft verleiteten zur Verschuldung.

100 Das Hauptproblem waren strukturelle Schwächen (Boris 1996). Da der Erdölexport die meisten Einnahmen brachte, wurde in den 1970er Jahren vermehrt in die staatliche Ölgesellschaft investiert, wobei man damit rechnete, dass die Bedienung der externen Kredite durch den Verkauf des Öls gesichert sei. 1981 enttäuschte aber der Preisverfall für Öl diese Erwartung (Sangmeister 1992, 187).

waren sowohl Voraussetzung wie auch Folge der Privatisierung von Betrieben.

In einem ersten Schritt wurden 1983/84 nur eher »kleine Einheiten« ohne strategische Relevanz für die mexikanische Wirtschaft privatisiert. Sie machten noch 1988 nur einen geringen Anteil an der Wertschöpfung des öffentlichen Sektors aus (Boris 1996, 44). Die Banken wurden sogar noch 1982 unter der Regierung de la Madrid entgegen der neuen politischen Orientierung verstaatlicht, um die Kontrolle über Kreditregulierungen wiederzugewinnen. Sie sollten dann erst 1991 und 1992 reprivatisiert werden (72). Staatliche Betriebe wurden in der ersten Phase nicht nur an private Investoren, sondern auch an Kooperativen und Gewerkschaften verkauft oder in kommunale Verantwortung transferiert (66). *Erst Anfang der 1990er Jahre wurden Privatisierungen im großen Maßstab vollzogen.* Am einträglichsten waren dabei der Verkauf von 18 Handelsbanken und der Telefongesellschaft TELMEX. Veräußert wurden außerdem Versicherungen, Zuckerraffinerien, Düngemittelfabriken, ein Unternehmen der Nahrungsmittelindustrie, ein Bergbauunternehmen, ein Unternehmen der Metallverarbeitung und zwei Fluggesellschaften (68). Bei Eisenbahnen, Häfen, Straßen und Brücken wurden Konzessionen an Private vergeben. Miriam Heigl (2006) spricht von »Kernstücken des Staatseigentums« (154) und »strategischen Bereichen« (155). 2013 wurde unter der Präsidentschaft von Pena Nieto (2012 bis 2018) auch das Bildungssystem für Privatisierungen geöffnet. 2002 gab es in Mexiko nur noch 202 parastaatliche Unternehmen gegenüber 1.155 im Jahr 1983 (147).[101] Darunter waren 2006 noch das Institut für Sozialversicherungen und die beiden Elektrizitätsgesellschaften (155).

Die Privatisierung der staatlichen Ölgesellschaft Petroleos Mexicanos (PEMEX), einer der größten Ölgesellschaften weltweit, die 2014 mehr als ein Drittel des Staatshaushalts erwirtschaftete, bildete

101 Als parastaatliche Unternehmen bezeichnet Heigl Wirtschaftsorganisationen, die sich vollständig oder mehrheitlich in Staatsbesitz befinden.

für die Regierungen eine heikle Aufgabe. Beim Ölgeschäft hat man eine Teilprivatisierung ermöglicht, indem man zwischen primären, sekundären und tertiären Ölprodukten oder Ölgeschäften, d.h. zwischen Prospektion, Exploration, Förderung, Verarbeitung (Raffinerien), Verteilung und Verkauf, unterschied. Die primären sind der staatlichen Gesellschaft vorbehalten. Tertiäre petrochemische Produkte sind seit 1989 zu 100 Prozent für Privatinvestoren zugänglich. Im Bereich der sekundären petrochemischen Produkte war seit 1996 eine 49-prozentige Beteiligung von Privatinvestoren erlaubt (157). Anfang der Nullerjahre wurde die Beteiligung des privaten Sektors im Bereich der Exploration und Förderung von Erdöl und Naturgas über die Einführung eines neuen Finanzierungsschemas – den *Contratos de Servicios Múltiples* (CSM) ausgeweitet, das den ÖPP-Modellen zu entsprechen scheint.[102] Unter der Präsidentschaft von Pena Nieto wurde schließlich 2014 durch Verfassungsänderung die Teilhabe privater mexikanischer und ausländischer Firmen bei der Erkundung und Ausbeutung für einen Teil der Erdölfelder sowie die Rechtsübertragung auf 79 Prozent der Felder mit Ölreserven auf mexikanischem Territorium autorisiert. Ab 2015 begann PEMEX mit den Ausschreibungen (amerika21.de, 21.2.2017). Ende 2015 wurde gemeldet, dass Mexiko bei der Versteigerung seiner Reserven 25 Erdöl- und Gasfelder veräußern konnte (stromseite.de). Eine verdeckte Privatisierung sehen Kritiker seit langem in den Vermögenstransfers ins Ausland bei zugleich geringen Investitionen. Der 2018 mit hohen Erwartungen seitens der sozialen Bewegungen ins Präsidentenamt gewählte López Obrador ist bemüht, die Erdölproduktion wieder stärker unter staatliche Verfügungsgewalt zu bringen.

Bei der Elektrizitätswirtschaft ging man ebenfalls den Weg der schrittweisen Teilprivatisierungen. 1992 wurden im Zusammenhang mit den NAFTA-Verhandlungen die Verfassungs- und Ge-

102 Dafür spricht, dass die CSM gesellschaftlich umstritten sind, weshalb sie 2006 dem Verfassungsgericht zur rechtlichen Prüfung vorlagen (Heigl 2006, 158).

setzesvorgaben zur Elektrizitätsversorgung neu definiert, so dass sich das staatliche Monopol der beiden Elektrizitätsgesellschaften bald nur noch auf den Bereich der öffentlichen Versorgung bezog. Die Produktion von Elektrizität für den Eigenverbrauch in kleinen Mengen, den Export, die Co-Produktion von Elektrizität und die Produktion von Elektrizität durch unabhängige Produzenten (Independent Power Producers, IPPs) sind für Privatunternehmer freigegeben. Nach Gründung der ersten IPPs im Jahr 1997 wuchs deren Produktionsvolumen anteilsmäßig ständig an (Heigl 2006, 156).

Seit der Energiereform von 2013 konkurrieren private Anbieter mit der staatlichen Gesellschaft CFE auf dem *Strommarkt*, und zwar besonders im Bereich der Erneuerbaren Energien, nachdem 2008 das »Gesetz für die Nutzung Erneuerbarer Energien und für die Finanzierung der Energiewende« verabschiedet worden war. Der Markt für saubere Energien wurde über Ausschreibungen und Auktionen für private Anbieter geöffnet. 2015 wurden eine Energieregulierungsbehörde und eine staatliche Netzagentur eingerichtet, um den neu geschaffenen Energiegroßhandelsmarkt zu regulieren.

Die Regulierung ändert nichts daran, dass die Nutzung der natürlichen Energien im Land großenteils ein privates Geschäft geworden ist, dessen finanzieller Ertrag den Mexikaner*innen nur partiell über die Besteuerung zugutekommt. Kapitaltransfer ins Ausland bedeutet für sie auf jeden Fall einen Verlust. Eine aufschlussreiche Meldung vom Juli 2020: »In jüngster Zeit gab es vermehrt Spannungen zwischen der Regierung und privaten Erzeugern Erneuerbarer Energien. Nach Angaben von Amlo (Spitzname des Präsidenten Obrador, G. A.) hätten die Unternehmen Verträge über die Lieferung von Elektrizität an die staatliche Comisión Federal de Electricidad (CFE) auf betrügerische Weise zu ihrem Vorteil abgeschlossen. Nun werde jeder Vertrag zwischen der CFE und diesen Firmen einzeln überprüft« (amerika21.de, 5.7.2020). Im Übrigen wird den Unternehmen der Bau von Windparks auf dem

Land von indigenen Gemeinschaften ohne deren Zustimmung vorgeworfen (ebd.).

1992, in demselben Jahr, in dem das Nordamerikanische Freihandelsabkommen NAFTA beschlossen wurde, hat man auch einen Artikel der mexikanischen Verfassung geändert, der bis dahin *die Marktöffnung der bäuerlichen Landwirtschaft*, speziell den Handel mit Land, verhindert oder behindert hatte. 1917 hatten die Gründerväter des neuen Mexiko ein System des gemeinschaftlichen Landbesitzes von bäuerlichen Gemeinden, *das Ejido*, in der Verfassung verankert. Daneben kannte die Verfassung noch zwei Arten von Landbesitz: nationales Eigentum und privaten Grundbesitz. Beim Ejido handelte es sich um eine Form kollektiver Bewirtschaftung, bei der man sich an präkolumbianischen Verhältnissen orientierte. Die Ejidos waren aber anders als die indianischen Gemeinden (communidades agrarias) Neugründungen, die erst durch Urbarmachung von Land geschaffen oder durch Enteignung von Latifundien erkämpft werden mussten. Ein Ejido besteht aus zwei Teilen, der gemeinsam genutzten Allmende und den einzelnen Parzellen im Besitz der Ejidatarios. Die Zuweisung war nicht nur Gewohnheitsrecht, sondern es gab auch vor der privatrechtlichen Neuordnung von 1992 ein Landbesitzkataster, und der Besitz war innerhalb der Familie vererbbar (Hildebrandt 2002). Aber der Ejidatario durfte seinen Anteil am Land nicht verkaufen, verpachten oder mit Hypotheken belasten.

Ziel der »Reform« war es nun, genau das zu ändern, um die statischen Verhältnisse im Sinne einer kapitalistischen Marktordnung in Bewegung zu versetzen. Die Commons wurden unter den Angehörigen des Ejido aufgeteilt, und die individuell zugeordneten Anteile wurden zusammen mit der jeweiligen Parzelle Privateigentum, das damit kommodifiziert wurde. Die neuen Eigentümer können jetzt »nach Belieben verkaufen, verpachten, Hypotheken aufnehmen, Joint Ventures mit Agrarunternehmen eingehen oder weiteres Land dazu kaufen. Auf diese Art und Weise dürfen sich auch Fremde im Ejido einkaufen« (156). »Der Akkumulation von mehreren Rechtstiteln sind sehr lockere Grenzen gesetzt. Dies fördert die Konzentration von Land und damit von Macht in den Händen Einzelner« (157). Dies ist im Sinne des Wettbewerbs- und Leistungsgedankens, mit dem die Modernisierung der Landwirtschaft vorangetrieben werden soll. Viele sahen sich mit der Abschaffung der staatlichen Garantiepreise, dem Preisverfall und der übermächtigen Konkurrenz der US-Importe zur Aufgabe gezwungen. So ist ein großes Angebot von Pachtland entstanden, das von den Agrarkonzernen oder auch den Neolatifundios genutzt wird (167) – ein weiterer Zugewinn für die industrielle, exportorientierte Landwirtschaft.

Aus einem Land mit einer für lateinamerikanische Verhältnisse musterhaften Sozialordnung, wenn auch einem sklerotisierten politischen System ist ein Land mit hoher Armuts- und Kriminalitätsrate,[103] ein von Gewalt zerfressenes Land geworden. Die partielle Privatisierung der Ölindustrie hat die staatlichen Mittel für Sozialprogramme beschränkt (amerika21.de, 21.2.2017). Gewerkschaften und Bauernverbände wurden geschwächt bis entmachtet. Die wirtschaftliche und politische Krise wurde im Interesse des internationalen Kapitals beantwortet. Es bleibt der Bevölkerung nur die Hoffnung, dass Präsident López Obrador im Bündnis mit den Kräften, auf die er sich bei der Wahl gestützt hat, für die Allgemeinheit wieder einiges von dem zurückholt, was der Kapitalverwertung überlassen wurde. Ob ihm das bei den vielen Widersprüchen und Konflikten, denen Mexiko ausgesetzt ist, gelingt, ist offen.

Argentinien sah sich wie Mexiko in den 1980ern mit Schüben von Hyperinflation konfrontiert. Die Regierung hatte Mitte der 1970er Jahre ein »ultra-liberales Stabilisierungsprogramm« verabschiedet (Boris/Hiedl 1978, 168). 1991 nahm man wegen Zahlungsunfähigkeit noch entschiedener zur neoliberalen Wirtschaftspolitik Zuflucht. *Die Verabschiedung des »Konvertibilitätsgesetzes«* bildete den Auftakt dazu. Damit wurde die argentinische Währung zu einer

---

103 Die Angaben zur Armutsrate sind unterschiedlich. Häufig werden mehr als 40 Prozent angegeben. 2016 mussten 34,8 Prozent der Mexikaner*innen mit 5,50 US-Dollar pro Tag auskommen.

festen Parität von 1:1 an den US-Dollar gebunden.[104] »Ferner untersagte das Gesetz der Zentralbank, Geld zur Finanzierung des Haushalts zu drucken, mit der Folge, dass monetäre Expansion praktisch nur im Austausch mit Devisen stattfinden konnte« (D'Alessio 2002, 48). Damit wurde eine eigenständige Geldpolitik als wirtschaftspolitisches Instrument aus der Hand gegeben und zugleich wurde dem Gebot des Monetarismus Rechnung getragen. Die Geldmenge richtete sich nämlich zwangsläufig an der Produktivität aus. »Die feste Anbindung an den nordamerikanischen Dollar wurde von einem Reformprogramm begleitet, das zur Normalisierung des Schuldendienstes gegenüber Gläubigerbanken, zur flächendeckenden Privatisierung von Staatsbetrieben, zur handelspolitischen Öffnung der Wirtschaft und zur Teilprivatisierung der Rentenversicherung führte« (ebd.). Kein Wunder, dass Argentinien in den 1990er Jahren »als Modell neoliberaler Reformen angepriesen« wurde (47).

Durchschnittliche Wachstumsraten von sieben Prozent und der Anstieg der Reallöhne dank Eindämmung der Inflation stimmten zunächst zuversichtlich. Aber der bald überbewertete Peso brachte zusammen mit Handelsliberalisierung eine starke Zunahme der Importe mit sich, was die argentinische Industrie beeinträchtigte. Handelsbilanzdefizite ließen die Verschuldung des Staates erneut ansteigen. Zur Deckung von Staatsschulden wurden teilweise die neu zur Altersversorgung eingerichteten Pensionsfonds verwendet (50).

Bei der Privatisierung von staatlichen Dienstleistungen, Infrastruktur, Industrieunternehmen und Banken veranlasste der Bedarf an Devisen aufgrund der negativen Handelsbilanz *das Werben um ausländische Investoren*. »Hier bot sich die Einwerbung ausländischer Investitionen im Zuge des Privatisierungsprozesses als probates Mittel an« (Haldenwang 2002, 13). Die ausländischen Investitionen konzentrierten sich auf die Energie-, Elektrizitäts- und Wasserversorgung, auf Kommunikation, Banken und den Dienstleistungssektor

---

104 Nach Aussage des Finanzexperten Michael Hudson hatte sich die Regierung schon in den 1970er Jahren unter dem Druck der USA verpflichtet, Staatsschulden in US-Dollar abzurechnen (jW, 3.9.2020; dazu Boris/Hiedl 1978, 175f.).

(D'Alessio 2002, 50). Als sich die Lage zunehmend verschlechterte, trennte sich der Staat 1999 von seinen restlichen Anteilen am Erdölkonzern YPF (Yacimientos Petrolíferos Fiscales).

Die Privatisierung führte wie üblich zu steigenden Kosten für die Verbraucher*innen. Erwähnt werden Klagen der Landwirtschafts- und Industrieverbände über die hohen Tarife im Kommunikations-, Elektrizitäts- und Dienstleistungssektor. Nicht selten war der Staat nach der Veräußerung von traditionell defizitären Staatsbetrieben gezwungen, die Schulden der Unternehmen zu übernehmen, was seine Schuldendienstquote erhöhte (Haldenwang 2002, 13). Die Konzentration der ausländischen Investitionen auf binnenmarktorientierte Sektoren erbrachte nichts für die Deckung des Devisenbedarfs.

Dem standen die steigende Erwerbslosigkeit und die verstärkte Konzentration in der Wirtschaft, und zwar bei zunehmenden Übernahmen durch ausländisches Kapital, gegenüber. »Die Eigentumsverhältnisse haben sich in der Periode merklich verändert. Während sich im Jahre 1993 280 der 500 größten Unternehmen in einheimischen Händen befanden, fiel diese Zahl auf 208 im Jahre 1998« (ebd.). Es war eine steigende Anzahl von Unternehmen zu verzeichnen, die mehrheitlich von ausländischem Kapital kontrolliert wurden. Die ausländischen Unternehmen transferierten ihre Gewinne überwiegend ins Ausland. »Gleichzeitig führte die Privatisierung zu wachsenden Kapitalabflüssen, als die argentinischen Tochtergesellschaften begannen, ihren Konzernmüttern in den USA, in Spanien oder Frankreich Gewinnanteile zu überweisen« (Haldenwang 2002, 13; vgl. D'Alessio 2002).

Ende 2001 stand Argentinien schlechter da als zehn Jahre vorher, gefangen in einem Teufelskreis aus wirtschaftlicher Rezession, sozialer Verelendung, staatlichen Haushaltsdefiziten und Auslandsverschuldung. Die »nahezu totale Privatisierung des öffentlichen Sektors« führte nach Elmar Altvater dazu, dass »keine gesellschaftliche Instanz mehr die Fähigkeit besaß, in der schweren Finanzkrise seit 2001 regulierend einzugreifen« (2003, 192). Das Land durchlebte »die schwerste Krise der vergangenen 50 Jahre« (Haldenwang 2002, 3). Das neoliberale Modell hatte seine Bewährungsprobe nicht bestanden. 2002 trat der Präsident unter dem Druck von Streiks, Massenprotesten und Plünderungen zurück.

Unter der Präsidentschaft von Néstor Kirchner vom linken Flügel der peronistischen Partei erholte sich die Wirtschaft Argentiniens ab 2003. Seine Nachfolgerin Cristina Fernández de Kirchner verkündete 2012, dass der Staat wieder 51 Prozent der Anteile an der Ölgesellschaft YPF vom spanischen Konzern Repsol übernehme. Repsol hatte, als die Regierung in der Krise die Verbraucherpreise eingefroren hatte, seine Investitionen in Argentinien immer weiter zurückgefahren und sich nach attraktiveren Standorten umgesehen (José Natanson, in: LMd, 8.6.2012). Es war zu Versorgungsengpässen gekommen. Cristina Kirchner nahm in ihrer Amtszeit auch die Privatisierung der argentinischen Fluggesellschaft Aerolíneas Argentinas zurück.

Ihr Nachfolger wurde der Wirtschaftsliberale Mauricio Macri (2015-2019), der Argentinien mit einem Bündnis bürgerlicher Parteien wieder in die Krise führte. Die von ihm verfügte Deregulierung des Devisenhandels begünstigte den Kapitalexport, vor allem verleitete sie die Oberschichten mit dem neuerlichen Wertverfall des Peso zur Flucht in Fremdwährungen. Auf Privatisierungen unter der Regierung Macri verweist nur eine Nachricht von 2016. Damals wurden private Investitionen zur Erzeugung von Strom aus Erneuerbaren Energien im Wert von vier Milliarden US-Dollar vereinbart. Bei den Umschuldungsverhandlungen mit dem wieder hoch verschuldeten Land in 2020 spielte das Thema Privatisierung in den Medien keine Rolle.

Resümee: So wie sich in einem Großteil der lateinamerikanischen Länder in der Vergangenheit autoritäre Regime mit demokratischen Aufbrüchen abwechselten, so auch Verstaatlichungen der Wirtschaft mit Tendenzen zur Privatisierung. Die Ursachen liegen in der Krisenanfälligkeit der Staaten. Die immer wieder drohende Schuldenkrise ist durch hohe Leistungsbilanzdefizite und unzureichende Wettbewerbsfähigkeit auf dem devisenbringenden Weltmarkt bedingt. Für den Schuldendienst müssen im lateinamerikanischen Durchschnitt fast 50 Prozent der Exporterlöse verwendet werden. *Die Privatisierung staatlicher Unternehmen ist in den meisten Fällen gleichbedeutend mit der Übernahme durch ausländisches Kapital.* Während die Privatisierung staatlicher Infrastruktureinrichtungen und Dienste nur wie überall sonst mit Nachteilen für Beschäftigte und Verbraucher*innen verbunden ist, führt die Übernahme von extraktiven Unternehmen (Bergwerken, Ölförderanlagen, petrochemischen Betrieben) zum *Ausverkauf der natürlichen Ressourcen* eines Landes. Und bei starkem Gewinntransfer ins Ausland kommt Reichtum der Bevölkerung überhaupt nicht zugute. Der Schuldendienst bedingt einen *Nettoressourcentransfer* (Sangmeister 1991, 178). Die Versuche linkspopulistischer Regierungen, dies über Sozialprogramme zu ändern, die mit Exporterlösen finanziert werden, sind bisher nicht sehr erfolgreich gewesen. Die Kredite müssten nach Sangmeister dazu verwendet werden, rentable Investitionen zu finanzieren, deren Erträge zumindest dazu ausreichen, die Ansprüche der Gläubiger zu befriedigen (ebd.).

Der Wechsel des Entwicklungsmodells in Indien

Indien mit seinen mehr als 1,3 Milliarden Einwohner*innen besteht aus 28 Bundesstaaten und einigen von der Zentralregierung verwalteten Territorien. Der Staat ist durch religiöse, ethnische, speziell sprachliche Vielfalt gekennzeichnet, aber prägender für die Gesellschaft ist die Trennung zwischen Hindus und Muslimen, die von der hindu-nationalistischen Regierung zum Politikum gemacht wird, wie sie auch schon von der britischen Kolonialherrschaft instrumentalisiert wurde. Dies war eine der Ursachen für die Abtrennung von Pakistan als dem Staat für Muslime im Zuge der Unabhängigkeit 1947, was einen Bevölkerungsaustausch von 17 Millionen nach beiden Seiten, begleitet von Gewaltexzessen, zur Folge hatte.

Von Interesse für unser Thema ist *die Kombination von Hindu-Nationalismus und Neoliberalismus*, die seit 2014 die Politik bestimmt. Eine neoliberale Politik haben allerdings auch schon die von der Kongresspartei dominierten Regierungen seit Anfang der 1990er Jahre verfolgt. Kontinuierlich wird seitdem die wirtschaftliche Liberalisierung vorangetrieben, was unter anderem Freihandelsverträge und die Privatisierung der früher zahlreichen Staatsbetriebe einschließt.

Indien, mit Nehru Gründungsmitglied der Blockfreien Staaten, hatte nämlich nach der Unabhängigkeit mit einem stark planwirtschaftlichen System seinen Rückstand gegenüber den Industriestaaten aufholen wollen. So befanden sich noch 2001 drei Viertel der indischen Industrieproduktion in staatlicher Hand (Rieger 2001). 1948 war in einer *Industrial Policy Resolution* bestimmt worden, welche Wirtschaftsbereiche staatlicher Oberhoheit unterstehen sollten. Dazu gehörten Waffen- und Munitionsherstellung, Atomenergie, Eisen- und Stahlerzeugung, Kohle- und Erdölförderung, Eisenbahnen, Flugzeugbau, Schiffbau und die Herstellung von Kommunikationseinrichtungen für den Staat. Die Industrial Policy Resolution von 1956, die ab dem zweiten Fünfjahresplan Anwendung fand, teilte alle Industriezweige in drei Kategorien ein, wobei sie bereits bestehenden privaten Unternehmen neben dem staatlichen Sektor den Weiterbetrieb sicherte (ebd.). Später wurde ein staatliches Textilunternehmen gegründet, in den 1970er Jahren wurde der Staatssektor unter Premierministerin Indira Gandhi noch auf Dienstleistungsunternehmen wie Banken und Versicherungen ausgedehnt.

1991 vollzog man eine strategische Wende weg von dem bis dahin bestimmenden Entwicklungsmodell. Die Liste der 17 in der Industrial Policy Resolution von 1956 für den Staat reservierten Industriezweige wurde zunächst auf acht verringert und im März 1993 um zwei weitere reduziert, wobei man bei den ersten Privatisierungen noch an der staatlichen Mehrheitsbeteiligung festhielt (Rieger 2001, 322). Ein von der Regierung beauftragter Ausschuss empfahl dann in besonderen Fällen die Verringerung der staatlichen Beteiligung auf

26 Prozent. Und eine 1996 eingesetzte Kommission sollte schließlich ein auf lange Sicht angelegtes Privatisierungsprogramm erarbeiten (323). Sie wurde mit der Begutachtung von etwa einem Drittel der 240 damals noch staatlichen Unternehmen beauftragt. Die Widerstände waren jedoch so groß, dass die Privatisierungspolitik bis Ende der 1990er Jahre kaum Erfolge verbuchen konnte. 2010 zählte man noch über 470 staatliche Unternehmen, deren Wert auf rund 40 Prozent des Bruttoinlandsprodukts geschätzt wurde (Handelsblatt, 20.3.10).[105]

Unter der Regierung von Manmohan Singh von der Kongresspartei (2004 – 2014), in den 1980er Jahren Direktoriumsmitglied des IWF, wurde ein neuer Anlauf gemacht, einige Unternehmen wie Air India zu privatisieren. Nach einer Nachricht von 2010 wollte die Regierung damals bis 2014 rund 60 Staatsbetriebe an die Börse bringen, aber jeweils nur mit einem geringen Anteil von maximal zehn Prozent (Handelsblatt, 20.3.10).

Erst in jüngster Zeit ging die Regierung unter Protest der Gewerkschaften daran, unter anderem die Eisenbahngesellschaft, die Fluggesellschaft Air India, das Mineralölunternehmen Bharat Petroleum und einige staatliche Logistikunternehmen zum Verkauf anzubieten, wobei man bei der hoch verschuldeten Fluggesellschaft Air India staatlicherseits Schulden in Milliardenhöhe übernehmen wollte, nachdem man schon 2010 den Eigenkapitalanteil um 130 Millionen erhöht hatte, um die Attraktivität für Anleger zu erhöhen (Tagesschau, 8.1.2020). Im März 2020 wurde Air India zusammen mit der Billigtochter AI Express und Anteilen am Serviceunternehmen JV AI-SATS zum Verkauf ausgeschrieben.

Die Privatisierungspolitik muss man im Zusammenhang mit der *Öffnung zum Weltmarkt* sehen. Die USA und die EU wollen seit langem Zugang zum indischen Markt, dem sechstgrößten Binnenmarkt der Welt, und haben die Regierung innerhalb der Welthan-

105 Irritierend, aber nicht aufzuklären ist die große Differenz zwischen dieser Angabe im Handelsblatt von 2010 und der Zählung von Rieger, der schon 2001 nur 240 staatliche Unternehmen gezählt hat.

delsorganisation gedrängt, den Zutritt zu erleichtern. Beide haben außerdem Freihandelsabkommen mit Indien angestrebt.[106] Die Verhandlungen zwischen Indien und der EU sind jedoch seit 2012 unterbrochen, weil die indische Regierung bisher manche Erwartung der Verhandlungspartner enttäuscht. Sie möchte zum Beispiel die indische Landwirtschaft, speziell den Markt für Milchprodukte, schützen und konnte sich nicht auf den Wegfall der Einfuhrzölle einlassen (Sharma 2010). Aber bereits Anfang der 1990er Jahre war der Wechsel zur neoliberalen Wirtschaftspolitik mit einer enormen Zollsenkung und der Freigabe des Imports von Investitions- und Konsumgütern verbunden, was die Außenhandelsbilanz beeinträchtigte (bpb.de).

Auch die Änderung der Steuerpolitik entspricht der neoliberalen Agenda. Die Vereinfachung und Vereinheitlichung des Steuersystems von 2017 wurde von westlichen Wirtschaftsmagazinen als »revolutionär« bewertet, was viel verrät. 2019 folgte *die Senkung der Unternehmenssteuern* (ebd.). Weil die Besteuerung von Unternehmensgewinnen sinkt, steigt der Anteil der ausschließlich die Endkund*innen belastenden Mehrwertsteuer am Gesamtsteueraufkommen.

Indien hat seit Jahren ein hohes Wirtschaftswachstum, aber *die Armutsquote bleibt auf hohem Niveau.* So verwundert es nicht, dass es 2020 zu massenhaften Protesten gegen die neuerlichen Pläne zur Privatisierung von Staatsunternehmen kam. Im Januar war in der Tagesschau zu hören: »Mit landesweiten Streiks haben Millionen Arbeiter aus Protest gegen die Wirtschaftspolitik der Regierung von Premier Narendra Modi Teile des öffentlichen Lebens lahmgelegt. In einzelnen Bundesstaaten hatte die Protestaktion, zu der mehrere Gewerkschaften aufgerufen hatten, Auswirkungen auf den Bahn- und Straßenverkehr. Rajbir Singh ist einer der Demonstranten in Amritsar, im nördlichen Bundesstaat Punjab. Das ganze Land beteilige sich am Streik, erzählt er. Alle Banken seien geschlossen. ›Wir protestie-

106 Deutsche Global Player wie BASF, Bosch, Siemens, Daimler, VW und BMW haben schon lange Niederlassungen in Indien.

ren gegen die arbeitnehmerfeindliche Politik der Zentralregierung und gegen die geplanten Privatisierungen‹« (Tagesschau, 8.1.2020).

Die Größe der Protestwelle, nach Medienberichten über 200 Millionen Menschen, überrascht; denn nur ein kleiner Teil der indischen Lohnabhängigen ist gewerkschaftlich organisiert, weil die meisten, nach Arundhati Roy (2012) sogar 90 Prozent der Arbeiter*innen, nur ein informelles Beschäftigungsverhältnis haben. Selbst in der IT-Branche ist prekäre Beschäftigung vorherrschend. Die arbeitsrechtliche Absicherung und die Arbeitsbedingungen könnten sich also durch Privatisierungen zumindest für die Mehrheit nicht mehr verschlechtern. Etwas zu verlieren hätten die Arbeiter*innen in staatlichen Betrieben, darunter auch den Kohlebergwerken. Anfang Juli 2020 traten die Kumpel in einen dreitägigen Streik, um gegen den Beschluss der Regierung zu protestieren, die Zechen für die Privatisierung freizugeben. Schon 2018 sollten Kohlebergwerke versteigert werden (sonnenseite.com).

Im Übrigen ist die indische Regierung selbst unter Narendra Modi weiter sehr zögerlich mit privaten Beteiligungen an Staatsbetrieben. Skandalös ist der hohe Stellenwert, den *das Privatschulwesen* aufgrund der anscheinend niedrigen Qualität der öffentlichen Schulen hat. Hoch qualifizierte IT-Fachleute stehen einem hohen Prozentsatz von Analphabeten gegenüber (32 %, auf dem Land 45 %). Der Staat hat es nicht fertiggebracht hat, allen eine Grundbildung zu gewährleisten, die einen Weg aus der Armut eröffnen könnte. Selbst Hilfsarbeiter und Autorikscha-Fahrer legen sich krumm, um ihren Kindern, meist den Söhnen, den Besuch einer Privatschule zu ermöglichen. Die Kosten liegen umgerechnet zwischen 90 und mehreren tausend Euro jährlich.[107]

---

107 Ein Beispiel aus einer Reportage: »Roopa arbeitet als Köchin in fünf Haushalten in Nord-Delhi. Ihre drei Kinder haben staatliche Schulen besucht. Ihre älteste Tochter Gauri hat zwei Kinder und schickt sie an Privatschulen, wo sie 1400 Rupien im Monat zahlen muss. Das entspricht 200 Euro. Dabei lag das durchschnittliche Jahreseinkommen in Indien 2013 bei umgerechnet 1100 Euro« (E+Z 01/16).

Indien zählt 102 Milliardäre (wikipedia: Liste der Länder nach Anzahl an Milliardären, Stand: März 2020), was im Vergleich zu den USA und China eine noch mäßige *Konzentration des gesellschaftlichen Reichtums* sein mag. Aber zugleich gehört Indien zu den ärmsten Ländern der Welt. Zwei Drittel der indischen Bevölkerung leben in Armut, und ein Drittel gilt als extrem arm. Dazu kommt eine äußerst *mangelhafte Infrastruktur* (Sharma 2010), die den Inder*innen das Leben schwer macht. Bei dieser stillen, historisch verfestigten Art der Enteignung bietet die Privatisierung staatlicher Industriebetriebe nur eine kleine zusätzliche Möglichkeit der privaten Bereicherung. Völlig verkehrt und für die breite Masse folgenreich wäre die Privatisierung der desolaten Infrastrukturanlagen.

Folgendes Urteil von Elmar Altvater trifft besonders auf Indien zu: »Die Privatisierung […] spaltet die Gesellschaften in die Marktbürger, die sich mit monetärer Kaufkraft ausgestattet, nahezu alles leisten können, und in die Staatsbürger, die mit einem reduzierten Angebot öffentlicher Leistungen vorlieb nehmen müssen« (2003, 187).

Resümee: Weltweit von Gemeinwohlorientierung zur »contract culture«

Die Politik der Privatisierungen ist heute weltumspannend. Nicht nur in den hier exemplarisch behandelten Regionen wurden Infrastrukturen und ehedem staatliche Dienste privatisiert oder teilprivatisiert, oft in Öffentlich-Privater Partnerschaft weitergeführt, jedenfalls für das Anlage suchende Kapital, d.h. für den Finanzmarkt geöffnet und von der Kaufkraft der »Kunden« abhängig gemacht. Das gilt selbst dort, wo Unternehmen noch in staatlicher Hand sind, aber in eine privatrechtliche Form überführt wurden. Die Vollprivatisierung der Infrastrukturen durch Verkauf hat man in den Industrieländern vermieden. Ausnahmen bilden Großbritannien und Neuseeland. In Osteuropa und den Entwicklungsländern war sie dagegen »gang und gäbe« (Finger 2006 b, 184). In einigen Ländern sind zwar nur wenige Staatsbetriebe privatisiert, aber der Trend geht nach den vorliegenden Planungen in diese Richtung, wenn der Widerstand nicht breiter und stärker wird. Schon eine oberflächliche Recherche zeigt, dass auch die Regierungen in Südostasien, Japan und Australien in diesem Punkt der neoliberalen Agenda folgen. In Sri Lanka beispielsweise zielt das Programm »Regaining Sri Lanka« auf die Privatisierung der Wasserversorgung, der zentralen Serviceleistungen für die Landwirte und von Teilen des Bildungssystems. Selbst in dem nominell sozialistischen Vietnam wurden 2017 über zwanzig staatliche Unternehmen privatisiert, für 127 weitere war dies vorgesehen. Die dortige Öffnung des Gesundheitswesens für private Investments hat eine Zweiklassenmedizin begünstigt, eine Folge des angeblich belebenden Wettbewerbsprinzips. In Malaysia hat dies ebenso wie in Indien und Thailand einen Medizintourismus gefördert. Es gibt dort immer mehr Kliniken, die ihre Dienste einem internationalen Publikum anbieten (jW, 26.8.2014).

In Westeuropa wurde die Politik der Privatisierung von der Europäischen Union vorangetrieben (siehe Kap. IV), *gepusht von mächtigen Lobbygruppen*, seit 1999 speziell vom European Services Forum, einem Zusammenschluss europäischer Dienstleistungsunternehmen. Als Vorbild diente die US-amerikanische Coalition of Services Industries.[108] In der Bundesrepublik wird die Privatisierung der Infrastruktur und staatlicher Dienstleistungen ebenfalls von mehreren sehr gut vernetzten und ausgestatteten Lobbygruppen gepusht, die die im Grundgesetz verankerte staatliche Verpflichtung zur Daseinsvorsorge infragestellen. Dazu gehören die »Initiative Neue Soziale Marktwirtschaft«, die »Partnerschaft Deutschland – Berater der öffentlichen Hand GmbH« (vorher »ÖPP Deutschland AG«), die Initiative »Finanzstandort Deutschland« und die Bertelsmann Stiftung. Argumentiert wird vor allem mit Bürokratie-

108 Die Gruppe preist als Ziel ihrer Lobbytätigkeit auf ihrer Website an: »To promote trade in services by eliminating barriers to entry and to cross-border services, including ensuring investment protection« (uscsi.org/about).

abbau, Kostenersparnis und höherer Effizienz. In den Ländern der Peripherie zwangen die vom IWF und der Weltbank verordneten Strukturanpassungsprogramme direkt oder oft auch indirekt zu Privatisierungen, weil Austerität und Marktöffnung mit dem etablierten System staatlicher Dienste inkompatibel waren.[109] Neben Weltbank und IWF setzt sich auch die OECD »aktiv bis aggressiv für private Dienstleister und größere Beteiligung privater Firmen an den Grunddienstleistungen ein (Kessler/Alexander 2006, 191). Unabhängig davon ging in den Ländern des Südens ein starker Druck von Staatsverschuldung oder dem Bedarf an Devisen aus.

Während die Politik der Privatisierung in den Ländern des Zentrums die Entwicklung und Expansion großer transnationaler Dienstleistungsmultis und Versorgungskonzerne wie RWE oder Veolia Environment befördert hat (Finger 2006 b), hat sie in den Ländern der Peripherie die Übernahme von Infrastruktur und Daseinsvorsorge durch ausländische Konzerne begünstigt und somit die Abhängigkeit verstärkt. Neben der Privatisierung des Gesundheitswesens ist die Privatisierung der Wasserversorgung und -entsorgung besonders folgenreich. Bis 2006 wurden bereits über 2.000 Wasserwerke in Öffentlich-Privater Partnerschaft betrieben (Kessler/Alexander 2006, 191). In den Ländern des Südens hat das oft zur Konsequenz, dass die moderne Wasserversorgung auf die großen Städte beschränkt bleibt, weil Konzerne Bau und Unterhalt der Infrastruktur auf dem Land zu unrentabel finden (ebd.). Die Kluft zwischen Stadt und Land, zwischen Reichen und Armen wird (nicht nur durch die Wasserprivatisierung) vertieft.

Generell wird mit den Privatisierungen das Verhältnis zwischen Bürger und Gemeinwesen gegen die Rollen Kunde und Anbieter ausgetauscht (Whitfield 2020, 114), was eine »contract culture« schafft, die von Händlerwerten und Geschäftsinteressen bestimmt ist (113). Das Gemeinwohl wird zweitrangig, und der Einfluss von

109 »In Entwicklungsländern wurde der Trend von der Weltbank unterstützt, bei der die Konzernlobbyisten ein und aus gingen« (Finger 2006, 189).

NGOs und Gewerkschaften wird marginalisiert (117). In Übereinstimmung mit Dexter Whitfield meint Sabine Nuss: »Die Unterwerfung der kommunalen Daseinsvorsorge unter die Marktlogik hat im Verbund mit vielen weiteren neoliberalen Entwicklungen der letzten Jahre zu einer stärkeren Spaltung der Gesellschaft geführt, in der jeder gezwungen wird, nur seinen eigenen Vorteil zu suchen« (2019, 117).

V.
Proteste, Initiativen, soziale Bewegungen

Der Raub von Land oder Wasser stößt immer wieder auf den Protest von Betroffenen, die ihren Lebensraum retten wollen, wenn es auch oft ein hilfloser Protest bleibt. Auch die Beeinträchtigung und Beschränkung des angestammten Lebensraums durch Pipelines, Staudämme etc. wird als Enteignung erfahren und trifft auf Widerstand. Erinnert sei an *das Protestcamp der Sioux in North Dakota*, mit dem sie zusammen mit Umweltschützern und anderen Aktivisten fast ein halbes Jahr lang 2016/17 gegen den Weiterbau der Dakota Access Pipeline kämpften. Nicht so erfolgreich, trotz der Solidarität anderer Natives, war 2020 der Protest einer Gemeinschaft in British Columbia gegen den Bau einer Erdgasleitung durch ihr Reservat, möglicherweise deshalb, weil die Aktionen nicht so viel öffentliche Aufmerksamkeit fanden wie das Protestcamp der Sioux. *Den Natives im peruanischen Amazonasgebiet* ist es nicht mehr möglich, die eintausend Kilometer lange Ölpipeline durch ihr Land zu verhindern; denn die ist vierzig Jahre alt. Aber sie fordern, unterstützt von Indigenen-Organisationen, Reparaturen an der maroden Leitung und die Sanierung von Böden und Gewässern (weltkirche.katholisch.de, 6.12.2018). Auch im ecuadorianischen Amazonasgebiet haben indigene Gemeinschaften gegen die Verseuchung ihrer Wälder und Gewässer durch die Ölförderung geklagt. Der Erfolg vor Gericht hatte leider wenige praktische Konsequenzen.

Auch die Lithiumförderung wird nicht widerstandslos hingenommen, schon wegen des Wasserverbrauchs, der die regionalen Ressourcen erschöpft. Am 28. April 2018 wurde berichtet: »Hunderte Menschen protestieren bei Sonnenuntergang in den Straßen von

Santiago de Chile. Auf ihren Schildern steht ›Chilenen gegen die Privatisierung des Reichtums der Nation‹ oder ›Lithium für Chile, nicht für Soquimich‹.[110] Unter den Demonstranten in der chilenischen Hauptstadt sind viele Gewerkschaften, aber auch Studentenorganisationen und gewöhnliche Bürger« (dw.com). Zu der Demonstration hatte *die Bewegung »Litio para Chile«* (»Lithium für Chile«) aufgerufen, eine wichtige Unterstützung für den »Consejo de Pueblos Atacameños«, den Rat der indigenen Völker der Region (ebd.). Im April 2019 schafften es lokale Proteste von betroffenen Gemeinden in die Meldungen der internationalen Presseagenturen. Am 25. Oktober 2019 berichtete Reuters, dass *der Rat der indigenen Völker* im Rahmen landesweiter Proteste gegen soziale Ungleichheit mit einer Straßenblockade auf die drohende Umweltzerstörung durch die Lithiumförderung aufmerksam machte (reuters.com).

Gegen die Staudammbauten am Xingú haben die dortigen Amazonas-Anrainer von Beginn an immer wieder protestiert, leider vergeblich. Im Juni 2016 wurde das Megaprojekt mit dem zynischen Namen Belo Monte, drittgrößtes Stauwerk der Welt, in Betrieb genommen. Die Indigenen hatten zusammen mit Umwelt- und Menschenrechtsorganisationen Straßen besetzt, Umweltstudien präsentiert, zwischendurch auch Baustopps erzwungen. 2012 hatten sie die Unterstützung von rund zehntausend Frauen des Demonstrationszuges Marcha das Mulheres, als einige die Zentrale der brasilianischen Entwicklungsbank BNDES im Zentrum von Rio de Janeiro zu besetzen versuchten. Grund für den Protest war die Kreditförderung für die umstrittenen Staudammbauten. »Das ist die Finanzierung des Todes unserer Völker«, erklärte Romancil Cretã vom *Zusammenschluss der Indigenen aus Süd-Brasilien.* »Es bedeutet den Verlust des Landes, der Identität«, sagte Cretã und verwies auf die von der Bank finanzierten Großprojekte als Auslöser für die soziale Situation der Indigenen (www.kooperation-brasilien.org, 20.6.2012).

110 Der chilenische Bergbaukonzern Soquimich (Sociedad Quimica y Minera de Chile, US-Börsenkürzel SQM) ist einer der weltgrößten Lithiumproduzenten. Die meisten Anteile hält die Familie Pinochet.

Aber seinem Volk half es auch nichts, dass damals zum Auftakt des Rio+20-Gipfels Umwelt-, Solidaritäts- und Menschenrechtsgruppen vor der brasilianischen Botschaft in Berlin und dem Firmensitz einer am Projekt beteiligten deutschen Firma protestierten. Die Aufmerksamkeit der internationalen Öffentlichkeit zu gewinnen, erhöht meist die Chancen des Widerstands. Bei zwei weiteren Megastaudämmen hat der Protest der autochthonen Gemeinschaften und Umweltaktivisten immerhin den vorläufigen Aufschub der Baumaßnahmen bewirkt.

Auch Land Grabbing wird nicht widerstandslos hingenommen. Bekannt ist *die Bewegung der Landlosen in Brasilien (Movimento dos Sem Terra, MST)*, die zwar primär damit von sich reden machen, dass ihre Anhänger brachliegende Agrarflächen von Latifundistas besetzen und damit auf ein schreiendes Unrecht aufmerksam machen. Ihre programmatische Forderung ist eine radikale Landreform. Aber die Gründung geht auf Landnahme durch neue agroindustrielle Großbetriebe in den 1970er Jahren zurück. Und auch in jüngster Zeit wurde Land besetzt, das gesetzeswidrig bewirtschaftet wird oder unter der Hand einer Großfarm zugeschlagen worden ist. Weniger bekannt ist *die indische Bewegung Ekta Parishad* (Solidarischer Bund), die seit etwa zwanzig Jahren vor allem in Zentral- und Südindien Widerstand gegen Vertreibungen leistet. 2007 marschierten etwa 250.000 landlose Bauern zu Fuß nach Delhi, um die indische Regierung zur Klärung der Landrechtsfrage zu bewegen.

Von Protesten in Afrika ist bisher wenig bekannt, möglicherweise deshalb, weil der Widerstand meist lokal beschränkt ist und keine größere Öffentlichkeit findet, so dass er schnell erstickt werden kann, womit er erst recht nicht publik wird. Zum Beispiel wurden die Proteste mehrerer Dorfgemeinschaften gegen Landraub in Sierra Leone 2019 gewaltsam niedergeschlagen, wobei Häuser zerstört und zwei Personen erschossen wurden (FIAN-Mitteilungen, April 2019). Dagegen haben Dorffrauen im selben westafrikanischen Staat, die sich mit externer Unterstützung mobilisierten, vorläufig den Kampf um die Nutzung einer verlassenen Palmölplantage gewonnen. Jedenfalls hat ein Gericht die bisherige Konzession aufgehoben (Afrika Bulletin Nr. 176, 11.11.2019).

Aus dem Senegal wurde berichtet, dass sich 37 Dörfer, die in einem 20.000 Hektar großen Gebiet im Reservat von Ndiael liegen, in einem Kollektiv zur Verteidigung ihres Landes zusammengeschlossen haben (Collectif pour la Défense des Terres du Ndiael). Das Gebiet war 2012 an das Unternehmen Senhuile-Senethanol (Senhuile) verpachtet worden. Jenes Kollektiv hat mit dem nationalen Bauernverband und verschiedenen NGOs eine Koalition gebildet, was den Widerstand erfolgversprechender macht. Außerdem hatte die Koalition sich langfristige und nicht regional begrenzte Ziele gesetzt.

Kleinbauern und nomadische Viehzüchter sind bisher ebenso wie indigene Gemeinschaften meist hilflos dem Landraub ausgeliefert, wenn sie nicht eine Form der Organisation für ihren Widerstand und NGOs als Bündnispartner finden, die dann auch, vertraut mit medialen Strategien, eine größere Öffentlichkeit mobilisieren können. Außerdem übernehmen sie oft eine Anwaltsfunktion und gewähren Rechtsbeistand. Ein Beispiel dafür ist der jahrelange Rechtsstreit einiger ugandischer Dorfgemeinschaften mit der Kaweri Coffee Plantation, den sie ohne die NGO nicht hätten durchhalten können (s. Kap. III).

Ein grundsätzliches Problem für Kleinbauern und -bäuerinnen wie für indigene Gemeinschaften und noch mehr für von Vertreibung bedrohte Slumbewohner*innen ist bisher das Fehlen einer politischen Organisation, so dass sie oft der Willkür staatlicher oder wirtschaftlich mächtiger Akteure ausgeliefert sind. Immerhin gibt es seit 1993 *die internationale Organisation La Via Campesina*, die die Interessen von Kleinbauern und Landlosen, aber auch von Fischern und Indigenen vertritt. Ihr haben sich nationale Vereinigungen aus 80 Ländern, vor allem aus den beiden Amerikas und Indien, zum Teil auch aus Afrika und Südostasien angeschlossen. Ihre Stärke liegt allerdings mehr in der Beeinflussung des Diskurses über Landwirtschaft und Ernährung. Mit dem Konzept der »Ernährungssouveränität« hat sie 1996 die kritische Diskussion über industrielle Landwirtschaft angestoßen.

Vor allem in Lateinamerika haben auch Indigene zu ihrem Schutz moderne Organisationen gegründet, die ihre Hilflosigkeit gegenüber den Mächten der kapitalistischen Gesellschaft mindern. Schon 1984 wurde die COICA (Coordinadora de las Organizaciones Indígenas de la Cuenca Amazónica) als Dachverband gegründet. An ihrer Seite kämpft die CAOI (Coordinadora Andina de Organizaciones Indigenas) für Menschenrechte und kollektive Rechte. Für solche Verbände ist ebenso wie für die Bauernvereinigungen die Unterstützung durch Menschenrechtsorganisationen entscheidend. Punktuell ist es auch zur Kooperation mit Gewerkschaften gekommen.

Widerstandsbewegungen gegen Biopiraterie sind erfolgreicher, wenn sich wie beim indischen Neem-Baum Persönlichkeiten aus Wissenschaft und Politik engagieren und nationale Interessen oder nationale Gefühle verletzt werden, was eine breite Unterstützung sichert.[111]

Während die Menschen, die die städtischen Slums des globalen Südens bevölkern, nicht nur rechtlos, sondern auch selten zur Selbstorganisation in der Lage sind, setzen sich in Europa die Bewohner*innen von Stadtvierteln, die von Gentrifizierung bedroht sind, mancherorts zur Wehr. Ein bekanntes Beispiel dafür ist die Nachbarschaftsinitiative Bizim Kiez[112] in Berlin-Kreuzberg, die seit 2015 mit Teilerfolgen gegen die Kündigung von Einzelhandelsgeschäften oder die Umwandlung von Miet- in Eigentumswohnungen, auch gegen Mieterhöhungen, Entmietungen und Luxusmodernisierungen kämpft. Das Geschäftsgebaren der Immobilienkonzerne hat die Bildung von Mietergemeinschaften (engl. Tenant Communities) provoziert, mit denen Mieter*innen gemeinsam ihre Rechte verteidigen.

In vielen Ländern haben sich mehr oder weniger breite Protest-

---

111 Als weiteres Beispiel zu Biopiraterie in Sri Lanka vgl. einen Bericht von Zahara Dawoodbhoy auf dem Portal *roarmedia* (26.3.2019).

112 Der Name setzt sich zusammen aus dem türkischen *bizim* (= unser) und dem Idiom *Kiez*.

bewegungen gegen Privatisierungsvorhaben formiert. In Spanien kam es 2013 quer durch das Land zu anhaltenden Massenprotesten gegen Privatisierungen im Gesundheitswesen. Im selben Jahr hat die vom EU-Binnenmarkt-Kommissar vorgelegte Konzessionsrichtlinie, die die Privatisierung des Wassers nicht ausgeschlossen hatte, die vermutlich größte, europaweite Bewegung ausgelöst. Die daraufhin gebildete *Europäische Bürgerinitiative »Wasser ist ein Menschenrecht«* oder Right2Water bekam so viel Unterstützung in der Bevölkerung, dass die Privatisierung im EU-Parlament abgelehnt wurde.

Die Privatisierung von Wasser stößt allgemein auf starken Widerstand mit hohem Aktivierungspotenzial, auch auf lokaler oder regionaler Ebene. *Der »Berliner Wassertisch«* hat die politische Agenda in ganz Deutschland beeinflusst. Auf einen Anstoß von attac hin gründeten Berliner*innen 2006 diese Initiative, die 2011 mit dem erfolgreichen Volksentscheid »Unser Wasser« die Rekommunalisierung der Wasserbetriebe auf die Tagesordnung setzte, die der Senat 2013 beschloss. Der »Wassertisch« hat sich zum demokratischen Kontrollorgan der Kommunalpolitik in Permanenz entwickelt. Das »Stuttgarter Wasserforum« konnte den Gemeinderat mit einem Bürgerbegehren 2010 zur Rekommunalisierung der Wasserversorgung bewegen. Der Rechtsstreit mit EnBW (Energie Baden-Württemberg AG) zog sich aber über Jahre hin.

In Emmen, einer Industriegemeinde bei Luzern/Schweiz (ca. 27.000 Einw.), verhinderte die Initiative »s'Wasser ghört üs«, angeregt vom Wasserforum Stuttgart, das Privatisierungsvorhaben des Gemeinderats. Die Einwohner*innen von Thessaloniki lehnten 2011 in einem Referendum die Privatisierung ihrer Wasserbetriebe ab. Der Kampf zog sich Jahre hin. Ein Generalstreik im Juni 2013 in Portugal richtete sich unter anderem gegen die weitere Privatisierung des Wassers. Negative Erfahrungen in einigen Gemeinden hatten die Stimmung angeheizt (deutschlandfunkkultur.de, 27.6.2013).

Für weltweites Aufsehen sorgte der »Wasserkrieg« der Einwohner*innen von Cochabamba in Bolivien gegen die Übernahme des

Wasserbetriebs durch einen US-Konzern im Jahr 2000. Bei den Protesten gegen die neoliberale Hinterlassenschaft des Pinochet-Regimes 2020 in Chile war eine zentrale Forderung, die vollständige Privatisierung und Kommerzialisierung der Wasserrechte rückgängig zu machen. Die Wasserknappheit, die sich unter anderem wegen des Abschmelzens der Andengletscher verschärfen wird, dürfte die Protestbewegung in Zukunft stärken. Eine Gemeinde im US-Bundesstaat Michigan hat gegen Nestlé das Recht auf ihr Wasser erstritten. Ein Gericht folgte nicht der Argumentation des Unternehmens, man leiste selbst einen »öffentlichen Dienst« (epochtimes.de, 9.12.2019).

Den Berliner Volksentscheid »Unser Wasser« hat *die Initiative »Gemeingut in Bürgerinnenhand« (GiB)* unterstützt. Die 2011 gegründete Initiative möchte generell den gesellschaftlichen Widerstand gegen Privatisierungsvorhaben durch Pressearbeit und andere Öffentlichkeitsarbeit, Aktionen im Internet und auf der Straße stärken. Der Einsatz gilt der Abwehr weiterer Privatisierungen und der Stärkung der demokratischen Kontrolle öffentlicher Einrichtungen und Dienste. Zu den Grundsätzen von GiB gehören:

- Über die Gestaltung von Gemeingütern soll nicht der Markt entscheiden, sondern die Menschen, deren historisch erworbenes Eigentum die öffentlichen Institutionen und Dienstleistungen sind.
- Öffentliche Einrichtungen bilden einen Teil des gesellschaftlichen Erbes, das uns allen gehört.
- Allen Menschen muss ein Leben ohne Angst und Not ermöglicht werden, hierzu ist die Umverteilung gesellschaftlichen Reichtums gerechtfertigt. Öffentliche Aufgaben sind u.a.: solidarische Krankenversicherung, ausreichende Absicherung bei Arbeitslosigkeit, ein auskömmliches Einkommen im Alter für alle Menschen, sozialer Wohnungsbau, kommunale Wasserversorgung.
- Privatisierung in allen Formen wird abgelehnt, weil sie Gemeingüter zu Waren macht und der demokratischen Kontrolle entzieht.

- Unabdingbare Voraussetzungen für Demokratie sind Transparenz und öffentlicher Diskurs; zur Demokratie gehören auch Volksentscheide (kommunalwiki.boell.de).

Einen Schwerpunkt der Arbeit von GiB bildet die Aufklärung über ÖPP-Projekte und deren Folgen. Besonders engagiert hat sich GiB beim Streit um die Berliner Schulbauoffensive, eine Form der formellen Privatisierung mit der Einbindung von zwei landeseigenen Unternehmen, der HOWOGE Wohnungsbaugesellschaft und der Berliner Immobilienmanagement (BIM), beide als GmbHs eingetragen.[113] Der Verein organisierte mit Unterstützung der GEW Berlin, von attac Berlin und weiteren Organisationen die Volksinitiative »Unsere Schulen«, die verhindern sollte, dass die Senatsverwaltung Neubau und Sanierung von Schulen an diese Unternehmen überträgt. In einem ausführlichen Gutachten zeigte GiB auf, dass damit eine Kostensteigerung zu erwarten sei, Transparenz und Demokratie darunter leiden werden und die Kreditaufnahme seitens der Unternehmen, die Übertragung der Grundstücke nach Erbbaurecht erfordere, was weitere fragwürdige Konsequenzen nicht ausschließe. Trotzdem verschloss sich der Berliner Senat den Argumenten, was die Schwierigkeiten bei der Abwehr von Privatisierungsvorhaben belegt.

2020 startete GiB eine bundesweite Kampagne gegen die weitere Privatisierung von Kliniken, wobei sie auf die offenbar gewordenen Engpässe und Versorgungsprobleme bei der Bewältigung der Covid-19-Pandemie verwies. Anlässlich der Konferenz der Gesundheitsminister*innen Mitte Juni 2020 rief GiB zu einem Aktionstag auf.

Im August 2020 gründete sich die Initiative »Für gesunde Krankenhäuser in NRW – für alle!«, die von örtlichen Bündnissen, von der Gewerkschaft ver.di, dem Sozialverband Deutschland, von attac, dem Verein demokratischer Ärztinnen und Ärzte und verschiedenen Bündnissen getragen wurde. Zentraler Punkt war die Beendigung der Privatisierungen. »Gesundheit darf nicht noch weiter zur

113 Die HOWOGE ist aus der kommunalen Wohnungsverwaltung aus DDR-Zeiten hervorgegangen. Bei BIM handelt es sich um den ehemaligen Liegenschaftsfonds der Stadt Berlin (W).

Ware verkommen«, so einer der Initiatoren (jW, 27.8.2020). Außer mit der Unterschriftensammlung wollte die Initiative mit vielfältigen Aktionen für ihre Ziele mobilisieren.

Im Kampf gegen die Privatisierungen ist *die Dienstleistungsgewerkschaft ver.di* ein wichtiger Partner. Ihre Generallinie ist die Ablehnung von Privatisierungen, gleich ob es sich um den Verkehrssektor, speziell den öffentlichen Nahverkehr, um Logistik und Kommunikation, kommunale Daseinsvorsorge oder Gesundheit handelt (vgl. z. B. ver-und-entsorgung.verdi.de). Die gewerkschaftlichen Forderungen nach besseren Arbeitsbedingungen und Löhnen stehen im Widerspruch zum Gewinnstreben von Unternehmen. Im Gesundheitswesen sind es speziell die Forderungen nach Aufwertung der Pflegeberufe und nach Abschaffung der Fallpauschale, die das Interesse an privaten Übernahmen dämpfen könnten. Das DRG-System[114] schaffe Fehlanreize, so ver.di (gesundheit-soziales.verdi.de).

Die 1998 gegründete internationale NGO attac hat entsprechend ihrem Kurs gegen die neoliberale Politik mehrere privatisierungskritische Kampagnen angeführt, 2005 gegen die EU-Biopatentrichtlinie und gegen die Europäische Dienstleistungsrichtlinie, 2006 gegen den Börsengang der Deutschen Bahn AG und 2008 für eine demokratische Kontrolle der Stromnetze. 2012 war sie ein zentraler Akteur bei den Blockupy-Protesten gegen die Krisenpolitik der Troika. Die Beteiligung der Berliner Gruppe an den beiden Volksentscheiden gegen die Privatisierung der Wasserbetriebe und des Schulbaus wurde schon erwähnt.

Berlin ist anscheinend ein Hot Spot privatisierungskritischer Initiativen in Deutschland. Dort hat sich auch der Widerstand gegen die Immobilienkonzerne organisiert, die vom Verkauf großer Sozialwohnungsbestände profitiert haben. 2018 gründete eine Gruppe von Aktivist*innen *die Initiative »Deutsche Wohnen & Co. enteignen«*, die ein Volksbegehren startete, das mit 77.000 Unterschriften unterstützt wurde. Das hoch gesteckte Ziel war die Vergesellschaf-

---

114 DRG = Diagnosis Related Group System.

tung aller Immobilienunternehmen, die mehr als 3.000 Wohneinheiten besitzen, und zwar grundgesetzkonform gegen Entschädigung, um der Forderung mehr Chancen zu geben. Nach Prüfung durch die Senatsverwaltung wurde das Volksbegehren im September 2020 für zulässig erklärt.

In Frankreich stellte *die Bewegung der »Gelbwesten« (Gilets jaunes)* einen Katalog von Forderungen auf, zu denen auch der Stopp von Privatisierungen gehörte, oder auch deren Revision. So sollten zum Beispiel die Energiekonzerne wieder von der öffentlichen Hand übernommen werden, um Strom- und Gaspreise kontrollieren zu können. Der Verkauf staatlicher Einrichtungen sollte verboten werden (jW, 20.9.2019, 12f.).

In der *Schweiz* gab es Anfang der Nullerjahre einen breiten Widerstand gegen die Liberalisierung des Elektrizitätsmarkts, getragen von einer Koalition aus Gewerkschaften, Sozialdemokratischer Partei, Grünen, ökologischen NGOs und attac (Pelizzari/Zeller 2005, 120).

In *Indien* waren Anfang 2020 die Privatisierungsvorhaben der Regierung Anlass für einen Generalstreik, an dem sich Millionen Beschäftigte beteiligten. Die Gewerkschaften mobilisierten mit dem Argument, dass dadurch Tausende Arbeitsplätze gefährdet seien (jW, 9.1.2020).

In *Chile* richteten sich die seit 2006 aufflammenden Protestbewegungen nicht nur gegen die privaten Rechte am Wasser, sondern auch gegen hohe Schul- und Studiengebühren sowie gegen den privaten Rentenfonds.

Schluss mit dem »Realismus«!

Wenn sich Gemeinwesen gegen Land- und Wasserraub zur Wehr setzen, haben ihre Proteste wegen organisatorischer Schwäche meist geringen Erfolg. Es mag sein, dass auch die versteckte Komplizenschaft von uns, die wir unseren way of life ungern aufgeben, ihre Erfolgschancen mindert. Selten finden sie auch Nachahmer in anderen Gegenden. Der Kampf gegen die Privatisierungspolitik ist dagegen in einigen Fällen erfolgreich gewesen. Am meisten Empörung weckt die Privatisierung des Lebensmittels Wasser, und in zunehmendem Maß stößt die marktbeherrschende Stellung von Immobilienkonzernen, die auch das Ergebnis von Privatisierungspolitik ist, auf Widerstand. Die Bedrohung durch Wassermangel und Wohnungsnot wirkt alarmierend. Wenn Wasser und Wohnen quasi zum Privileg, weil kaufkraftabhängig werden, ist das anstößig genug, um Menschen politisch zu mobilisieren. Das Thema Wasser wird mit den Folgen der Klimakatastrophe zusätzlich brisant, weil längere Dürreperioden Wasser verknappen und zu Konflikten zwischen Industrie, Landwirtschaft und dem Alltagsbedarf führen werden. Auch die Folgen der Privatisierungen im Gesundheitswesen könnten in Zukunft größeren Teilen der Bevölkerung bewusst werden, so dass sie nicht nur in einzelnen Regionen Kritik wecken. Die Covid-19-Pandemie hat da und dort deutlich gemacht, dass das in einen Gesundheitsmarkt umgewandelte System solchen Herausforderungen kaum noch gewachsen ist. Und diese weltweite Krise wird nicht die letzte sein (Wallace 2020). Die schon weit zurückliegenden Privatisierungen der Energiewirtschaft und teilweise auch der Verkehrsinfrastruktur werden bisher als wirtschaftlich sinnvoll oder als aufgrund der Haushaltslage unvermeidlich hingenommen. Die Propaganda der Privatisierungslobby ist dort erfolgreich gewesen. Auch die Gewerkschaften in diesen Sektoren haben sich die Prämissen der Privatisierungspolitik zu eigen gemacht (vgl. Pelizarri 2003). Am ehesten wird hier die Umweltbewegung Forderungen nach Verstaatlichung oder zumindest nach stärkeren Eingriffen in die Unternehmensstrategien anstoßen, um zum Beispiel den Kohleausstieg zu beschleunigen oder den Gütertransport emissionsärmer zu machen.

Das Grundproblem ist, dass es zunehmend schwieriger geworden ist, sich eine andere Welt vorzustellen. Der Kapitalismus hat mehr denn je den Anschein einer natürlichen Ordnung angenommen. »Die zahlreichen seit den 1980er Jahren durchgeführten Privatisierungen wären ein Jahrzehnt zuvor undenkbar gewesen«, meint Marc Fisher in seinem Essay über »kapitalistischen Realismus« (2013, 25). Die Marktwirtschaft, wie sie ist, so wird in der Bundesrepublik suggeriert, sei die allein verfassungsgemäße Ordnung. Die Artikel 14 und 15 des Grundgesetzes wurden vergessen gemacht oder eng ausgelegt.

Die Privatisierungen rückgängig zu machen, nur in Gedanken durchgespielt, würde den Kapitalismus keineswegs aufheben, sondern nur den Kapitalismus der Bonner Republik wiederherstellen. Die Profitlogik und den Wettbewerb in einigen Sektoren außer Kraft zu setzen oder Versorgungsmonopole zu entmachten, wäre zwar ein kleiner Fortschritt. Aber Transparenz und demokratische Mitbestimmung wären allein mit Verstaatlichungen nicht gewährleistet. Sabine Nuss hat in einem Artikel »Betriebsbeiräte« von Beschäftigten, Konsument*innen oder anderen Betroffenen ins Gespräch gebracht (der Freitag, 27.8.2020). Die Frage ist nur, ob bei den systembedingten Gruppenegoismen das Allgemeininteresse in solchen Gremien ausreichend zur Geltung kommen würde. Bei allen »Verbesserungen« innerhalb des Systems können habituell gewordene Einstellungen zu Friktionen führen. Möglich sind freilich auch Lernprozesse in einer produktiven Streitkultur.

Auf der Ebene mittelgroßer und kleiner Unternehmen muss der Genossenschaftsgedanke wiederbelebt werden. In der Energiewirtschaft gibt es nicht nur in jüngster Zeit Muster dafür. Wasser-, Wind- und Solarkraftwerke können gut von Genossenschaften betrieben werden, was auch die dezentrale Energieversorgung stärkt. Dass auch Genossenschaften in einen Markt eingebunden sind und dass die Genoss*innen als kleine Unternehmer*innen konfligierende Interessen entwickeln können, sollte nicht vergessen werden. Systemverändernde Wirkungen darf man sich auch von landwirtschaftlichen Kooperativen oder von selbstverwalteten Betrieben nicht versprechen. Aber solche Projekte können die Vorstellung wecken und am Leben erhalten, dass andere gesellschaftliche Organisationsformen möglich sind. Das ist nicht wenig.

Die neoliberalen Eliten mit ihren Think-Tanks und Leitmedien sind sehr erfolgreich damit gewesen – auch dank der Mithilfe der sozialdemokratischen Parteiführungen – den Menschen den Markt als das Non-Plus-Ultra nicht nur für das Funktionieren der Wirtschaft zu verkaufen. Auch die persönliche Lebensgestaltung soll damit leichter und autonomer werden. Die Universalisierung des Marktprinzips verspricht Wahlfreiheit, schnelle Befriedigung aller Bedürfnisse und den Abbau von Bürokratien. Flexibilität wird kultiviert (Sennet 2000).

Es wird darauf ankommen, Widerspruchserfahrungen artikulierbar zu machen, um radikalere Fragen anzustoßen. Das Versprechen der Wahlfreiheit in den privatisierten Diensten und Versorgungseinrichtungen wird enttäuscht, sobald der Kunde oder Klient feststellen muss, dass viele Versorger monopolisiert sind oder dass es schwierig ist, schnelle Hilfe zu bekommen, weil unprofitable Einrichtungen geschlossen wurden. Er oder sie kann zum Beispiel vor der Situation stehen, dass die nächste Kinderklinik mehrere Autostunden entfernt ist. Er/sie wird bei Gelegenheit auch merken, dass gerade im Gesundheitswesen die Wahlfreiheit auch vom Geldbeutel abhängig ist. Die Frage »Wo lasse ich mein Knie operieren?« wird sich mancher und manchem gar nicht stellen.

Das Versprechen des Bürokratieabbaus verblasst beim Ausfüllen der zahllosen Formulare, sei's auf Papier oder im Online-Format. Großzügig werden allerorten Apps zum Herunterladen angeboten. Die Flut der geforderten Anträge, Auskünfte und Bewertungen ist eine Folge des Personalabbaus und der damit einhergehenden Anonymität, verbunden mit dem Misstrauen »von oben«. Auch die Gier nach Daten spielt mit. Der Kunde, der ein Anliegen hat, landet in »dem irren, kafkaesken Labyrinth der Callcenter« (Fisher 2013, 76). Vor allem die Beschäftigten in den auf den Markt oder einen Quasi-Markt hin getrimmten Einrichtungen wissen ein Lied zu singen von Zielvorgaben, Berichtswesen, Evaluationen. Das gilt zumindest für die sozialen Dienste und das Gesundheitswesen. Immer wieder hört man von Klagen des medizinischen Personals, dass Verwaltungsaufgaben die Zeit für die Versorgung der Patienten rauben. Fisher schildert aus britischen Bildungseinrichtungen, wie kafkaesk die Situation zum Teil ist, wenn zum Beispiel niemand mehr weiß, wer bestimmte Standards für die Arbeit der Institution verfügt hat, und zu welchem Zweck (61).

Flexibilität gestattet sich nur das Management. Die Beschäftigten müssen lernen, mit wechselnden Direktiven konform zu gehen. Es kann ihnen auch passieren, dass sie von heute auf morgen erfahren, dass ihr Job in ein Subunternehmen ausgelagert ist.

Ein Arbeiter oder Angestellter, der für seine Altersvorsorge in einen Pensionsfonds einzahlt, mag stolz sein auf seine unternehmerische Risikofreude, bis er die Krisenanfälligkeit dieser Art von Vorsorge zu spüren bekommt.

Solche Widerspruchserfahrungen müssen stärker bewusst (gemacht) werden. Erst wenn Beschäftigte, Kunden, Patienten gemeinsam ihrem Unmut Luft machen, bekommt das politische Relevanz. In der Sendung »Tagesgespräch« des Bayerischen Rundfunks, in der die Hörer*innen regelmäßig eingeladen werden, ihr Statement zu Tagesthemen abzugeben, äußern sich viele systemkritisch. Und doch wählen sie dann oft CSU, so ist anzunehmen – wenn sie noch wählen. Es kommt darauf an, »das Selbstverständliche in etwas, das zur Debatte steht, zu transformieren« (Fisher 2013, 93).

Verónica Gago, Sozialwissenschaftlerin aus Argentinien, hat sich aber 2019 vor dem Hintergrund der großen sozialen Auseinandersetzungen in Chile zuversichtlich geäußert, dass die Kämpfe »gegen neoliberale Privatisierung, gegen die Zerstörung der sozialen Daseinsvorsorge und gegen eine fortschreitende Inwertsetzung unseres Lebens« auf lange Sicht revolutionäres Potenzial entwickeln können, selbst wenn sie nicht von Zukunftsvorstellungen geleitet sind, die zu radikaler Veränderung drängen (in: LuXemburg 3/19, 28f.).

Literatur und Quellen

Altvater, Elmar (2003): Was passiert, wenn öffentliche Güter privatisiert werden? In: Peripherie. Zschr. für Politik und Ökonomie in der Dritten Welt, S. 171-201.

Al-Zubaidi, Layla / Luckscheiter, Jochen (2018): Südafrika: Der Kampf ums geraubte Land. In: Blätter, 11/18, S. 29-32.

Aronoff, Kate (2020): Corona, Klima, Schulden: Die dreifache Krise des globalen Südens. In: Blätter, 06/20, S. 51-56.

Auernheimer, Georg (2018): Wie Flüchtlinge gemacht werden. Über Fluchtursachen und Fluchtverursacher. Köln.

Auernheimer, Georg (2019): Globalisierung. Köln.

Barth, Jonathan / Richters, Oliver / Simoneit, Andreas (2018): Wider die Wohnungsnot: Besteuert den Boden! In: Blätter, 11/18, S. 17-20.

Beck, Ulrich (1986): Risikogesellschaft. Auf dem Weg in eine andere Moderne. Frankfurt/M.

Berger, Jens (2020): Privatisierung paradox – Wie aus Post, Telekom und Bahn globale Player wurden, die ihren gesellschaftlichen Auftrag vernachlässigen. In: Nachdenkseiten, 20.2.2020.

Bernt, Matthias (2006): Abriss als Chance? Das Scheitern des »Stadtumbau Ost«. In: Blätter, 4/06, S. 493-499.

Black, Maggie / King, Jannet (2009): Der Wasseratlas. Ein Weltatlas zur wichtigsten Ressource des Lebens. Hamburg.

Bodenatlas. Daten und Fakten über Acker, Land und Leute. Hgg. von der Heinrich-Böll-Stiftung u. a. Berlin 2015.

Bolda, Elisabeth (2015) (Hrsg.): In Zeiten des Klimawandels lernen von Amazonien. Klimagerechtigkeit jetzt! Engagement Global, Berlin.

Boris, Dieter (1996): Mexiko im Umbruch. Modellfall einer gescheiterten Entwicklungsstrategie. Darmstadt.

Boris, Dieter / Hiedl, Peter (1978): Argentinien. Geschichte und politische Gegenwart. Köln.

Brand, Ruth (2006): Das Basmatipatent oder die Privatisierung tradierten Wissens. In: Weizsäcker, Ernst Ulrich v. u. a. (Hrsg.): Grenzen der Privatisierung. Wann ist es Guten zu viel? Stuttgart, S. 64-68.

Brandt, Arno / Läpple, Dieter (2018): Smart City oder: Die Stadt der Konzerne? In: Blätter, 11/18, S. 113-120.

Brangsch, Lutz (2015): Entstehung des öffentlichen Sektors im Kapitalismus und aktuelle Konfliktlinien um seine Zukunft. In: Forum Wissenschaft 4/15, S. 42ff.

Brunst, Thomas (2004): Die private Stadtsicherheit. Wie in Deutschland eine milliardenschwere Sicherheitsindustrie … die Grundrechte gefährdet (www.projektwerkstatt.de).

Clausing, Peter (2014): Die grüne Matrix. Naturschutz und Welternährung am Scheideweg. 2., korr. Aufl. Münster.

Czada, Roland (2007): Privatisierungspolitik. In: Nohlen, D./Grotz, F. (Hrsg.), Kleines Lexikon der Politik, 4. Aufl., München, S. 452-457.

D'Alessio, Nestor (2002): In Argentinien ist etwas schief gegangen. Sofi-Mitteilungen Nr. 30, S. 47-53.

Dahn, Daniela (2018): Warum Staat und Eigentum getrennt werden müssen. In: Lunapark21 extra 17/18, S. 8-11.

Dahn, Daniela (2019): Der Schnee von gestern ist die Sintflut von heute. Die Einheit – eine Abrechnung. 2. Aufl. Hamburg.

Desmond, Matthew (2018): Zwangsgeräumt. Armut und Profit in der Stadt. Evicted – Poverty and Profit in the American City. Berlin.

Dörre, Klaus/Sauer, Dieter/Wittke, Volker (2012): Kapitalismustheorie und Arbeit. Neue Ansätze soziologischer Kritik. Frankfurt/M.

Dörre, Klaus/Matuschek, Ingo (2013): Kapitalistische Landnahmen, ihre Subjekte und das Gesellschaftsbild der LohnarbeiterInnen. In: Dörre, K. u.a.: Das Gesellschaftsbild der LohnarbeiterInnen. Hamburg, S. 29-53.

Dowideit, Annette (2020): Die Arztpraxis als Renditeobjekt. In: Blätter, 3/20, S. 9-12.

Egger, Pepe (2020): Außer Kontrolle (über Profiteure der Pandemie). In: der Freitag, 30.4.2020.

Eick, Volker (1998): Neue Sicherheitsstrukturen im »neuen« Berlin. Warehousing öffentlichen Raums und staatlicher Gewalt. In: PROKLA 110, S. 95-118.

Eicker-Wolf, Kai/Schreiner, Patrick (2017): Mit Tempo in die Privatisierung. Köln.

Engartner, Tim (2016): Staat im Ausverkauf. Privatisierung in Deutschland. Frankfurt/M.

Engartner, Tim (2008): Deutsche Bahn: Ausverkauf auf Raten. In: Blätter, 06/08, S. 8-12.

Fehrenbacher, Judith (2017): Entwicklungshilfe als Investitionsobjekt. Ein Feature. Deutschlandfunk, 14.11.2017 (PDF unter: www.deutschlandfunkkultur.de).

FIAN Deutschland (2012): Mit Menschenrechten gegen den Hunger. Köln.

Finger, Matthias (2006 a): Der regionale Kontext: Privatisierung in den G7-Ländern. In: Weizsäcker, Ernst Ulrich v. u.a. (Hrsg.) (2006): Grenzen der Privatisierung. Stuttgart, S. 145-149.

Finger, Matthias (2006 b): Die großen Konzerne mit Ausrichtung auf Daseinsvorsorge. In: Weizsäcker, Ernst Ulrich v. u.a. (Hrsg.) (2006): Grenzen der Privatisierung. Stuttgart, S. 186-190.

Fisher, Mark (2013): Kapitalistischer Realismus ohne Alternative? Eine Flugschrift. Hamburg.

Foster, John B./Clark, Brett (2018): The Robbery of Nature: Capitalism and the Ecological Rift. In: Monthly Review, Bd. 70, Nr. 3, 1.7.2018, S. 1-20.

Franke, Fabian (2020): Ihr seid ja nur Wilde. Argentinien. Wo Soja, Sonnenblumen und Mais für den Weltmarkt reifen. In: der Freitag, 2.7.2020.

Glasze, Georg (2001): Privatisierung öffentlicher Räume? Einkaufszentren, Business Improvement Districts und geschlossene Wohnkomplexe. In: Berichte z. dt. Landeskunde, Bd. 75, H. 2/3, S. 160-177.

Groll, Tina (2018): Geld verdienen mit Pflege. In: Zeit online. 23.12.2018 (zeit.de).

Haldenwang, Christian v. (2002): Wohin treibt Argentinien? Die Krise als Chance. Bonn (PDF unter: library.fes.de).

Harvey, David (2007): Enteignung gehört zum Wesen des Kapitalismus. Gespräch mit Ulrich Brand u. Bettina Köhler. In: Das Argument 269, S. 90-97.

Harvey, David (2015): Siebzehn Widersprüche und das Ende des Kapitalismus. Berlin.

Heigl, Miriam (2006): Private is beautiful? Zu den Auseinandersetzungen um die Eigentumsrechte am mexikanischen Energiesektor. In: Peripherie Nr. 101/102, S. 147-165.

Heinz, Werner (2015): (Ohn-)Mächtige Städte in Zeiten der neoliberalen Globalisierung. Münster.

Herre, Roman (2013): Landbesitz nach Bankenlogik. In: Welt-sichten 9/2013 (www.welt-sichten.org).

Hildebrandt, Susanne (2002): Die Privatisierung des mexikanischen Ejido. In: PROKLA 126, S. 149-173.

Hirsch, Joachim (1974): Zum Problem einer Ableitung der Form- und Funktionsbestimmung des bürgerlichen Staates. In: Hennig, E. u. a.: Karl Marx / Friedrich Engels: Staatstheorie. Frankfurt/M., Berlin, Wien, S. CXXXiX-CLIII.

Hoering, Uwe (2007): Agrarkolonialismus in Afrika. Eine andere Landwirtschaft ist möglich. Hamburg.

Hofbauer, Hannes (2014): Die Diktatur des Kapitals. Souveränitätsverlust im postdemokratischen Zeitalter. Wien.

Huffschmid, Jörg (1996): Privatisierungen in Westeuropa – Tafelsilber für die Währungsunion. In: Blätter, S. 1013-1016.

Jaitner, Felix (2914): Hoffnungsträger Chodorkowski? Der gefallene Oligarch und seine historische Rolle. In: Blätter, 5/2014, S. 83-91.

Joite, Max (2011): Öffentlicher Raum im Bereich privaten Eigentums. In: Bucerius Law Journal, 02/2019, S. 101-106.

Kaiser, Gregor (2006): Biopiraterie – der neue Kolonialismus. In: Blätter, 10/2006, S. 1172-1176.

Kaufmann, Kristin K. (2013): Verkauf kommunaler Wohnungsunternehmen an internationale Investoren. Auswirkungen auf lokale Stadtentwicklungs- u. Wohnungsmarktprozesse. In: Geographische Revue 2/2013, S. 38-66.

Kessler, Tim / Alexander, Nancy (2006): Ist eine Privatisierung der Grundversorgung sinnvoll? In: Weizsäcker, Ernst Ulrich v. u. a. (Hrsg.) (2006): Grenzen der Privatisierung. Stuttgart, S. 191-200.

Kofner, Stefan (2013): Internationale Finanzinvestoren und kommunale Wohnungsmärkte. In: geographische revue 2/2013, S. 5-25.

Köhler, Otto (1994): Die große Enteignung. Wie die Treuhand eine Volkswirtschaft liquidierte. München.

Leifker, Maren u. a. (2018): Das weiße Gold. Umwelt- und Sozialkonflikte um den Zukunftsrohstoff Lithium. Analyse 84, Brot für die Welt. Berlin.

Lemoine, Maurice (2014): Unter der Herrschaft des Soja. Landbesitz und politische Macht in Paraguay. In: LMd 1/2014, S. 18.

Lempp, Sarah (2014): Hunger durch Handel. In: Blätter, 02/2014, S. 73-80.

Lubansa, Brighton / Mofya, Brenda (2006): Die Gesundheitsreform in Sambia. In: Weizsäcker u. a. (Hrsg.): Grenzen der Privatisierung. Stuttgart, S. 118-121.

Malling, Jens (2020): Wühlen in Ruinen. In: der Freitag, 16.4.2020.

Mari, Francisco (2015): Gefährliches Wettfischen. In: iz3W 346, Jan. / Feb. 15, S. 28f.

Mari, Francisco (2016): Fischerei-, Agrar-, Wirtschaftspolitik: Wie die EU Hunger und Armut in Afrika schafft. In: F. Braunsdorf, (Hrsg.): Fluchtursachen »Made in Europe«, S. 27-32.

Marx, Karl (1890): Das Kapital. Kritik der politischen Ökonomie. 1.Band, MEW 23. Berlin (O).

Marx, Karl (1974): Grundrisse der Kritik der Politischen Ökonomie (Rohentwurf), 2. Aufl. Berlin (O).

Mayer, Margit (2011): Das Elend der US-Städte: eine avancierte Form des Klassenkampfs von oben. In: PROKLA 163, S. 253-272.

Meeresatlas. Daten und Fakten über unseren Umgang mit dem Ozean. Hgg. von der Heinrich-Böll-Stiftung u. a. Berlin 2017.

Miankeol, Djeralar (2017): Kommerzialisierung zerstört Gemeinschaftregeln. In: E+Z e-paper, Juli 2017.

Mottek, Hans (1973): Wirtschaftsgeschichte Deutschlands. Ein Grundriss. Bd. 2. Berlin (DDR).

Muchow, Martha / Muchow, Hans (1935): Der Lebensraum des Großstadtkindes. Hamburg.

Neef, Rainer (2019): Wohnen und Großinvestoren. In: Lunapark21 extra 20/21, S. 52-55.

Nem Singh, Jojo (2010): Governing the Extractive Sector: The Politics of Globalisation and Copper Policy in Chile. In: Journal of Critical Globalisation Studies, 3, S. 60-88.

Nick, Harry (1995): Weder weltmarktfähig noch marode. Der Zustand der DDR-Wirtschaft vor dem Absturz. In: Blätter, S. 1482-1490.

Nuss, Sabine (2019): Kein Recht auf Rendite, aber ein Recht auf Wohnen. In: Blätter, 11/2019, S. 115-120.

Paasch, Armin / Saage-Maaß, Miriam (2020): Lieferketten unter Corona: Die Letzten beißen die Hunde. In: Blätter, 5/20, S. 17-20.

Paetsch, Martin (2014): Mit Gewehr und Goldwaage. In: Der Kapitalismus. Geo-Epoche Nr. 69, S. 40-55.

Pearce, Fred (2013): Der große Raub. Landnahme im 21. Jahrhundert. In: Blätter, S. 50-57.

Pelizarri, Alessandro (2003): Jenseits von Privatisierungspolitik: Perspektiven gesellschaftlicher Aneignung. In: Kursbuch H. 1, S. 61-70.

Pelizzari, Alessandro / Petrioli, Alexis (2001): Genossenschaft. In: Historisch-Kritisches Wörterbuch des Marxismus, Bd. 5, Sp.280-294.

Pelizzari, Alessandro / Zeller, Christian (koord.) (2005): Service Public. Perspektiven jenseits der Privatisierung. (attac-Texte) Zürich.

Poulantzas, Nicos (2002): Staatstheorie. Politischer Überbau, Ideologie, Autoritärer Etatismus. Hamburg.

Ramirez, Zulma / Valadon, Geoffroy (2020): Der Preis der Rose. Eine giftige Bilanz zum Valentinstag. In: LMd Februar 2020, 1+8.

Rieger, Hans Ch. (2001): Die Privatisierung der Staatsunternehmen: Das Disinvestment-Desaster. In: Draguhn, W. (Hrsg.), Indien 2001. Politik, Wirtschaft, Gesellschaft. Institut für Asienkunde, Hamburg, S. 319-332.

Rink, Dieter / Schönig, Barbara / Gardemin, Daniel / Holm, Andrej (2015): Städte unter Druck. Die Rückkehr der Wohnungsfrage. In: Blätter, 06/2015, S. 69-79.

Rotthaus, Olaf (2006): Teilprivatisierung des Gesundheitswesens in Chile. In: Weizsäcker u. a. (Hrsg.): Grenzen der Privatisierung. Stuttgart, S. 113-117.

Roy, Arundhati (2012): Kapitalismus: Eine Gespenstergeschichte, Teil 1. In: Blätter, 07/2012, S. 35-44.

Roy, Arundhati (2020): Das Ende des indischen Traums (II). In: Blätter, 2/2020, S. 63-72.

Rügemer, Werner (2010): Public Private Partnership: Die Plünderung des Staates. In: Blätter, 2/2010, S. 75-84.

Rügemer, Werner (2011): »Heuschrecken« im öffentlichen Raum. Public Private Partnership – Anatomie eines globalen Finanzinstruments. Bielefeld.

Rügemer, Werner (2018): Die Kapitalisten des 21. Jahrhunderts. Gemeinverständlicher Abriss zum Aufstieg der neuen Finanzakteure. Köln.

Rügemer, Werner (2019): Die neuen Wohnungskonzerne. Überblick und bisheriger Widerstand. In: Lunapark21 extra 20/21, S. 31-35.

Rüttinger, Lukas u. a. (2014): Fallstudie zu den Umwelt- und Sozialauswirkungen der Kupfergewinnung in Chuquicamata, Chile. Berlin (PDF unter: www.umweltbundesamt.de).

Sambuchi, Chiara (2013): Die Jagd nach Land. Das globale Geschäft mit dem fruchtbaren Boden. (Dok-Film) Phoenix-TV am 20.10.2013.

Sander, Gerald G. (2005): Der Kampf ums blaue Gold. In: Blätter, S. 980-986.

Sangmeister, Hartmut (1991): Auslandsverschuldung als strukturelles Entwicklungshemmnis. Argentinien, Brasilien, Chile und Uruguay im Vergleich. In: Nohlen, D. u. a. (Hrsg.), Demokratie und Außenpolitik in Lateinamerika. Opladen, S. 177-210.

Sangmeister, Hartmut (1992): Die mexikanische Verschuldung. In: Briesemeister, D. / Zimmermann, K. (Hrsg.), Mexiko heute: Politik, Wirtschaft, Kultur. Frankfurt/M., S. 185-198.

Scheunemann, Egbert (2016): Griechenlands Staatsbetriebe im Zwangsverkauf. Vom aussichtslosen Versuch, die griechischen Staatsschulden durch Privatisierungserlöse zu senken. Rosa-Luxemburg-Stiftung.

Schiavon, Jorge A. (2006): Privatisierung in Lateinamerika. In: Weizsäcker u. a. (Hrsg.): Grenzen der Privatisierung. Stuttgart, S. 150-155.

Schneckenburger, Daniela (2013): Monopoly mit Folgen: Die Globalisierung des Wohnungsmarktes in NRW. In: geographische revue 2/2013, S. 26-31.

Schnitzer, Monika (2003): Privatisierung in Osteuropa. In: Schaft, F. u. a.: Privatisierung in Osteuropa. Strategien, Entwicklungswege, Auswirkungen und Ergebnisse. Forschungsverbund forost, Arbeitspapier Nr. 13, München, S. 7-22.

Schönfeld, Janna (2008): Wo Fischer zu Migranten werden. In: Blätter, 06/2008, S. 21-24.

Schröder, Hans-Henning (1993): Russland nach der Oktoberkrise. In: Blätter, 11/1993, S. 1303-1307.

Schubert, Dirk (2009): Der größte Slum Asiens: Dharavi (Mumbai) – Von Fehlschlägen der »Sanierung« zum Modellprojekt? In: Megacities und Stadterneuerung. Jahrbuch Stadterneuerung 2009. TU Berlin 2009.

Seager, Joni (1995): Der Öko-Atlas. 1. Auflage der Neuausgabe. Bonn.

Sennet, Richard (2000): Der flexible Mensch. Die Kultur des neuen Kapitalismus. 3. Aufl., Berlin.

Servant, Jean Christophe (2020): Naturschutz mit Sturmgewehr. Die angeblich gemeinnützige NGO African Parks erobert die Naturparks südlich der Sahara. In: LMd Februar 2020, S. 12f.

Sharma, Shefali (2010): Milchmädchen und Großkonzerne. In: Indien. Die barfüßige Großmacht. Edition Le Monde diplomatique, S. 42-45.

Shiva, Vananda / Brand, Ruth (2006): Der Kampf gegen Niempatente. In: Weizsäcker, Ernst Ulrich v. u. a. (Hrsg.): Grenzen der Privatisierung. Wann ist es Guten zu viel? Stuttgart, S. 59-63.

Stiglitz, Joseph (1999): Quis Custodiet Ipsos Custodes? In: Challenge 42, 6, S. 26-67.

Stiglitz, Joseph (2004): Die Schatten der Globalisierung. München.

Torres, Malou (2020): Kampf um Tamansari. In: Beilage der jW, 16./17.5.2020.

Trautvetter, Christoph / Henn, Markus (2020): Keine Transparenz trotz Transparenzregister. Ein Rechercheberich zu Anonymität im Berliner Immobilienmarkt. Studie im Auftrag der Rosa-Luxemburg-Stiftung.

Vilmar, Fritz (2000): Gegeninformationen zur Vereinigungspolitik. Eine ideologiekritische Zehnjahresbilanz. In: Blätter, S. 1187-1206.

Wallace, Rob (2020): Was Covid-19 mit der ökologischen Krise, dem Raubbau an der Natur und dem Agrobusiness zu tun hat. Köln.

Wallerstein, Immanuel (2004): World-Systems Analysis. An Introduction. Duke University Press.

Weber, Jürgen (2015): Land unter. Auf die zerstörerische Flutwelle folgten politische Kämpfe um die Küsten. In: iz3w Jan. / Feb. 2015, S. 14f.

Weizsäcker, Ernst Ulrich v. / Young, Oran R. / Finger, Matthias (Hrsg.) (2006): Grenzen der Privatisierung. Wann ist des Guten zu viel? Bericht an den Club of Rome. Stuttgart.

Whitfield, Dexter (2020): Public Alternative to the Privatisation of Life. Nottingham.

Wiegand, Felix (2016): It's the Austerity, stupid! Zwischen kommunalem Sparzwang und einer »Stadt für alle«. In: LuXemburg 2/2016, S. 74-81.

Wolf, Winfried (2019): Deutsche Bahn als Geburtshelfer von Vonovia. Was die Bahnreform mit der Mietenexplosion zu tun hat. In: Lunapark21 extra 20/21, S. 56-60.

Wullweber, Joshua (2004): Das grüne Gold der Gene, Münster.

Zellentin, Gerda (1992): Die Schimäre des europäischen Superstaats. Zum Streit um die Ratifizierung des Unionsvertrags von Maastricht. In: Blätter, 6/1992, S. 698-708.

Zeller, Christian (2004a): Die globale Enteignungsökonomie. In: ders. (Hrsg.) Die globale Enteignungsökonomie. Münster, S. 9-20.

Zeller, Christian (2004b): Ein neuer Kapitalismus und ein neuer Imperialismus? In: ders. (Hrsg.) Die globale Enteignungsökonomie. Münster, S. 61-126.

Zinn, Karl Georg (2015): Vom Kapitalismus ohne Wachstum zur Marktwirtschaft ohne Kapitalismus. Hamburg.

TV-Sendungen

Fröhlich, Tom / Schönherr, Michael (2020): Treuhand – Ein deutsches Drama, ARD.

Fritel, Jérome / des Mazery, Patrice (2019): Wasser – Im Visier der Finanzhaie (Main Basse sur L'Eau), arte France.

Baars, Christian / Lambrecht, Oda (2021): Corona: Wem gehört der Impfstoff?, ARD-Sendung im Rahmen von »Panorama«, 21.1.2021.

Zeitungs- und Zeitschriftenschlüssel

Blätter	Blätter für deutsche und internationale Politik
jW	junge Welt
nd	neues deutschland
MEW	Marx-Engels-Werke
NZZ	Neue Zürcher Zeitung
SZ	Süddeutsche Zeitung
LMd	Le Monde diplomatique
E+Z	Entwicklung und Zusammenarbeit

Online-Quellen

Ausführliche Links (URLs) zu den in Klammern angegebenen Kurzformen

accra.diplo.de: https://accra.diplo.de/gh-de/botschaft/themen/wirtschaft/-/2220540, abgerufen: 3.6.2020.

aerotelegraph.com, 21.1.2020: www.aerotelegraph.com/staat-muss-kenya-airways-stuetzen, abgerufen: 3.6.2020.

aerzteblatt.de[1]: www.aerzteblatt.de/archiv/77050/1989-1990-bis-2009-2010-20-Jahre-deutsche-Einheit-Modernisierung-im-Kraftakt, abgerufen: 30.4.2020.

aerzteblatt.de[2]: www.aerzteblatt.de/archiv/212800/Paediatrie-Wege-aus-der-Unterfinanzierung, abgerufen: 2.5.2020.

aerzteblatt.de[3]: www.aerzteblatt.de/nachrichten/73192/Zahl-der-Geburtsstationen-in-Krankenhaeusern-zurueckgegangen, abgerufen: 2.5.2020.

Afrika-Verein der dt. Wirtschaft, 21.4.2020: www.afrikaverein.de/insight-africa/news/wirtschaft-angola-erhaelt-34-millionen-us-dollar-aus-der-privatisierung-von-sieben-unternehmen, abgerufen: 10.6.2020.

Afrika Bulletin Nr. 176, 11.11.2019: https://zasb.unibas.ch/de/zentrum/news/details/news/afrika-bulletin-nr-176-land-grabbing-unerfuellte-versprechungen/ abgerufen: 14.8.2020.

amerika21.de, 21.2.2017: https://amerika21.de/analyse/169597/mexiko-verdeckt-privatisierung, abgerufen: 2.7.2020.

amerika21, 17.10.2017: https://amerika21.de/analyse/187047/territorialer-vertreibungskrieg, abgerufen: 14.8.2020.

amerika21, 5.7.2020, https://amerika21.de/2020/07/241358/mexiko-klage-gegen-gruene-stromerzeuger, abgerufen: 6.7.2020.

Bayerischer Rundfunk, 22.8.2019: www.br.de/nachrichten/ bayern/ende-im-treuchtlinger-wasserstreit,RZqdnB6.

boeckler.de: www.boeckler.de/pdf/impuls_2005_03_steuerlast.pdf, abgerufen: 4.4.2020.

boell.de: www.boell.de/de/2013/09/10/spaltung-profit-und-ungleichheit-das-chilenische-gesundheitssystem-40-jahre-nach-dem, abgerufen: 29.6.2020.

bpb.de: www.bpb.de/9316/grundzuege-der-wirtschaft-seit-1947?p=1, abgerufen: 21.7.2020.

dbschenker.com: www.dbschenker.com/de-de/produkte/seefracht.

Der Stern, 2.6.2017, www.stern.de/wirtschaft/news/nur-200-dollar-entnahmegebuehr---so-saugt-nestl%C3%A9-eine-gegend-trocken-7477578.html.

deutschlandfunk.de[1]: www.deutschlandfunk.de/lahmender-schienen-gueterverkehr-gueterwagen-bei-der-db.766.de.html?dram:article_id=467018, abgerufen: 28.4.2020.

deutschlandfunk.de[2]: www.deutschlandfunk.de/chile-die-wut-auf-ein-ungerechtes-bildungssystem.680.de.html?dram:article_id=467532, abgerufen: 29.6.2020.

deutschlandfunkkultur.de, 27.6.2013: www.deutschlandfunkkultur.de/portugiesen-protestieren-gegen-wasserprivatisierung.947.de.html?dram:article_id=251064, abgerufen: 18.8.2020.

Die Welt, 6.5.2016: www.welt.de/politik/ ausland/article155099006/Wie-sich-Maria-gegen-Olympia-wehrte-und-gewann.html, abgerufen: 11.3.2020.

Die Welt, 18.10.2016: www.welt.de/reportage/wasser/wassermangel/ article158160630/das-raetsel-um-indiens-wassermangel.html.

Die Zeit, 12.6.1992: www.zeit.de/1992/25/auf-der-suche-nach-freunden/seite-2, abgerufen: 8.6.2020.

Die Zeit, 2.4.2012: http://www.zeit.de/wirtschaft/2012-03/fischereipolitik, abgerufen: 11.11.2014.

Die Zeit, 8.9.2016, www.zeit.de/wissen/umwelt/2016-09/yasuni-ecuador-erdoel-nationalpark-petroamazonas, abgerufen: 4.3.2020.

dw.com: www.dw.com/de/lithiumabbau-in-chile-fluch-oder-segen/a-43401781, abgerufen: 13.8.2020.

E+Z, 15.9.2010: www.dandc.eu/de/article/malawis-erfahrungen-mit-der-politikfolgenabschaetzung, abgerufen: 9.6.2020.

epochtimes.de, 9.12.2019: www.epochtimes.de/wirtschaft/unternehmen/herbe-niederlage-fuer-nestle-gericht-in-michigan-entzieht-wasserrechte-a3092254.html, abgerufen: 15.3.2020.

eur-lex.europa.eu: https://eur-lex.europa.eu/LexUriServ/LexUriServ.do?uri=CELEX:31991L0440:DE:HTML, abgerufen: 31.3.2020.

finanzen.net[1]: www.finanzen.net/nachricht/aktien/vonovia-steigert-die-dividende-das-sechste-jahr-in-folge-8592091, abgerufen: 9.3.2020.

finanzen.net[2]: www.finanzen.net/nachricht/aktien/deutsche-wohnen-erhoeht-die-dividende-7295741, abgerufen: 9.3.2020.

flink-m.de[1] http://www.flink-m.de/uploads/media/20160316_SR_32_Kolumbien_Studienreihe.pdf, abgerufen: 16.3.2020.

flink-m.de[2]: http://www.flink-m.de/uploads/media/1603_MitLinks-B-Kolumbien.pdf, abgerufen: 16.3.2020.

fluter.de: 13.6.2016: www.fluter.de/dem-big-game-im-wege, abgerufen: 11.3.2020.

Germany Trade & Invest, 11.10.2019: www.gtai.de/gtai-de/trade/wirtschaftsumfeld/bericht-wirtschaftsumfeld/angola/angola-verkauft-staatsfirmen-163624, abgerufen: 4.6.2020.

Germany Trade & Invest, ohne Datum: www.gtai.de/gtai-de/trade/specials/special/nigeria/privatisierung-soll-investitionsluecke-im-nigerianischen-53026, abgerufen: 4.6.2020.

gesundheit-soziales.verdi.de: https://gesundheit-soziales.verdi.de/themen/gesundheitspolitik, 24.8.2020.

ila, 12/2019: www.ila-web.de/ausgaben/431/ein-gesundheitssystem%E2%80%89das-krank-macht, abgerufen: 30.6.2020.

kirstentackmann.de: https://kirstentackmann.de/fur-die-linke-gilt-kein-patent-auf-leben, abgerufen: 19.8.2020.

kommunalwiki.boell.de: https://kommunalwiki.boell.de/index.php/Gemeingut_in_B%C3%BCrgerInnenhand.

www.kooperation-brasilien.org: www.kooperation-brasilien.org/de/themen/politik-wirtschaft/grossprojekte/proteste-gegen-den-staudamm-belo-monte-in-amazonien, abgerufen: 13.8.2020.

LabourNet, 18.12.2012: http://archiv.labournet.de/internationales/gh/antipriv.html, abgerufen: 8.6.2020.

landmatrix.org: https://landmatrix.org/global, abgerufen: 18.3.2020.

lfu.bayern.de: www.lfu.bayern.de/wasser/trinkwasser_quelle_verbraucher/trinkwassergewinnung/ brunnen/index.htm, abgerufen: 16.3.2020.

liportal.de: www.liportal.de/tunesien/wirtschaft-entwicklung, abgerufen: 8.6.2020.

lynxbroker.de: www.lynxbroker.de/boerse/boerse-kurse/aktien/die-besten-aktien/die-besten-wasser-aktien, abgerufen: 2.12.2020.

Maghreb-Post, 25.10.2018, www.maghreb-post.de/wirtschaft/marokko-regierung-plant-privatisierung-von-staatsunternehmen abgerufen: 3.6.2020.

martin-haeusling.eu: www.martin-haeusling.eu/presse-medien/pressemitteilungen/2531-kein-patent-auf-konventionelle-pflanzen-und-tiere-europaeisches-patentamt-muss-radikal-umsteuern.html, abgerufen: 19.8.2020.

Nestlé (Anzeige): www.nestle.de/unternehmen/frag-nestle/antwort/wasser-aethiopien, abgerufen: 20.3.2020).

NZZ, 28.1.2015: www.nzz.ch/international/das-historische-bild/dammbruch-in-baia-mare-1.18470037, abgerufen: 16.3.2020.

pro-regenwald.de: www.pro-regenwald.de/news/2018/01/15/Brasilien_steigt_aus, 15.1.2018, abgerufen: 4.3.2020.

reimbursement.institute/wp: https://reimbursement.institute/wp-content/uploads/Anzahl-Krankenhausbetten-in-Deutschland.png, abgerufen: 30.4.2020.

reuters.com: www.reuters.com/article/us-chile-protests-lithium/chile-protesters-block-access-to-lithium-operations-local-leader-idUSKBN1X42B9, abgerufen: 13.8.2020.

roarmedia (26.3.2019): https://roar.media/english/life/environment-wildlife/ending-biopiracy-sri-lanka, abgerufen: 17.8.2020.

roedl.de: www.roedl.de/de-de/de/medien/publikationen/investitionsfuehrer/documents/investitionsfuehrer-angola-roedl-partner-de.pdf, abgerufen: 4.6.2020.

schattenblick.de, 12/2009: www.schattenblick.de/infopool/politik/redakt/afka1901.html, abgerufen: 17.3.2020.

sonnenseite.com: http://www.sonnenseite.com/de/energie/indien-privatisiert-seine-kohleindustrie-zusehends.html, abgerufen: 22.7.2020.

statista.com[1]: https://de.statista.com/statistik/daten/studie/157072/umfrage/anzahl-der-krankenhaeuser-nach-traegerschaft, abgerufen: 30.4.2020.

statista.com[2]: https://de.statista.com/themen/1543/wach-und-sicherheitsdienste, abgerufen: 13.5.2020.

stromseite.de: www.stromseite.de/gas-nachrichten/privatisierung-mexiko-versteigert-25-oel-und-gasfelder_77137.html, abgerufen: 28.6.2020.

SZ, 26.11.2015: www.sueddeutsche.de/panorama/rio-doce-brasilien-erlebt-eine-der-schlimmsten-umweltkatastrophen-seiner-geschichte-1.2754372, abgerufen: 16.3.2020.

SZ, 29.1.2019, www.sueddeutsche.de/panorama/notfaelle-schlamm-katastrophe-in-brasilien-tuev-pruefer-festgenommen-dpa.urn-newsml-dpa-com-20090101-190128-99-746861, abgerufen: 16.3.2020.

tagesanzeiger.ch, 1.9.2010: www.tagesanzeiger.ch/wirtschaft/unternehmen-und-konjunktur/ohne-wasser-steht-bei-nestle-alles-still-wasser-ist-fuer-uns-zentral-/story/21152882.

tagesschau.de: www.tagesschau.de/inland/wohnungslose-anstieg-deutschland-101.html, abgerufen: 10.3.2020.

The Reporter, 10.10.2019: www.thereporterethiopia.com/article/karuturi-saudi-star-et-al-labeled-poor-performers-less-responsible-investors

ver-und-entsorgung.verdi.de: https://ver-und-entsorgung.verdi.de/themen/privatisierungen, abgerufen: 24.8.2020.

vivantes.de: www.vivantes.de/unternehmen/im-ueberblick-konzernprofil, abgerufen: 2.5.2020remunicipalisation.org: http://www.remunicipalisation.org/#case_Mali, abgerufen: 9.6.2020.

weltkirche.katholisch.de, 6.12.2018: https://weltkirche.katholisch.de/Aktuelles/20181206_Wie_die_Erdölindustrie_Perus_Regenwald_zerstört, abgerufen: 4.3.2020.

wwf.de: www.wwf.de/themen-projekte/meere-kuesten/fischerei/entwicklungslaender, abgerufen: 17.3.2020.

Bitte beachten Sie auch die nachfolgenden Seiten.

VERLAGSANZEIGE